The AWK programming Language, Second Edition
AWK 프로그래밍 언어 2판

THE AWK PROGRAMMING LANGUAGE 2nd edition

by ALFRED V. AHO, BRIAN W. KERNIGHAN, PETER J. WEINBERGER

AWK 프로그래밍 언어 2판: 간결하고 강력한 텍스트 처리 도구

초판 1쇄 발행 2024년 12월 10일 **지은이** 앨프리드 에이호, 브라이언 커니핸, 피터 와인버거 **펴낸이** 한기성 **펴낸곳** (주)도서출판인사이트 **편집** 이슬 **영업마케팅** 김진불 **제작·관리** 이유현 **용지** 유피에스 **인쇄·제본** 천광인쇄사 **후가공** 이레금박 **등록번호** 제2002-000049호 **등록일자** 2002년 2월 19일 **주소** 서울특별시 마포구 연남로5길 19-5 **전화** 02-322-5143 **팩스** 02-3143-5579 **이메일** insight@insightbook.co.kr **ISBN** 978-89-6626-454-4 책값은 뒤표지에 있습니다. 잘못 만들어진 책은 바꾸어 드립니다. 이 책의 정오표는 https://blog.insightbook.co.kr에서 확인하실 수 있습니다.

AWK 프로그래밍 언어 2판

간결하고 강력한 텍스트 처리 도구

앨프리드 에이호 · 브라이언 커니핸 · 피터 와인버거 지음
인사이트 편집부 감수

인사이트

전 세계 수백만 Awk 사용자에게 바친다!

차례

1장   Awk 튜토리얼 1

2장 Awk 실제 사용법   29

5장   리포트와 데이터베이스 95

6장   단어 처리 119

들어가기

Awk는 1977년에 개발된, 텍스트와 숫자를 간편하게 처리할 수 있는 간단한 프로그래밍 언어다. 개별 프로그램이 각자의 임무를 완수하고 다른 프로그램과 잘 조합되어야 한다는 유닉스 철학에 따라 Awk는 다른 유닉스 프로그램과 잘 어울리면서도 훌륭한 보완재 역할을 한 스크립트 언어였다.

오늘날의 컴퓨팅 환경은 1977년과는 엄청나게 다르다. 컴퓨터는 수천 배 빨라졌고 메모리는 백만 배 더 커졌으며, 소프트웨어도 다양한 프로그래밍 언어와 환경으로 더욱 다양해졌다. 인터넷 덕분에 전 세계에서 물밀듯이 들어오는 데이터도 처리해야 한다. 또한 더 이상 26개 영어 알파벳에 국한되지 않는다. 유니코드 덕분에 거의 모든 지구촌 언어를 고유한 문자 집합(character set)으로 처리할 수 있게 된 것이다.

컴퓨팅 환경이 크게 변화했음에도 불구하고 거의 50년이 된 Awk는 여전히 유닉스, 리눅스, macOS, 심지어 윈도 시스템에서도 핵심 도구로 널리 쓰인다. Awk는 따로 다운로드를 하거나 라이브러리 또는 패키지를 임포트하지 않아도 그냥 쓸 수 있다. 몇 분 정도만 익히면 꽤 많은 일을 할 수 있는, 쉽게 배울 수 있는 언어다.

1977년에 스크립트 언어는 다소 새로운 개념이었고, 어쩌면 Awk는 널리 보급된 최초의 스크립트 언어였다. Awk를 보완 또는 대체할 목적으로 개발된 스크립트 언어도 있다. 예컨대 펄(Perl)은 Awk의 한계를 일부 극복하고자 1978년에 개발된 언어였고, 그로부터 4년 뒤에 탄생한 파이썬은 여러분도 알다시피 오늘날 가장 사랑받는 스크립트 언어가 됐다. 파이썬은 수많은 라이브러리가 탄탄하게 잘 구축되어 있어서 규모가 큰 프로그램에서도 자연스럽게 파이썬을 택하는 경우가 많다. 웹이나 일부 독립형(standalone) 시스템 진영에서는 자바스크립트가 대세 스크립트 언어로 자리를 잡았다. 이외에도 다른 틈새 언어들이 있는데, '셸(shell)'도 매우 풍부한 프로그래밍 기능을 갖춘 다양한 형태로 진화하여 지금에 이르렀다.

프로그래머를 비롯한 컴퓨터 사용자는 데이터 포맷 변경, 유효성 검사, 특정 속성을 가진 항목 찾기, 숫자 더하기, 요약 정보 출력 등 단순하고 반복적인 데이터 조작에 많은 시간을 보낸다. 이렇게 자동화해야 할 작업이 생길 때마다 일일이 C나 파이썬 같은 언어로 특수한 목적을 지닌 프로그램을 작성하기란 정말 번거롭기 짝이 없다.

Awk는 한두 줄의 짧은 프로그램으로도 간단한 계산을 손쉽게 처리할 수 있는 프로그래밍 언어다. Awk 프로그램은 입력 데이터에서 무엇을 찾을지, 그렇게 찾은 데이터에 어떤 작업을 할지 일련의 패턴과 액션으로 지정한다. Awk는 텍스트가 포함된 파일(워드, 스프레드시트, PDF처럼 텍스트가 아닌 포맷은 제외)에서 패턴과 매치되는 라인을 찾고, 그렇게 찾은 라인에 주어진 액션을 실행한다. 문자열, 숫자, 필드, 변수, 배열 요소 등에 정규 표현식 또는 각종 비교 연산을 조합한 패턴을 이용해 찾고, 여기에 각 라인마다 액션에 해당하는 로직을 적용하여 원하는 가공을 수행한다. 액션은 C 언어와 비슷하게 생겼지만 선언이 없고 문자열 및 숫자가 내장 데이터 타입이라는 점이 다르다.

Awk는 텍스트 입력 파일을 스캔하고 각 입력 라인을 여러 필드로 알아서 분할한다. 입력, 필드 분할, 저장소 관리, 초기화 등의 작업은 대부분 자동화되어 있어서 Awk 프로그램은 기존의 다른 언어보다 훨씬 짧은 편이다. Awk의 가장 흔한 쓰임새는 좀 전에 언급한 데이터 조작이다. 키보드로 한두 라인 정도의 프로그램을 작성하고 한 번 실행한 후 폐기하는 방식이다. 이렇듯 Awk는 여러 전용 도구나 프로그램을 대체할 만한 범용 프로그래밍 도구다.

Awk는 간결한 표현과 쉬운 사용법 덕분에 대형 프로그램의 프로토타입을 작성할 때도 매우 유용하다. 처음에 몇 라인 짜 보고 의도한 결과가 나올 때까지 계속 프로그램을 조금씩 다듬거나 설계 대안을 재빨리 테스트해 볼 때도 유용하다. 프로그램이 워낙 짧아 바로 돌려 볼 수 있고, 경험상 다른 길을 택해야 할 때 다시 시작하기도 쉽다. 그렇게 설계를 검증한 다음 Awk 프로그램을 다른 언어로 쉽게 옮길 수 있다.

책의 구성

이 책의 목표는 Awk가 무엇인지 어떻게 효과적으로 사용하는지 알려 주는 것이다. 1장은 입문 단계의 기초 과정이다. 몇 페이지만 읽어 봐도 꽤 쓸 만한 프로그램을 짤 수 있을 것이다. 대화형(interactive) Awk를 사용하는 짧고 간단한 모범 예제들을 소개한다.

이후 나머지 장에서는 수많은 예제를 통해 Awk의 다재다능함을 다양한 영역에서 십분 활용하는 방법을 제시한다. 우리가 개인적으로 사용하는 프로그램도 있고, 프로덕션 용도로는 적합하지 않지만 개념을 설명하려고 작성한 프로그램도 있으며, 그냥 재미로 끼워 넣은 예제도 있다.

2장은 우리가 개인적으로 사용 중인 수많은 작은 프로그램을 예로 들어 Awk를 실제로 사용하는 방법을 파고든다. 다소 특이한 예제라서 여러분이 직접 유용하게 쓸 수 있을지는 의문이지만, Awk 기술을 이해하고 앞으로 어떤 식으로 사용하면 좋을지 감을 잡게 될 것이다.

3장은 Awk를 활용한 탐색적 데이터 분석 방법을 알아본다. 데이터세트(dataset)를 조사하면서 어떤 특징을 발견하거나 잠재적인(그리고 실제로 존재하는) 에러를 찾아내고, 다른 도구로 추가 조사를 하기 전에 어떤 데이터가 담겨 있는지 큰 그림을 그려 보겠다.

4장 주제는 데이터를 조회, 검사, 변환, 요약하는 작업이다. 바로 원래 Awk가 디자인된 목적이다. 주소록처럼 원래 멀티라인 청크(multiline chunk) 성격의 데이터를 처리하는 방법을 설명한다.

Awk는 소규모 개인 데이터베이스를 관리하는 용도로도 좋다. 5장에서는 데이터베이스에서 리포트를 생성하고 여러 파일에 저장된 데이터를 상대로 간단한 관계형 데이터베이스 시스템 및 쿼리 언어를 구축한다.

6장은 텍스트 생성 프로그램 등 문서 작성에 유용한 프로그램을 몇 가지 소개한다. 우리가 이 책에 사용한 인덱싱 프로그램도 그중 하나다.

7장은 '작은 언어', 즉 한정된 도메인에 초점을 맞춘 특수한 언어를 이야기한다. Awk는 기본적으로 번역 과정에서 맞닥뜨리는 수많은 어휘 및 심볼 테이블 작업을 지원하므로 작은 언어의 프로세서(processor)를 간편하게 작성할 수 있다. 어셈블러, 그래픽 언어, 계산기 등을 예제로 다룰 것이다.

Awk는 알고리즘을 표현하기에 제격인 언어다. 선언이 없고 저장소 관리가 용이한 의사 코드(pseudo-code)의 장점은 물론, 의사 코드에서는 도저히 실행할 수 없는 프로그램도 실행할 수 있다.

8장에서는 알고리즘 실험, 테스트와 성능 평가를 다룬다. 몇 가지 정렬 알고리즘을 소개하고, 유닉스 make 프로그램까지 제작해 볼 것이다.

9장은 Awk가 현재 모습으로 발전하기까지의 역사적인 배경과 성능 측면에서 다른 언어와 비교한 자료를 살펴본다. Awk가 너무 느리거나 기능이 제한적일 때 어떻게 하는 게 좋을지 힌트도 제공한다.

부록 A는 Awk 언어를 체계적으로 정리한 사용자 매뉴얼이다. 다른 매뉴얼도 그렇듯이 예제가 상당히 많다. 그냥 죽 읽으면 지루할 테니 처음에는 대충 훑어보기 바란다.

1장을 먼저 읽고 짧은 예제를 직접 실행해 보자. 그런 다음 각자 관심이 가는 대로 읽고 싶은 장을 끝까지 정독하기 바란다. 각 장의 내용은 서로 독립적이라서 읽는 순서는 별로 중요하지 않다. 사용자 매뉴얼을 표와 요약 위주로 둘러보되 너무 자세히 파고들지는 말자.

예제 코드

이 책의 예제에는 몇 가지 주제가 있다. 가장 중요한 주제는 당연히 여러분에게 Awk를 잘 사용하는 법을 보여 주는 것이다. 유용한 구성 요소를 폭넓게 수록하고자 우리는 각고의 노력을 기울였으며, 특히 Awk 문법의 특징을 잘 보여 주는 연관 배열, 정규 표현식 등을 강조하고자 했다.

두 번째 주제는 Awk의 다재다능함을 선보이는 것이다. Awk 프로그램은 데이터베이스부터 회로 설계, 수치 해석부터 그래픽, 컴파일러부터 시스템 관리, 프로그래머가 아닌 사람들이 처음 배우는 언어부터 소프트웨어 엔지니어링 강좌에 등장하는 실제 구현 언어까지 실로 다양한 분야에서 팔방미인이다. 이 책에서 우리가 소개한 애플리케이션의 다양성이 여러분에게 새로운 가능성을 일깨워 주길 희망한다.

세 번째 주제는 일반적인 컴퓨팅 연산이 이루어지는 원리를 깨닫는 것이다. 관계형 데이터베이스 시스템, 실험용 어셈블러와 인터프리터, 그래프 드로잉 언어, Awk 부분집합(subset)을 위한 재귀 하향 파서(recursive-descent parser), make 기반의 파일 업데이트 프로그램 등 다채로운 예제가 나온다. 짤막한 Awk 프로그램을 마음껏 갖고 놀면서 컴퓨팅의 본질적인 작동 원리도 깨닫는 계기가 되었으면 좋겠다.

프로그래밍의 제반 문제를 해결하는 다양한 방법도 설명하고자 애썼다. 예를 들어 신속한 프로토타이핑(rapid prototyping)은 Awk에서 지원이 잘 되는 접근 방식이다. 덩어리가 큰 작업을 작은 단위로 쪼개고 어느 한 부분에 집중하는 분할 정복(divide and conquer)도 비슷한 전략이다. 다른 프로그램을 생성하는 프로그램을 작성하는 전략도 있다. 작은 언어는 잘 정의된 사용자 인터페이스와 견고한 구현체를 정의한다. 이 책에서는 Awk의 맥락에서 소개하지만, 이런 아이디어는 얼마든지 다른 분야에도 폭넓게 적용 가능하며 모든 프로그래머의 레퍼토리에 들어가야 한다고 생각한다.

예제 코드는 기계가 읽을 수 있는(machine-readable) 포맷의 텍스트에서 직접 전부 다 테스트했다. 에러 없는 프로그램을 만들려고 노력했으나 잘못된 입력 전부를 걸러 내진 못했을 것이다. 모쪼록 우리는 여러분이 꼭 알아야 할 내용을 전달하는 일에 집중했다는 사실을 이해하기 바란다.

Awk의 발전사

Awk는 원래 텍스트뿐만 아니라 숫자도 처리할 수 있도록 grep, sed 같은 유닉스 도구를 일반화하려는 실험이었고, 우리의 관심사는 정규 표현식과 프로그램 가능한(programmable) 편집기에 맞춰져 있었다. 여담이지만 이 언어의 공식 명칭은 개발자의 이니셜을 딴 AWK(대문자)지만, 시각적으로 약간 거슬리는 느낌이 있어서 우리는 언어의 이름은 Awk, 프로그램의 이름은 awk라고 사용해 왔다. (만든 사람의 이름을 따서 언어를 명명한다는 건 정말 상상력이 부족하다는 증거다. 굳이 변명하자면 더 좋은 이름이 떠오르지 않았다. 그런데 우연찮게도 우리 세 사람이 근무했던 사무실이 에이호(Aho), 와인버거(Weinberger), 커니핸(Kernighan) 순서로 붙어 있었다.)

Awk는 짧은 프로그램을 작성하려고 만든 도구였지만 여러 가지 기능을 조합할 수 있는 능력 덕분에 꽤 긴 프로그램을 작성했던 사람들의 주목을 받기 시작했다. 이렇게 큰 프로그램은 보통 원래 언어 구현체에 없던 기능을 필요로 했기에 1985년, 기능이 개선된 Awk 버전을 출시했다.

이후 Gawk(아놀드 로빈스(Arnold Robbins) 개발), Mawk(마이클 브레넌(Michael Brennan) 개발), Busybox Awk(드미트리 자하로프(Dmitry Zakharov) 개발), GoAwk(벤 호이트(Ben Hoyt) 개발) 등 다양한 Awk 구현체가 탄생했다. 이들은 세세한 방식이 조금 다를 뿐 언어 자체의 핵심은 오리지널 Awk와 동일하다. Awk 관련 도서도 여럿 출간되었는데, 그중 아놀드 로빈스가 쓴 《Effective Awk Programming》(O'Reilly Media, 2015)에 Gawk 관련 자료가 있다. Gawk의 온라인 매뉴얼[1]에도 자세한 설명이 있다.

---

1   *https://www.gnu.org/software/gawk/manual*

Awk에 관한 POSIX 표준은 이 언어를 정확하게 정의할 목적으로 제정되었다. 그러나 엄밀히 말해 최신 버전으로 업데이트되지 않았고, 이를 그대로 따르지 않는 구현체도 있다. Awk는 유닉스, 리눅스, macOS에 기본 설치되어 있으므로 바로 사용할 수 있고, 윈도에서는 WSL(Linux용 Windows 하위 시스템)이나 시그윈(Cygwin) 등의 패키지를 설치해서 사용할 수 있다. 웹사이트에서 바이너리나 소스 코드를 내려받아 사용해도 된다. 개발자가 작성한 소스 코드는 *https://github.com/onetrueawk/awk*에 있다. *https://www.awk.dev* 사이트를 방문하면 이 책의 모든 예제 코드[2], 몇몇 연습 문제 해답[3], 추가 정보, 업데이트, (어쩔 수 없지만) 정오표를 확인할 수 있다.

꽤 긴 시간이 흘렀지만 Awk는 크게 달라진 게 없다. 가장 유의미한 신기능이라면 유니코드 지원 정도다. Awk 최신 버전은 UTF-8(세상의 모든 언어를 표준화한 유니코드 인코딩 방식)로 인코딩된 데이터를 처리할 수 있으며, 엑셀이나 다른 프로그램에서 만든 쉼표로 구분된 값(comma-separated value)으로 인코딩된 입력도 지원한다. Awk 버전은 다음 명령어로 확인할 수 있다.

```
$ awk --version
```

유감스럽게도 일반적으로 사용되는 기본 버전(default version)은 때때로 오래된 경우가 있으니 최신의 가장 훌륭한 버전을 원한다면 번거롭더라도 직접 내려받아 설치하기 바란다.

Awk는 유닉스를 전제로 개발된 도구라서 macOS를 비롯한 유닉스, 리눅스 시스템 본연의 기본 기능에 충실하다. 이 책의 예제 코드 역시 이런 기능을 사용한다.

또한 정확히 동등한 구현체는 아니어도 표준 유닉스 유틸리티, 특히 **sort** 같은 프로그램은 여러분 PC에 설치되어 있다고 가정한다. 이러한 몇 가지 제약을 제외하면 Awk는 어떤 환경에서도 유용하게 쓰일 것이다.

물론 Awk가 완벽한 도구는 아니다. 일관성이 없거나 아예 빠진 기능도 있고, 그냥 나쁜 아이디어도 있다. 하지만 동시에 풍성하고 다재다능한, 엄청나게 다양한 경우에 유용하면서 배우기도 쉬운 언어다. 우리가 덕을 본 만큼 여러분도 Awk의 기능을 만끽하기 바란다.

---

2 최신(이 책의 출간일 기준) 예제 코드는 인사이트 블로그에서 내려받을 수 있다.
3 모든 문제의 해답이 제공되지는 않는다. 해답이 있는 문제에는 해당 파일명을 표기했다. 해답은 예제 코드 폴더에서 찾을 수 있다.

감사의 말

소중한 조언을 해 준 친구와 동료들에게 감사한다. 특히 아놀드 로빈스는 수년 동안 Awk 개발에 결정적인 도움을 주었다. 그는 이번 개정판에서도 오류를 찾아내고 Awk 코드를 부적절하게 설명한 문단과 스타일이 잘못된 곳을 지적했다. 또한 원고 초안의 거의 모든 페이지에 인사이트가 넘치는 의견을 달아 주었다. 존 벤틀리(Jon Bentley) 역시 이 책의 초판에서와 마찬가지로 많은 개선안을 제시했다. 중요한 예제 중에는 그만의 독창적인 영감과 그가 사용 중인 코드에 기반을 둔 것들도 있다. 두 분의 노고에 깊이 감사의 마음을 전한다.

벤 호이트는 GoAwk를 구현한 경험을 토대로 예리한 의견을 들려주었다. 넬슨 비비(Nelson Beebe)는 언제나 그렇듯 꼼꼼하게 원고를 읽어 가며 이식성(portability) 문제에 집중했다. 딕 사이트(Dick Sites)와 오잔 이지트(Ozan Yigit)도 더없이 소중한 제안을 했다. 애디슨-웨슬리(Addison-Wesley) 편집자인 그렉 도엔치(Greg Doench)는 이 책의 모든 부분에 큰 도움을 주었다. 출간을 도와준 줄리 나힐(Julie Nahil)에게도 감사를 표한다.

초판에 대한 감사의 말

이 책의 초판에 소중한 의견과 제안을 전해 준 친구들에게 큰 빚을 졌다. 특히 수년간 열정적으로 인사이트를 준 존 벤틀리에게 감사를 표한다. 존은 Awk를 사용하고 가르친 오랜 경험에서 비롯된 많은 아이디어와 프로그램을 제공했고 정말 꼼꼼하게 초안을 검토해 주었다. 한 사람의 독자로서 탁월한 재능을 발휘하여 책 전체의 구조와 내용을 개선하는 데 크게 이바지한 더그 매킬로이(Doug McIlroy)에게도 감사의 말씀을 전한다. 원고를 검토하고 유용한 의견을 제시한 수전 에이호(Susan Aho), 얍 아케르후이스(Jaap Akkerhuis), 로린다 체리(Lorinda Cherry), 크리스 프레이저(Chris Fraser), 에릭 그로스(Eric Grosse), 리카르도 구셀라(Riccardo Gusella), 밥 허브스트(Bob Herbst), 마크 커니핸(Mark Kernighan), 존 린더만(John Linderman), 밥 마틴(Bob Martin), 하워드 모스코비츠(Howard Moscovitz), 제라드 슈미트(Gerard Schmitt), 돈 스와트아웃(Don Swartwout), 하워드 트리키(Howard Trickey), 피터 반 에이크(Peter van Eijk), 크리스 반 윅(Chris Van Wyk), 미할리스 야나카키스(Mihalis Yannakakis) 모두에게 감사한다!

앨프리드 에이호
브라이언 커니핸
피터 와인버거

- Awk의 정식 명칭은 AWK이지만, AWK가 시각적으로 거슬려 Awk를 사용한다는 저자들의 뜻에 따라 본문에서는 Awk를 사용했다.

- 저자가 작성한 소스 코드는 *https://github.com/onetrueawk/awk*에 있다.

- 편집 과정에서 발견한 오류 등을 반영한 최신(이 책의 출간일 기준) 소스 코드는 인사이트 블로그(*https://blog.insightbook.co.kr/*)의 해당 도서 소개 페이지에서 내려받을 수 있다.

- Awk 프로그램 파일명과 입력 파일명은 구분해서 표시했다. Awk 프로그램은 코드 안에 주석으로, 입력 파일은 코드 밖 상단에 적었다.

- 코드에서 입력과 출력을 구분해야 할 때는 입력을 굵게 표시했다.

1장

Awk 튜토리얼

Awk는 다양한 계산과 데이터 처리 작업에 적용할 수 있는 편리하고 표현력이 풍부한 프로그래밍 언어다. 이 장은 여러분이 가능한 한 빨리 Awk 프로그램을 작성하도록 안내하는 튜토리얼이다. 나머지 2장부터는 다양한 영역의 문제를 해결하는 데 Awk가 어떻게 쓰이는지 설명하겠다. Awk 언어 전체를 자세히 기술한 사용자 매뉴얼은 부록 A를 참조하자. 이 책을 읽는 여러분에게 흥미롭고 유용한 예제를 제공하고자 나름대로 많은 노력을 기울였다.

1.1 시작하기

Awk는 한두 라인밖에 안 되는 짧지만 유용한 프로그램이 많다. 지금 여러분 앞에 이름, 시급(달러), 근무시간, 세 가지 정보가 포함된 직원 데이터 파일 `emp.data`가 있다고 하자. 이 파일에는 직원당 한 라인씩, 공백이나 탭으로 구분된 데이터가 죽 나열되어 있다.

```
                                                                    emp.data

Beth     21       0
Dan      19       0
Kathy    15.50    10
Mark     25       20
Mary     22.50    22
Susie    17       18
```

여러분이 할 일은 한 시간이라도 근무한 직원의 이름과 급여(시급 × 근무시간)를 화면에 출력하는 것이다. Awk는 이런 종류의 일에 딱 맞는 도구다. 명령줄(com-mand line) 프롬프트 $ 옆에 다음과 같이 입력하자.

```
$ awk '$3 > 0 { print $1, $2 * $3 }' emp.data
```

실행 결과는 다음과 같다.

```
Kathy 155
Mark 500
Mary 495
Susie 306
```

이 명령어는 입력 파일 emp.data에서 데이터를 가져와 작은따옴표로 감싼 Awk 프로그램을 실행한다. 작은따옴표 안의 내용물이 바로 **패턴-액션 문**(pattern-action statement) 하나로 구성된 완전한 Awk 프로그램이다. $3 > 0 패턴에 따라 세 번째 컬럼(즉, 필드)이 0보다 큰 모든 입력 라인이 매치된다. 그러면 이렇게 매치된 라인의 첫 번째 컬럼과, 두 번째와 세 번째 컬럼을 곱한 결과를 출력하는 액션이 수행된다.

```
{ print $1, $2 * $3 }
```

다음은 근무를 하지 않은, 즉 근무시간이 0인 직원의 이름을 출력하는 명령어다.

```
$ awk '$3 == 0 { print $1 }' emp.data
```

$3 == 0 패턴으로 세 번째 필드가 0인 라인이 매치되면 다음 액션이 매치된 라인의 첫 번째 필드를 출력한다.

```
{ print $1 }
```

이 책에 나오는 예제 코드는 대부분 짧은 프로그램이므로 여러분 스스로 살짝 고치면서 실행해 보면 Awk의 작동 원리를 금세 이해할 것이다. 다음은 지금까지 설명한 두 명령어를 실제 유닉스 시스템에서 실행하는 장면이다. 각 라인 맨 앞의 프롬프트 $는 PC 환경마다 다를 것이다.

```
$ awk '$3 > 0 { print $1, $2 * $3 }' emp.data
Kathy 155
Mark 500
Mary 495
Susie 306
$ awk '$3 == 0 { print $1 }' emp.data
Beth
Dan
$
```

Awk 프로그램의 구조

잠시 Awk 프로그램의 구조를 살펴보자. 좀 전에 명령줄에서 작은따옴표로 감싼 부분이 Awk 프로그래밍 언어로 작성한 프로그램이라고 했다. Awk 프로그램은 하나 이상의 패턴-액션 문(들)을 나열한 것이다.

```
pattern₁    { action₁ }
pattern₂    { action₂ }
...
```

Awk의 기본 동작은 몇 개의 파일이든 모조리 한 라인씩 읽어 들여 주어진 패턴과 매치되는 라인을 찾는 일이다. 여기서 '매치(match)'라는 말은 어떤 패턴이냐에 따라 조금씩 의미가 달라지는데, $3 > 0 같은 패턴은 '조건이 참(true)'인 경우를 뜻한다.

각 입력 라인이 각각의 패턴과 매치되는지 차례로 테스트한다. 패턴이 매치되면 그에 따른 액션(여러 스텝으로 구성된 액션인 경우도 있다)이 수행된다. 그리고 나서 다시 다음 라인을 읽어 매치 여부를 확인하는 일이 모든 입력 라인을 전부 다 읽을 때까지 반복된다.

방금 전 보았던 예제가 패턴과 액션으로 이루어진 전형적인 Awk 프로그램이다. 다음은 세 번째 필드가 0인 모든 라인의 첫 번째 필드를 출력하는 단일 패턴-액션 문이다.

```
$3 == 0  { print $1 }
```

실행 결과는 다음과 같다.

```
Beth
Dan
```

패턴-액션 문에서 패턴과 액션 둘 중 하나는 생략할 수 있다. (그러나 둘 다 생략하는 것은 불가능하다.) 이를테면 패턴만 있고 액션이 없으면 패턴과 매치된(즉, 조건을 참으로 만드는) 라인이 각각 출력된다.

```
$3 == 0
```

즉, emp.data 파일에서 세 번째 필드가 0인 두 라인이 출력된다.

```
Beth    21      0
Dan     19      0
```

반대로 패턴 없이 액션만 있으면 모든 입력 라인을 상대로 주어진 액션(첫 번째 필드 출력)을 수행한다.

```
{ print $1 }
```

패턴과 액션 모두 옵션이다. 따라서 액션은 중괄호({})로 감싸 패턴과 구별한다. 전체가 텅 빈 라인은 무시된다.

Awk 프로그램의 실행 방법

Awk 프로그램을 실행하는 방법은 두 가지다. 첫째, 명령줄에서 다음과 같은 형식으로 타이핑하는 방법이다.

```
awk '프로그램' 입력_파일들
```

예를 들어 다음과 같이 두 입력 파일에 대해 Awk 프로그램을 실행하면 file1 파일에서 세 번째 필드가 0인 모든 라인의 첫 번째 필드를 출력한 다음, file2 파일에 대해서도 동일한 액션을 반복한다.

```
awk '$3 == 0 { print $1 }' file1 file2
```

둘째, 명령줄에서 입력 파일 없이 프로그램만 타이핑하는 방법이다.

```
awk '프로그램'
```

이렇게 하면 Awk는 여러분이 터미널에 EOF 신호(유닉스 시스템은 Control + D)를 보내기 전까지 입력한 모든 내용에 대해 프로그램을 실행한다. 다음 예제 세션에서 굵게 표시한 부분이 사용자가 타이핑한 텍스트다.

```
$ awk '$3 == 0 { print $1 }'
Beth    21      0
Beth
Dan     19      0
Dan
Kathy   15.50   10
Kathy   15.50   0
Kathy
Mary    22.50   22
...
```

이 동작은 Awk 프로그램에 데이터를 입력하면 어떻게 작동하는지 간단히 테스트 해 볼 수 있어 편리하다. 텍스트를 바꿔 가며 충분히 테스트하기 바란다.

명령줄에서 Awk 프로그램은 항상 작은따옴표로 감싼다. 그래야 프로그램 안에 $ 같은 문자가 있어도 셸이 해석하지 않고 프로그램이 여러 라인에 걸쳐 있어도 문제가 없을 것이다.

프로그램이 한두 라인 정도면 이 방식이 편하지만, 그 이상 길어지면 별도로 파일에 작성한 다음 명령줄에서 파일을 지정하는 게 좋다.

```
awk -f 프로그램_파일 입력_파일의_선택적_목록
```

-f 옵션은 주어진 파일에서 프로그램을 가져오라는 뜻이다. **프로그램 파일** 자리에는 어떤 파일명이라도 쓸 수 있고, -를 지정하면 표준 입력(standard input)이 적용 된다.

에러

실행 중 에러가 나면 진단 메시지가 친절하게 표시된다. 예를 들어 다음과 같이 중괄호가 들어갈 자리에 실수로 대괄호를 넣었다고 하자.

```
$ awk '$3 == 0 [ print $1 }' emp.data
```

실행하면 다음 메시지가 출력된다.[1]

```
awk: syntax error at source line 1
 context is
        $3 == 0 >>>  [ <<<
        extra }
        missing ]
awk: bailing out at source line 1
```

>>> <<<로 표시된 곳의 문법이 틀렸다는 'syntax error(문법 에러)' 메시지다. 'bailing out'은 복구 시도는 하지 않았다는 뜻이다. 중괄호나 괄호의 짝이 안 맞는다(mis-matched)는 식으로 더 자세한 에러 정보를 보여 주기도 한다.

이 프로그램은 문법 에러가 나서 Awk가 실행조차 하지 않았지만, 프로그램이 실행되기 전에는 감지할 수 없는 에러도 있다. 예를 들어 어떤 숫자를 0으로 나누면 Awk는 즉시 실행을 멈추고 나눗셈을 시도한 프로그램의 라인 번호와 입력 라인을 표시할 것이다.

1.2 단순 출력

앞서 예시한 emp.data 파일을 조작하는 짧은 Awk 예제는 이 장의 나머지 부분에도 계속 등장한다. 이 예제를 통해 필드 출력, 입력 선택, 데이터 변환 등 Awk로 쉽게 처리할 수 있는 유용한 작업들을 소개하겠다. Awk로 할 수 있는 일을 전부 다 보일 수는 없으니 너무 깊게 들어가진 않는다. 그래도 이 장을 다 읽을 즈음이면 적잖은 작업을 Awk로 수행할 수 있고, 다음 장부터 책장을 넘기기가 한결 편해질 것이다.

특별한 이유가 없다면 전체 명령줄 대신 Awk 프로그램에 해당하는 코드만 표시한다. Awk 프로그램은 언제나 작은따옴표로 감싸 awk 명령어의 첫 번째 인수로 실행하거나 별도 파일에 작성한 다음 -f 옵션으로 실행하면 된다는 사실만 기억하기 바란다.

---

1   Awk 설치 버전 및 환경(운영 체제)에 따라 에러 메시지는 다르게 표시될 수 있다.

Awk에는 숫자(number)와 문자열(string)이라는 두 가지 유형의 데이터만 있다. emp.data 파일은 공백이나 탭으로 구분된 단어와 숫자가 혼합된, 일련의 텍스트 라인으로 구성된 전형적인 데이터다.

Awk는 입력을 한 번에 한 라인씩 읽고 각 라인을 필드로 분할한다. 여기서 필드는 기본적으로 공백이나 탭이 없는 문자 시퀀스다. 현재 입력 라인의 첫 번째 필드는 $1, 두 번째 필드는 $2 식으로 나타내며, 라인 전체는 $0을 의미한다. 필드 수는 라인마다 다를 수 있다.

각 라인의 일부 또는 모든 필드에 어떤 계산을 수행한 뒤 출력하는 쓰임새가 가장 흔하다. 이 절에 있는 예제도 대개 이런 형태다.

전체 라인 출력

액션만 있고 패턴이 없으면 모든 입력 라인에 주어진 액션을 수행한다. print 문은 현재 입력 라인을 출력하는 문장이므로 다음 프로그램은 모든 입력 라인을 표준 출력으로 출력한다.

```
{ print }
```

$0은 라인 전체를 나타내므로 다음 문장도 하는 일은 같다.

```
{ print $0 }
```

특정 필드 출력

하나의 print 문으로 동일한 출력 라인에 둘 이상의 항목을 출력할 수 있다. 다음 프로그램은 각 입력 라인의 첫 번째 필드와 세 번째 필드를 한 번에 출력한다.

```
{ print $1, $3 }
```

다음은 emp.data 파일을 입력하여 실행한 결과다.

```
Beth 0
Dan 0
Kathy 10
```

```
Mark 20
Mary 22
Susie 18
```

print 문에서 쉼표로 구분된 표현식은 기본적으로 출력될 때 단일 공백(single space)으로 구분되며, 이렇게 출력된 각 라인은 새줄 문자(newline character)로 끝난다. 이 두 기본값은 모두 변경할 수 있다. 자세한 방법은 이후 예제 및 A.4.2절 사용자 매뉴얼에서 설명한다.

NF, 필드 수

필드를 반드시 $1, $2처럼 참조해야 하는 건 아니다. $ 뒤에 필드 번호를 나타내는 표현식을 쓰면 이 표현식의 평가 결과를 필드 번호로 사용할 수 있다. Awk는 현재 입력 라인에 있는 필드 수(number of fields)를 내장 변수 NF에 저장한다.

```
{ print NF, $1, $NF }
```

위 프로그램은 각 입력 라인의 필드 수, 첫 번째 필드, 마지막 필드를 각각 출력한다.

계산 및 출력

필드 값에 어떤 계산을 수행한 결과를 출력할 수도 있다.

```
{ print $1, $2 * $3 }
```

이 프로그램은 직원별 이름, 총급여(시급 × 근무시간)를 출력한다.

```
Beth 0
Dan 0
Kathy 155
Mark 500
Mary 495
Susie 306
```

출력 결과를 보기 좋게 다듬는 방법은 잠시 후에 설명하겠다.

라인 번호 출력

NR은 지금까지 읽은 라인(레코드) 수를 나타내는 내장 변수다. NR과 $0를 사용하면 emp.data 파일의 각 라인 앞에 번호를 접두어로 붙여 출력할 수 있다.

```
{ print NR, $0 }
```

출력 결과는 다음과 같다.

```
1 Beth  21      0
2 Dan   19      0
3 Kathy 15.50   10
4 Mark  25      20
5 Mary  22.50   22
6 Susie 17      18
```

텍스트를 넣어 출력

큰따옴표로 감싼 문자열을 출력 결과의 필드와 계산된 값 사이에 끼워 넣을 수 있다.

```
{ print "total pay for", $1, "is", $2 * $3 }
```

다음은 이 프로그램의 실행 결과다.

```
total pay for Beth is 0
total pay for Dan is 0
total pay for Kathy is 155
total pay for Mark is 500
total pay for Mary is 495
total pay for Susie is 306
```

print 문에서 큰따옴표로 감싼 텍스트가 필드 및 계산된 값과 함께 출력됐다.

1.3 출력 포매팅

print 문의 용도는 쉽고 빠르게 출력하는 것이다. 입맛에 맞게 출력 포맷을 구체적으로 지정하려면 printf 문을 사용한다. printf는 거의 모든 포맷으로 출력 가능한 강력한 문장이지만, 이 절에서는 그중 일부만 살펴보자. 자세한 내용은 A.4.3절을 참조하라.

필드 라인업

printf 문의 형식은 다음과 같다.

```
printf(format, value₁, value₂, ... , valueₙ)
```

*format*은 출력할 텍스트의 포맷을 지정한 문자열로, 각 값을 출력하는 스펙 문자열이 중간중간 배치되어 있다. 여기서 스펙(specification)이란 % 뒤에 값의 포맷을 문자 몇 개로 지정한 문자열로, *value₁*과 *value₂*를 어떻게 출력할지 순서대로 나열한 것이다. 따라서 출력할 값의 수만큼 % 스펙이 있어야 한다. (표준 C 라이브러리의 printf 함수와 거의 같다.)

다음은 printf를 사용하여 전 직원의 총급여를 출력하는 프로그램이다.

```
{ printf("total pay for %s is $%.2f\n", $1, $2 * $3) }
```

printf 문의 문자열에 % 스펙이 두 개다. 첫 번째 %s는 첫 번째 값 $1을 문자열로, 두 번째 %.2f는 두 번째 값 $2 * $3를 소수점 이하 두 자리 숫자로 출력하라고 알린다. $를 비롯한 다른 모든 문자열은 있는 그대로 출력된다. 문자열 끝에 새줄 문자 \n이 있으므로 다음 번 출력은 다음 라인으로 넘어간다.

다음은 emp.data 파일을 입력하여 실행한 결과다.

```
total pay for Beth is $0.00
total pay for Dan is $0.00
total pay for Kathy is $155.00
total pay for Mark is $500.00
total pay for Mary is $495.00
total pay for Susie is $306.00
```

printf는 공백이나 새줄 문자를 자동으로 생성하지 않는다. 여러분이 직접 챙겨야 한다. \n을 빠뜨리면 한 라인에 모두 지저분하게 출력될 것이다.

다음 예제는 직원별 이름과 급여를 출력한다.

```
{ printf("%-8s $%6.2f\n", $1, $2 * $3) }
```

첫 번째 스펙 %-8s는 이름을 여덟 글자 너비의 왼쪽 정렬된 문자열 형태로 출력한다. -가 해당 필드에서 왼쪽 정렬을 의미한다. 두 번째 스펙 %6.2f는 급여를 여섯 글자 너비의 소수점 두 자리 숫자 형식으로 출력한다.

```
Beth      $ 0.00
Dan       $ 0.00
Kathy     $155.00
Mark      $500.00
Mary      $495.00
Susie     $306.00
```

printf 예제는 앞으로도 계속 등장할 것이다. 전체 스펙은 A.4.3절을 참조하자.

결과 정렬

급여가 높은 순으로 전체 직원 데이터를 정렬하고 싶다고 하자. 가장 쉬운 방법은 Awk로 각 직원 레코드에 총급여를 접두어로 붙인 다음 sort 명령어로 정렬하는 것이다.

즉, 유닉스 명령줄에 다음과 같이 입력하고 실행한다.

```
awk '{ printf("%6.2f %s\n", $2 * $3, $0) }' emp.data | sort
```

Awk로 출력한 결과가 sort 명령어로 파이프(pipe)[2]되어 다음과 같이 표시된다.

```
  0.00  Beth   21      0
  0.00  Dan    19      0
155.00  Kathy  15.50   10
306.00  Susie  17      18
495.00  Mary   22.50   22
500.00  Mark   25      20
```

Awk 자체로도 괜찮은 정렬 프로그램을 작성할 수 있지만(8장에 퀵 정렬 예제가 나온다.), 대부분 sort 같은 기존 도구를 사용하는 편이 더 생산적이다.

---

2 선행 명령어의 출력이 후행 명령어의 입력으로 전달되는 것을 의미한다.

1.4 선택

Awk 패턴은 입력에서 원하는 라인을 선택하여 추가 가공을 하는 데 효과적이다. 액션 없이 패턴만 지정하면 모든 라인이 출력되므로 대부분의 Awk 프로그램은 패턴으로만 구성된다. 이 절에서는 몇 가지 유용한 패턴을 소개하겠다.

비교 결과로 선택

다음 예제는 비교 패턴을 사용하여 시급이 $20 이상인 직원의 레코드, 즉 두 번째 필드가 20보다 크거나 같은 라인을 선택한다.

```
$2 >= 20
```

emp.data 파일을 입력하여 실행하면 다음 라인이 선택된다.

```
Beth    21      0
Mark    25      20
Mary    22.50   22
```

계산 결과로 선택

다음은 총급여가 $200 이상인 직원의 이름과 급여를 출력하는 예제다.

```
$2 * $3 > 200 { printf("$%.2f for %s\n", $2 * $3, $1) }
$500.00 for Mark
$495.00 for Mary
$306.00 for Susie
```

텍스트 내용으로 선택

수치 외에 특정 단어나 문구가 포함된 입력 라인도 선택할 수 있다. 다음 예제는 첫 번째 필드가 Susie인 라인을 모두 출력한다.

```
$1 == "Susie"
```

==는 동등성(equality)을 테스트하는 연산자다. **정규 표현식** 패턴으로도 문자, 단

어, 구의 집합이 포함된 텍스트를 찾을 수 있다. 다음 예제는 Susie가 포함된 모든 라인을 출력한다.

```
/Susie/
```

실행 결과는 다음과 같다.

```
Susie    17        18
```

정규 표현식을 사용하면 텍스트 패턴을 훨씬 더 정교하게 지정할 수 있다. 자세한 내용은 A.1.4절을 참조하자.

패턴 조합

괄호 및 논리 연산자 &&, ||, !(각각 AND, OR, NOT을 나타냄)를 사용하면 여러 패턴을 조합할 수 있다. 다음은 $2 또는 $3이 20 이상인 라인을 출력하는 예제다.

```
$2 >= 20 || $3 >= 20
Beth     21        0
Mark     25        20
Mary     22.50     22
```

두 조건을 모두 만족하는 라인은 한 번만 출력된다. 그럼 두 패턴을 그대로 열거하면 어떻게 될까?

```
$2 >= 20
$3 >= 20
```

이 예제는 두 조건을 모두 만족하는 라인을 두 번 출력한다.

```
Beth     21        0
Mark     25        20
Mark     25        20
Mary     22.50     22
Mary     22.50     22
```

다음 예제를 보자.

```
!($2 < 20 && $3 < 20)
```

$2가 20보다 작고 $3이 20보다 작다는 명제가 참이 아닌 라인이 출력된다. 이는 방금 전 보았던 $2 >= 20 || $3 >= 20과 조건은 동일하지만 가독성이 좋지 않다.

데이터 유효성 검사

실제 데이터에는 언제나 에러가 섞여 있다. Awk는 데이터 **유효성 검사**(data validation) 과정을 통해 데이터의 포맷이 올바른지 엉뚱한 값이 들어 있지는 않은지 검사하는 데 좋은 도구다.

데이터 유효성 검사는 기본적으로 부정적인 작업이다. 다시 말해 원하는 속성을 지닌 라인을 출력하는 대신 의심스러운(suspicious) 라인을 출력한다. 다음 예제는 비교 패턴으로 emp.data의 각 라인에 다섯 가지 타당성 테스트(plausibility test)를 수행한다.

```
NF != 3    { print $0, "number of fields is not equal to 3" }
$2 < 15    { print $0, "rate is too low" }
$2 > 25    { print $0, "rate exceeds $25 per hour" }
$3 < 0     { print $0, "negative hours worked" }
$3 > 60    { print $0, "too many hours worked" }
```

에러가 없으면 아무것도 출력되지 않는다.

BEGIN과 END

BEGIN은 첫 번째 입력 파일의 첫 번째 라인을 읽기 직전에, END는 마지막 파일의 마지막 라인이 처리된 직후에 각각 매치되는 특별한 패턴이다. 다음은 BEGIN 패턴으로 헤더를 출력하는 예제로 단어 사이는 적절하게 띄어 구분한다.

```
BEGIN { print "NAME     RATE     HOURS";  print "" }
      { print }
```

출력 결과는 다음과 같다.

```
NAME     RATE     HOURS
```

```
Beth      21      0
Dan       19      0
Kathy     15.50   10
Mark      25      20
Mary      22.50   22
Susie     17      18
```

세미콜론(;)으로 구분하면 여러 문장을 하나의 라인에 넣을 수 있다. print ""는 그 냥 빈 라인을 출력한다. 현재 입력 라인을 그대로 출력하는 print와는 다르다.

1.5 계산

액션은 새줄 문자 또는 세미콜론으로 구분된 일련의 문장이다. 하나의 print, printf 문으로 이루어진 액션은 이미 앞에서 보았으니 이 절에서는 간단한 수치 및 문자열 계산을 수행하는 문장을 예로 들겠다. 문장에는 NF 같은 내장 변수는 물론, 계산 후 데이터를 저장할 목적으로 자체 변수를 만들어 쓸 수 있다. 단, Awk 언어 는 사용자가 만든 변수를 선언하지 않는다. 사용자가 변수를 사용할 때 자동으로 생성된다.

개수 세기

다음 프로그램은 변수 emp를 사용하여 15시간 이상 근무한 직원 수를 계산한다.

```
$3 > 15 { emp = emp + 1 }
END     { print emp, "employees worked more than 15 hours" }
```

세 번째 필드가 15를 초과하는 라인이 나올 때마다 emp 변숫값이 하나씩 증가한다.
  다음은 emp.data를 입력하여 실행한 결과다.

```
3 employees worked more than 15 hours
```

Awk에서 숫자 타입의 변숫값은 0부터 시작된다. 따라서 emp 변수는 초기화할 필요 가 없다.
  다음과 같은 문장은

```
emp = emp + 1
```

너무 자주 등장해서 C 계열 언어에서는 축약형인 증가 연산자 ++를 더 많이 쓴다.

```
emp++
```

증가 연산자가 있으니 당연히 반대 역할을 하는 감소 연산자 --도 있다.

++를 사용해 직원 수를 세는 예제를 다시 작성했다.

```
$3 > 15 { emp++ }
END     { print emp, "employees worked more than 15 hours" }
```

합계와 평균 계산

직원 수를 세는 예제에서 현재까지 읽어 들인 라인 수를 나타내는 내장 변수 NR을 사용해도 된다. 입력 끝에 이르면 이 변숫값은 프로그램이 읽어 들인 전체 라인 수를 가리킬 것이다.

```
END { print NR, "employees" }
```

실행 결과는 다음과 같다.

```
6 employees
```

다음은 NR 변수로 평균 급여를 계산하는 예제다.

```
    { pay = pay + $2 * $3 }
END { print NR, "employees"
    print "total pay is", pay
    print "average pay is", pay/NR
    }
```

첫 번째 액션은 모든 직원의 총급여를 누적한다. END 액션은 다음과 같이 출력한다.

```
6 employees
total pay is 1456
average pay is 242.667
```

아무래도 printf를 사용하면 좀 더 깔끔하게 출력(예: 소수점 두 자리까지 정확히 출력)할 수 있다. 드물지만 NR이 0이라면 프로그램이 0으로 나누려고 하면서 에러가 날 수도 있다.

+=는 변숫값을 증가시키는 연산자로, 자신의 왼쪽에 있는 변수를 오른쪽에 있는 표현식의 값만큼 늘린다. 이 연산자를 사용하면 방금 전 프로그램의 첫 번째 라인을 다음과 같이 간결하게 다듬을 수 있다.

```
{ pay += $2 * $3 }
```

텍스트 처리

Awk 변수에는 숫자는 물론 문자열도 할당할 수 있다. 다음은 시급이 가장 높은 직원을 찾는 예제다.

```
$2 > maxrate { maxrate = $2; maxemp = $1 }
END { print "highest hourly rate:", maxrate, "for", maxemp }
```

실행 결과는 다음과 같다.

```
highest hourly rate: 25 for Mark
```

maxrate 변수는 수치 값을, maxemp 변수는 문자열 값을 각각 보관한다. 시급이 가장 높은 직원이 여럿이면 첫 번째 직원만 출력한다.

문자열 연결

문자열 연결(string concatenation)은 문자열 뒤에 다른 문자열을 덧붙이는 작업이다. Awk 프로그램에서는 연결 연산자가 따로 없다. 그냥 문자열 값을 순서대로 나열하면 연결된다. (돌이켜 보면 발견하기 어려운 에러를 유발할 수 있으므로 좋은 설계는 아닌 것 같다.)

이를테면 다음과 같이 연결한다.

```
    { names = names $1 " " }
END { print names }
```

이전 names 변수 뒤에 $1 변숫값과 공백을 계속 연결하여 전체 직원의 이름을 문자열 하나로 취합한다. 이 names 변수의 값은 END 액션에서 출력된다.

```
Beth Dan Kathy Mark Mary Susie
```

입력 라인마다 프로그램의 첫 번째 문장은 names의 이전 값, 첫 번째 필드, 공백, 이세 문자열을 연결한 문자열을 다시 names 변수에 할당한다. 즉, 모든 입력 라인을 다 읽으면 names 변수에는 전 직원의 이름이 공백으로 구분되어 길게 나열된 단일 문자열이 할당될 것이다. (따라서 이 문자열 끝에는 보이지 않는 공백이 하나 남는다.) 문자열을 보관하려고 사용한 변수는 널 문자열(null string, 즉 문자가 하나도 없는 문자열)로 시작되기 때문에 굳이 변수를 초기화할 필요가 없다.

마지막 입력 라인 출력

NR 같은 내장 변수는 END 액션에서도 값을 유지하며, $0과 같은 필드도 마찬가지다.

```
END { print $0 }
```

이 예제는 마지막으로 입력한 라인을 출력한다.

```
Susie   17      18
```

내장 함수

Awk는 필드 수, 입력 라인 번호처럼 자주 쓰는 수량을 내장 변수로 제공한다. 이 밖에도 다른 유용한 값을 계산하기 위한 내장 함수도 있다.

제곱근, 로그, 난수 등을 계산하는 산술 함수도 있고 텍스트를 조작하는 함수도 있다. 그중 length는 문자열에 포함된 문자 수를 세는 함수다. 예를 들어 다음은 직원들의 이름 길이를 계산하는 예제다.

```
{ print $1, length($1) }
```

실행 결과는 다음과 같다.

```
Beth 4
Dan 3
Kathy 5
Mark 4
Mary 4
Susie 5
```

라인, 단어, 문자 개수 세기

length, NF, NR을 응용하면 유닉스 프로그램 wc처럼 입력에 포함된 라인, 단어, 문자 수를 계산할 수 있다. 편의상 각 필드는 한 단어로 취급하지만, 이는 다소 간략화한 것이다.

```
    { nc += length($0) + 1
      nw += NF
    }
END { print NR, "lines,", nw, "words,", nc, "characters" }
```

다음은 emp.data 파일의 라인, 단어, 문자 수를 센 결과다.

```
6 lines, 18 words, 71 characters
```

새줄 문자는 $0에 포함되지 않으므로 각 입력 라인 끝의 새줄 문자를 계산하기 위해 nc에 1을 더했다.

1.6 제어문

Awk도 조건에 따라 분기하는 if-else 문과 몇 가지 반복문을 제공한다. 이미 여러분이 C 프로그래밍을 하며 익숙해진 것들이다. 단, Awk에서는 이런 문장을 액션에서만 쓸 수 있다.

if-else 문

다음 프로그램은 시급이 30달러가 넘는 직원들의 총급여와 평균 급여를 계산한다. 평균 급여 계산 시 0으로 나누는 오류를 방지하기 위해 if 문을 사용한다.

```
$2 > 30 { n++; pay += $2 * $3 }

END     { if (n > 0)
            print n, "high-pay employees, total pay is", pay,
                    " average pay is", pay/n
          else
            print "No employees are paid more than $30/hour"
        }
```

다음은 emp.data 파일을 입력하여 실행한 결과다.

```
No employees are paid more than $30/hour
```

if 문에 지정된 조건을 먼저 평가해서 참이면 첫 번째 print 문을, 거짓이면 두 번째 print 문을 실행한다. 이처럼 긴 문장을 쉼표 다음에 여러 라인으로 나누어 작성해도 된다.

　if 문으로 하나의 문장만 제어한다면 중괄호가 필요 없지만 둘 이상의 문장을 제어한다면 중괄호가 필수다. 다음 코드를 보자.

```
$2 > 30 { n++; pay += $2 * $3 }

END     { if (n > 0) {
            print n, "employees, total pay is", pay,
                    " average pay is", pay/n
          } else {
            print "No employees are paid more than $30/hour"
          }
        }
```

여기서는 중괄호를 사용해서 제어 범위를 분명하게 표시했다. 일반적으로 중복되더라도 중괄호를 쓰는 것이 좋은 코딩 습관이다.

while 문

while 문에는 조건(condition)과 본체(body)가 있다. 조건이 참이면 본체에 기술된 문장이 반복 수행된다. 다음 예제는 원리금 ＝ 원금 × (1 ＋ 연이율)^{연수} 공식에 따라 투자금의 가치가 여러 해를 거치며 복리로 얼마나 불어나는지 계산한다.

```
# interest1 - 복리 원리금 계산
#    입력: 원금 연이율 연수
#    출력: 매년 연말의 복리 원리금

{   i = 1
    while (i <= $3) {
        printf("\t%.2f\n", $1 * (1 + $2) ^ i)
        i++
    }
}
```

while 문 다음에 괄호로 감싼 표현식이 조건이다. 이 조건 뒤에 중괄호로 감싼 두 문장이 반복문 본체다. printf 스펙에서 \t는 탭 문자, ^은 지수 연산자를 나타낸다. #부터 라인 끝까지 적은 **주석**(comment)은 Awk가 무시하지만, 프로그램을 읽는 사람에게는 큰 도움이 될 것이다.

이 예제에 원금, 연이율, 연수를 입력하면서 원리금이 어떻게 달라지는지 알아보자. 다음은 $1,000를 5% 및 10% 복리 이자로 각각 5년간 투자했을 때 증가한 원리금을 계산한 결과다.

```
$ awk -f interest1.awk
1000 .05 5
        1050.00
        1102.50
        1157.63
        1215.51
        1276.28
1000 .10 5
        1100.00
        1210.00
        1331.00
        1464.10
        1610.51
```

for 문

for 문은 루프의 구성 요소인 초기식(initialization), 조건식(test), 증감식(increment)을 한 라인으로 압축한 형태로, 역시 C 언어에서 그대로 가져왔다. 다음은 앞의 원리금 계산 예제를 for 문으로 다시 작성한 예제다.

```
# interest2 - 복리 원리금 계산
#   입력: 원금 연이율 연수
#   출력: 매년 연말의 복리 원리금

{   for (i = 1; i <= $3; i++)
        printf("\t%.2f\n", $1 * (1 + $2) ^ i)
}
```

초기식 i = 1은 한 번만 수행된다. 그런 다음 조건식 i <= $3을 테스트한 결과가 참이면 하나의 printf 문으로 이루어진 반복문 본체가 실행된다. 그 후 증감식 i++가 수행되고 다음번 루프가 반복될 때 조건식을 테스트한다. for 문을 사용하면 대개 코드가 간결해진다. 반복문 본체가 단일 문장이면 중괄호로 감싸지 않아도 된다.

이 예제는 1부터 어느 상한(upper limit, 상한에 해당하는 숫자도 포함)까지 반복되는 반복문을 표현한 지극히 일반적인 수단이다. 초기식 또는 종료 조건이 이와 다를 경우 올바르게 작동하는지 한 번 더 살펴보는 것이 좋다.

피즈버즈

반복문과 조건문을 응용한 재미난 예제를 소개하겠다. 구직자가 최소한의 프로그래밍 능력이 있는지 검사할 때 종종 쓰이는 피즈버즈(FizzBuzz) 프로그램이다. 1부터 100까지 숫자를 출력하되 숫자가 3으로 나눠 떨어지면 "fizz", 5로 나눠 떨어지면 "buzz", 3과 5로 모두 나눠 떨어지면 "fizzbuzz"를 출력하는 단순한 로직이다.

나눗셈의 나머지를 구하는 모듈러스(modulus), 즉 나머지 연산자 %를 사용한다.

```
# fizzbuzz

awk '
BEGIN {
  for (i = 1; i <= 100; i++) {
    if (i%15 == 0)    # 3과 5로 모두 나누어 떨어지나?
      print i, "fizzbuzz"
    else if (i%5 == 0)
      print i, "buzz"
    else if (i%3 == 0)
      print i, "fizz"
    else
      print i
  }
} '
```

모든 계산이 BEGIN 블록에서 이루어진다. 파일명 인수는 그냥 무시한다. else if 문을 if, else 문과 동일한 수준으로 들여 쓰니 뭔가 결정하는 코드라는 사실이 분명히 드러난다.

1.7 배열

서로 연관된 값을 한데 모아 보관하는 배열도 있다. 다음은 입력을 라인 역순으로 출력하는 예제다. 첫 번째 액션은 일단 입력 라인을 line 배열에 연속된 요소로 저장한다. 첫 번째 행은 line[1], 두 번째 행은 line[2]에 저장하는 식이다. END 액션은 while 문으로 마지막 라인부터 첫 번째 라인까지 출력한다.

```
# reverse - 입력을 라인 역순으로 출력한다.

    { line[NR] = $0 }    # 각 입력 라인을 기억한다.

END { i = NR              # 입력 라인을 역순으로 출력한다.
    while (i > 0) {
        print line[i]
        i--
    }
  }
```

다음은 emp.data 파일을 입력하여 실행한 결과다.

```
Susie    17       18
Mary     22.50    22
Mark     25       20
Kathy    15.50    10
Dan      19       0
Beth     21       0
```

다음과 같이 for 문을 사용하는 코드로 바꿔도 된다.

```
# reverse - 입력을 라인 역순으로 출력한다. (버전 2)

    { line[NR] = $0 }    # 각 입력 라인을 기억한다.

END { for (i = NR; i > 0; i--)
        print line[i]
  }
```

여기서 배열의 첨자(subscript)를 숫자로 사용했지만 문자열도 얼마든지 가능하다. 문자열 첨자는 Awk에서 가장 유용한 기능 중 하나이며 이후 장에서 예제로 확인하게 될 것이다.

1.8 한 라인짜리 쓸 만한 프로그램

복잡한 프로그램도 가능하지만 유용한 Awk 프로그램은 대개 한 라인짜리다. 여러분이 실무에 바로 사용할 만한 짧은 예제를 골라 보았다. 대부분 앞서 설명했던 내용을 약간 변형한 예제들이다.

총 입력 라인 수를 출력한다.

```
END { print NR }
```

처음 입력 라인 10개를 출력한다.

```
NR <= 10
```

10번째 입력 라인을 출력한다.

```
NR == 10
```

첫 번째 라인부터 시작해 매 10번째 라인을 출력한다.

```
NR % 10 == 1
```

전체 입력 라인의 마지막 필드를 출력한다.

```
{ print $NF }
```

마지막 입력 라인의 마지막 필드를 출력한다.

```
END { print $NF }
```

필드가 4개를 초과하는 입력 라인을 모두 출력한다.

```
NF > 4
```

필드가 4개가 아닌 입력 라인을 모두 출력한다.

```
NF != 4
```

마지막 필드가 4보다 큰 라인을 모두 출력한다.

```
$NF > 4
```

각 입력 라인의 필드 수를 출력한다.

```
    { nf += NF }
END { print nf }
```

Beth가 포함된 전체 라인 수를 출력한다.

```
/Beth/ { nlines++ }
END    { print nlines }
```

가장 큰 첫 번째 필드와 그 값이 포함된 라인을 출력한다. ($1이 양수라고 가정한다.)

```
$1 > max { max = $1; maxline = $0 }
END      { print max, maxline }
```

필드가 적어도 1개 이상인 (즉, 빈 라인이나 공백만 있는 라인을 제외한) 입력 라인을 모두 출력한다.

```
NF > 0
```

문자 수가 80개를 초과하는 입력 라인을 모두 출력한다.

```
length($0) > 80
```

각 입력 라인 앞에 필드 수를 출력한다.

```
{ print NF, $0 }
```

각 입력 라인의 처음 두 필드를 순서를 바꾸어 출력한다.

```
{ print $2, $1 }
```

각 입력 라인의 처음 두 필드를 서로 바꾸어 출력한다.

```
{ temp = $1; $1 = $2; $2 = temp; print }
```

각 입력 라인 앞에 라인 번호를 붙여 출력한다.

```
{ print NR, $0 }
```

각 입력 라인 첫 번째 필드를 라인 번호로 치환하여 출력한다.

```
{ $1 = NR; print }
```

각 입력 라인에서 두 번째 필드를 지우고 출력한다.

```
{ $2 = ""; print }
```

각 입력 라인의 필드를 역순으로 출력한다.

```
{ for (i = NF; i > 0; i--) printf("%s ", $i)
  printf("\n")
}
```

각 입력 라인의 필드 합계를 출력한다.

```
{ sum = 0
  for (i = 1; i <= NF; i++) sum = sum + $i
  print sum
}
```

각 라인의 모든 필드를 더한 값을 출력한다.

```
    { for (i = 1; i <= NF; i++) sum = sum + $i }
END { print sum }
```

모든 입력 라인의 각 필드를 절댓값으로 바꾸어 출력한다.

```
{ for (i = 1; i <= NF; i++) if ($i < 0) $i = -$i
  print
}
```

1.9 이제 무엇을 할까?

자, 지금까지 Awk의 핵심을 빠르게 살펴봤다. Awk 프로그램은 일련의 패턴-액션 문장으로 구성된다. Awk는 모든 입력 라인을 순서대로 패턴과 비교하여 패턴이 일치하면 주어진 액션을 수행한다. 패턴으로는 숫자 또는 문자열 비교가 있으며, 액션으로는 계산식과 포맷이 지정된 출력문을 쓸 수 있다. Awk는 입력 파일을 자동으로 읽어 각 입력 라인을 필드로 나눈다. 또한 다양한 내장 변수와 함수를 제공하며 사용자가 직접 정의할 수도 있다. 이러한 기능을 조합하면 다른 언어에서는 꼭 명시해야 하는 부분을 Awk 프로그램에서는 암묵적으로 처리하기 때문에 몇 라인 안 되는 짧은 프로그램으로도 유용한 계산을 표현할 수 있다.

이제 이 책의 나머지 부분에서는 Awk의 기본적인 아이디어를 좀 더 자세히 살펴볼 것이다. 우리는 여러분이 가능한 한 빨리, 직접 프로그램을 작성해 볼 것을 권장한다. 그래야 언어에 점점 익숙해지면서 더 큰 프로그램도 더 쉽게 이해하게 될 것이다. 의문이 생기면 간단히 실험해 보는 것만큼 확실한 답도 없는 법이다. 그리고 이 책에 수록된 예제마다 특정 기능의 사용법, 또는 흥미로운 프로그램을 작성하는 방법 등 언어에 관한 유익한 정보가 담겨 있으므로 책을 전체적으로 잘 살펴보기 바란다.

언어 자체의 기능은 예제에서 필요에 따라 설명하겠지만, 모든 내용을 전달할 수는 없으므로 더 많은 예제가 수록된 부록 A 사용자 매뉴얼을 자주 참조하는 게 좋다. 각 장과 매뉴얼을 왔다 갔다 하면서 읽으면 학습에 도움이 될 것이다.

Awk 실제 사용법

Awk는 반복적인 작업을 자동화하거나 다른 사람은 별로 관심이 없지만 나에게는 중요한, 일반적이지 않은 계산을 처리하는 데 유용한 작은 도구와 스크립트를 만들 때 유용하다.

이 장에 수록된 수많은 예제가 모두 여러분에게 바로 요긴하게 쓰이진 않겠지만 (운이 좋다면 그중 소수는 유용하겠지만) 여러분이 손수 작성할 프로그램에 관한 아이디어를 떠올리거나 프로그래밍에 적용 가능한 기술을 습득하는 데 분명 도움 이 될 것이다.

이 장은 간단한 계산, 그리고 Awk를 설계한 목적에 해당하는 선택, 변환, 요약이 라는 기본 연산 위주로 구성되어 있다. 각 예제는 Awk로 무슨 일을 할 수 있는지 보여 주고, 어떤 유용한 프로그래밍 기법이 있는지 설명하며 Awk에 대해 흥미롭거 나 유용한 내용을 담고 있다. 일부 예제는 Awk뿐만 아니라 여타 표준 유닉스 도구 와 유닉스 환경의 효율적인 사용법에 관한 내용도 함께 담고 있다.

2.1 개인용 계산기

Awk는 프로그래밍이 가능한 우수한 계산기다. 따라서 여러분 각자 개인용 계산 로 직을 명령어에 캡슐화하여(encapsulate) 유용한 도구로 활용할 수 있다. 우리도 아 주 요긴하게 쓰고 있는 작은 계산기를 몇 가지 소개하겠다.

체질량 지수

체질량 지수(BMI)는 몸무게를 키의 제곱수로 나누어 체지방을 측정하는, 여러분도 잘 아는 수치다. 통상 BMI가 18~25이면 '정상', 25~30이면 '과체중', 30 이상이면 '비만'이다. 키와 몸무게의 공식적인 단위는 미터(m)와 킬로그램(kg)이지만, 다음 코드는 인치(in)와 파운드(lb) 단위로 입력 받기 때문에 단위 환산이 필요하다. (1kg은 2.2lb, 1in는 2.54cm이다.)

```
# bmi: 체질량 지수 계산

awk 'BEGIN { print "enter pounds inches" }
    { printf("%.1f\n", ($1/2.2) / ($2 * 2.54/100) ^ 2) } '
```

이 코드를 bmi라는 실행 파일(executable file)에 넣으면 일반 프로그램처럼 실행할 수 있다. 다음은 우리 중 한 사람의 키와 몸무게를 입력한 결과다.

```
$ ./bmi
enter pounds inches
190 74
24.4
```

하하, 간신히 '정상'이다.

다이어트 효과 또는 측정 오차를 평가하는 민감도 테스트(sensitivity test) 역시 어렵지 않다.

```
$ ./bmi
enter pounds inches
195 74
25.1
200 75
25.1
```

단위 환산

방금 전 BMI 예제에서 환산 인자(conversion factor) 값이 맞는 걸까? 기억이 잘 안 나니 유닉스에서 수백 개 단위의 환산 인자를 제공하는 units 프로그램으로 직접 확인해 보자.

```
$ units
586 units, 56 prefixes
You have: inches
You want: meters
        * 0.0254
        / 39.370079
You have: pounds
You want: kg
        * 0.45359237
        / 2.2046226
```

cf 프로그램은 좀 더 간편한 UI로 일반적인 단위 환산을 수행하는 프로그램이다. 명령줄에서 인수로 받은 숫자를 온도, 길이, 무게로 환산한다. 이 프로그램은 사용자에게 어떤 단위 환산을 할지 묻지 않고 그냥 모든 양방향 변환을 출력한다. 이름에서 알 수 있듯이 cf 프로그램은 원래 처음에는 섭씨 온도를 화씨 온도로 바꿔 주는 온도 변환기였다. 지금 밖이 섭씨 7도면 화씨로는 몇 도일까?

```
$ ./cf 7
7 C = 44.6 F; 7 F = -13.9 C
```

시간이 흐르면서 cf 프로그램에는 길이, 무게 등 더 많은 종류의 단위 환산이 추가됐다. 74in는 몇 cm인가? 74kg은 몇 lb인가?

```
$ ./cf 74
74 C = 165.2 F;    74 F = 23.3 C
74 cm = 29.1 in;    74 in = 188.0 cm
74 kg = 162.8 lb;    74 lb = 33.6 kg
```

프로그램이 환산 결과를 모두 출력하면 그중 원하는 것을 선택하면 된다.

다음은 Awk 프로그램 cf의 소스 코드다. 내장 배열 ARGV를 통해 첫 번째 명령줄 인수를 가져온다. 코드는 모두 BEGIN 블록에 있으므로 다른 프로그램 파일은 읽지 않는다.

```
# cf: 온도, 길이, 무게 단위 환산

awk 'BEGIN {
  t = ARGV[1]    # 첫 번째 명령줄 인수
  printf("%s C = %.1f F; %s F = %.1f C\n",
```

```
    t, t*9/5 + 32, t, (t-32)*5/9)
  printf("%s cm = %.1f in; %s in = %.1f cm\n",
    t, t/2.54, t, t*2.54)
  printf("%s kg = %.1f lb; %s lb = %.1f kg\n",
    t, 2.2*t, t, t/2.2)
}' $*
```

$*는 프로그램이 호출되면서 전달한 인수를 셸 표기법(shell notation)으로 나타낸
것이다. 셸 명령어는 프로그램에 전달된 문자열 목록을 $*에 담는다. cf 프로그램
에서 첫 번째 문자열이 변환할 입력 숫자이고 다른 인수는 무시된다.

Awk는 프로그램 호출 시 전달된 인수를 ARGV 배열에 저장한다. ARGV[1]은 첫 번
째 인수, ARGV[2]는 두 번째 인수, 이런 식으로 ARGV[ARGC-1] 인수까지 저장된다.
ARGC는 인수 개수, ARGV[0]은 Awk 프로그램의 이름이다. ARGV에 관한 자세한 내용
은 이후 예제와 사용자 매뉴얼 A.5.5를 참조하자.

셸 스크립트 복습

bmi와 cf는 셸 스크립트다. 즉, 스크립트 언어로 작성해 실행 파일 형태로 만든 프
로그램이므로 C 같은 컴파일 언어로 작성한 프로그램과 호출 방식이 같다. 유닉스
시스템에서 파일을 실행하려면 먼저 chmod('change mode(모드 변경)'의 약자) 명령
어를 실행한다.

```
$ chmod +x bmi cf
```

스크립트 파일이 있는 디렉터리를 셸 검색 경로(보통 $HOME/bin)에 지정하면 내장
명령어처럼 사용할 수 있다.

2.2 선택

Awk의 기본 구조는 원하는 라인을 선택해서 주어진 액션을 수행하는 패턴이다. 이
런 일회성 프로그램은 대부분 키보드로 대충 만들어 몇 번만 실행한다. 그렇다고
매번 다시 작성하기엔 너무 복잡하고 두고두고 사용할 프로그램이라면 스크립트로
만들어 두는 게 좋다.

지금부터 살펴볼 예제는 기존 유닉스 도구와 기능이 중복되므로 기존 도구를 대

체하기보다는 교육용으로 가치가 있다. Awk는 아주 유연한 언어라서 특정 요건에 맞게 커스터마이징할 수 있다. (즉, 느낌만 조금 다를 뿐 하는 일은 똑같은 유닉스 명령어를 이식 가능한 버전의 프로그램으로 만들 수 있다.) 예를 들어 유닉스 명령어 head를 아무 옵션 없이 실행하면 처음 10개 입력 라인을 출력하는데, 이는 sed 10q와 정확히 동일하다. 다음 한 라인짜리 Awk 프로그램도 하는 일은 같다.

```
NR <= 10
```

하지만 이 Awk 프로그램은 전체 입력을 읽고 10번째 라인 이후로는 아무 일도 하지 않으므로 대량 데이터를 처리할 때 비효율적이다. 다음과 같이 각 라인을 출력하되 10번째 라인 이후에는 즉시 종료하는 것이 낫다.

```
{ print }
NR == 10 { exit }
```

원래 버전은 실행 시간이 입력 길이에 비례하여 증가하지만 개선된 버전은 짧은 상수 시간(constant time)에 완료된다.

  예를 들어 숫자로 정렬된 목록에서 가장 흔한 값과 가장 드문 값을 찾기 위해 입력의 처음 세 라인과 마지막 세 라인을 출력하는 프로그램이 필요하다면 어떻게 해야 할까? 한 가지 쉬운 방법은 전체 입력을 저장하고 원하는 라인만 출력하는 것이다.

```
# headtail

awk '{ line[NR] = $0 }
 END { for (i = 1; i <= 3; i++) print line[i]
      print "..."
      for (i = NR-2; i <= NR; i++) print line[i]
    } ' $*
```

입력이 7라인보다 짧으면 올바른 결과가 나오지 않겠지만, 이런 제약 조건만 알고 쓴다면 개인용 도구로는 그리 흠잡을 데가 없다.

  하지만 아무래도 전체 입력을 저장하고 일부만 출력하는 로직이라서 대량 데이터가 입력되면 느려질 수 있다. 다른 접근 방식으로는 입력되는 대로 처음 세 라인만 출력한 후에 가장 최근 세 라인만 보관해 두었다가 마지막에 출력하는 방법이 있다.

```
# headtail2

awk 'NR <= 3 { print; next }
    { line[1] = line[2]; line[2] = line[3]; line[3] = $0 }
  END { print "..."
      for (i = 1; i <= 3; i++) print line[i] } ' $*
```

next는 현재 레코드의 처리를 건너뛰고 그다음 레코드로 넘기는 문장이다.

그러나 놀랍게도 이 버전은 많은 라인을 복사하기 때문에 첫 번째 버전보다 1/3
정도 더 느리다. 세 번째 방법은 입력을 순환 버퍼(circular buffer)처럼 취급하는 것
이다. 즉, 세 라인만 보관하되 마지막 세 라인에서는 인덱스(index)를 1에서 2, 3,
다시 1로 순환시켜 추가 복사를 없애는 것이다.

```
# headtail3

awk 'NR <= 3 { print; next }
    { line[NR%3] = $0 }
  END { print "..."
      i = (NR+1) % 3
      for (j = 0; j < 3; j++) {
        print line[i]
        i = (i+1) % 3
      }
    } ' $*
```

첫 번째 버전보다 아주 약간 빨라지긴 했지만, 그 대가로 END 블록에 까다로운 인덱
스 처리를 하는 코드가 늘어났다. 백만 라인의 입력을 불과 몇 초만에 읽고 처리하
는 프로그램에서 이만큼의 복잡도를 감내할 만한 가치가 없다.

입력을 즉시(on the fly) 처리하는 방법과 일단 배열로 수집해 뒀다가 END 블록에
서 처리하는 방법에는 항상 트레이드오프가 따른다. 현대 프로세서는 아주 빠르고
메모리는 넉넉한 편이니 처음부터 시간이나 공간을 절약하고자 애쓰지 말고 가장
간단한 코드부터 시작하는 것이 보통은 괜찮다. 처음에는 간단하게 시작하고 필요
할 때만 더 빠르지만 더 복잡한 프로그램으로 발전시켜 나가는 것이 바람직하다.

변형된 방법으로 처음 n개 라인은 버리고 나머지를 출력하는 것이 있다. 이 방법
은 필드 식별에 필요한 헤더 라인이 있을 때 유용하며, 헤더 라인을 먼저 제거한 다
음 처리하고 싶을 때 사용된다.

```
awk 'NR > 1'
```

head 명령어와 마찬가지로 tail 명령어는 입력의 마지막 n 라인을 출력한다. 모든
Awk 버전이 마지막 몇 줄을 역순으로 출력하는 매우 유용한 방법을 제공하는 것은
아니므로 자신만의 버전이 필요할 수도 있다. 다음은 tail-r이라는 간단한 버전으
로 head처럼 전체 파일을 읽은 후 마지막 세 라인을 역순으로 출력한다.

```
awk '{ line[NR] = $0 }
  END { for (i = NR; i > NR-3; i--) print line[i] } ' $*
```

i > NR-3을 i > 0으로 바꾸면 전체 파일을 역순으로 출력하는 프로그램이 된다.

☑ 연습 문제 2-1 입력의 처음 몇 라인과 마지막 몇 라인을 출력하는 프로그램이 짧은 입력을 받아
  도 올바르게 작동하도록 수정하라.

☑ 연습 문제 2-2 라인을 역순으로 출력하는 프로그램에서 출력할 라인 수를 매개변수(parame-
  ter)로 받도록 수정하라.

2.3 변환

입력을 출력으로 변환하는 것은 컴퓨터가 하던 일이지만, Awk의 변환은 약간 다르
다. Awk는 텍스트 데이터를 입력 받아 전체 또는 일부 선택된 라인을 약간 가공한
뒤 출력한다.

캐리지 리턴

참 안타깝게도 (불필요한 일이지만) 윈도와 유닉스 계열의 운영 체제는 라인을 종
료하는 방식이 제각각이다. 텍스트 파일의 각 라인을, 윈도는 캐리지 리턴(carriage
return) 문자 \r과 새줄 문자 \n으로 끝내는 반면, macOS와 유닉스는 새줄 문자 \n
로만 끝낸다. 여러 이유(저자의 문화적 유산과 초창기부터 전래된 유닉스 경험 등)
때문에 Awk는 새줄 문자만 사용하는 모델을 따르지만 윈도 포맷으로 입력된 문자
열도 문제없이 처리한다.

  각 라인의 \r은 Awk의 텍스트 치환 함수(substitution function) sub로 제거하면
된다. sub(re, repl, str) 함수는 str에서 정규 표현식 re로 제일 먼저 매치된 텍스트를
repl로 치환한다. str 인수가 없으면 $0을 대상으로 한다.

다음은 라인 끝에 있는 캐리지 리턴을 모두 제거한 후에 출력하는 프로그램이다.

```
{ sub(/\r$/, ""); print }
```

gsub 함수도 하는 일은 비슷하지만 정규 표현식에 매치된 텍스트의 모든 항목을 치환한다. (g는 'global(전역)'의 약자다.) sub와 gsub 모두 텍스트를 치환한 횟수를 반환한다. 그래서 뭔가 바뀌었다는 사실을 알 수 있다.

반대로 하고 싶으면 각 새줄 문자 앞에 캐리지 리턴이 없을 때 삽입한다.

```
{ if (!/\r$/) sub(/$/, "\r"); print }
```

정규 표현식이 매치되지 않으면, 즉 라인 끝에 캐리지 리턴이 없으면 테스트를 통과한다. 정규 표현식에 관한 자세한 내용은 A.1.4절을 참조하자.

멀티 컬럼

이번에는 입력을 여러 컬럼으로 출력하는 프로그램을 작성해 보자. 단, 파일명이나 인원 명단처럼 라인 수가 얼마 안 되는 입력을 받는다고 가정하자. 이를테면 사람 이름만 있는 목록을

```
Alice
Archie
Eva
Liam
Louis
Mary
Naomi
Rafael
Sierra
Sydney
```

이렇게 멀티 컬럼(multi-column) 포맷으로 바꾸고 싶다고 하자.

```
Alice    Archie   Eva     Liam    Louis    Mary    Naomi
Rafael   Sierra   Sydney
```

이 프로그램은 다양한 설계 선택지가 있는데, 우리는 그중 두 가지만 언급하겠다. 나머지는 여러분의 필요에 따라 연습 문제로 실습하기 바란다.

첫째, 일단 입력을 전부 다 읽어서 전체 크기가 어느 정도인지 파악할지 아니면 앞으로 결과가 어떻게 될지 모른 채 즉시 출력하기 시작할지 선택해야 한다. 둘째, 로우(row) 순으로 출력할지(우리는 이렇게 할 거다.), 컬럼(column) 순으로 출력할지 결정해야 한다. 후자를 선택했다면 출력을 하기 전에 먼저 입력을 전부 읽어야 한다.

먼저 스트리밍(streaming) 버전으로 구현해 보자. 입력 라인의 너비가 10자를 넘기지 않는다는 가정하에 컬럼마다 두 자씩 떼어 쓰면 60자짜리 한 라인에 컬럼을 5개 넣을 공간이 생긴다. 표시자(indicator)의 여부와 상관없이 너무 긴 라인은 잘라내거나(truncate) 중간에 줄임표(...)를 삽입하면 멀티 컬럼을 출력할 수 있다. 이런 선택 사항을 매개변수로 받아도 되지만, 간단한 예제에는 너무 지나친 설계다.

다음 프로그램은 입력 라인을 자동으로 잘라내는 스트리밍 버전이다. 아마 가장 쉬울 것이다.

```
# mc: 멀티 컬럼 출력 프로그램의 스트리밍 버전

{ out = sprintf("%s%-10.10s  ", out, $0)
  if (++n >= 5) {
    print substr(out, 1, length(out)-2)
    out = ""
    n = 0
  }
}

END {
  if (n > 0)
    print substr(out, 1, length(out)-2)
}
```

sprintf 함수는 출력 스트림으로 보내지 않고 포매팅된 문자열을 반환하는, 다른 버전의 printf 함수다. sprintf 변환인 %-10.10s는 문자열을 자르고 너비가 10인 필드에 왼쪽부터 맞춰 넣으라는 뜻이다.

두 번째 라인의 ++ 연산자는 그 의미를 정확히 이해할 필요가 있다.

```
if (n++ > 5)
```

지금처럼 변수 뒤에 붙이면(postfix) 변숫값이 표현식에 할당된 이후에 변숫값을 1 증가시킨다. 반면, ++n처럼 변수 앞에 붙이면(prefix) 변숫값을 먼저 1 증가시킨 다음 그 값을 반환한다.

이번에는 먼저 입력을 전부 취합해 그중 가장 폭이 넓은 필드를 계산하는 다른 버전의 멀티 컬럼 출력기다. 이 출력기는 계산된 너비를 이용해 적절한 printf 문자열을 생성한 뒤 충분히 넓은 컬럼으로 출력을 포매팅한다. 이때 포맷에 %를 리터럴(literal)로 사용하려면 %%로 지정한다.[1]

```
# mc2: 멀티 컬럼 출력기

{ lines[NR] = $0
  if (length($0) > max)
    max = length($0)
}
END {
  fmt = sprintf("%%-%d.%ds", max, max)    # 문자열 포맷 지정
  ncol = int(60 / (max+2) + 0.5)    # int(x)는 x의 정숫값을 반환
  for (i = 1; i <= NR; i += ncol) {
    out = ""
    for (j = i; j < i+ncol && j <= NR; j++)
      out = out sprintf(fmt, lines[j]) " "
    sub(/ +$/, "", out)    # 불필요한 공백 제거
    print out
  }
}
```

여기서 다음 세 라인의 코드는 출력 라인에 해당하는 out 끝에 라인과 공백을 추가한다.

```
for (j = i; j < i+ncol && j <= NR; j++)
  out = out sprintf(fmt, lines[j]) " "
sub(/ +$/, "", out)    # 불필요한 공백 제거
```

루프가 종료되면 끝부분에 남은 공백(trailing space)[2]을 sub로 모두 제거한다. 정규 표현식 / +$/는 라인 끝에 있는 하나 이상의 공백을 가리킨다. 애당초 공백을 넣지 않게 코딩할 수도 있지만, 지금까지 살펴본 두 버전의 멀티 컬럼 예제처럼 먼저 공백을 추가하고 끝에서 제거하는 것이 종종 더 간단하다.

☑ 연습 문제 2-3 앞서 제안했듯이 매개변수를 받아 처리하는 방식으로 구현하라.

---

1 포맷을 지정하기 위한 특수 문자가 아닌 일반 고정된 문잣값으로 %를 사용하는 방법이다.
2 파일이나 디렉터리 이름 뒤에 쓸데없이 추가된 공백을 말한다.

2.4 요약

Awk는 최댓값과 최솟값, 컬럼 합계 등 표 형태의 데이터를 빠르게 요약하는 일에도 능하다. 특히, 각 필드에 뭐가 있고 빈 값은 없는지 등 데이터를 검사하는 일도 잘 한다. 이 절에서는 간략히 몇몇 예제만 살펴보고 더 많은 예제는 3장에서 탐색적 데이터 분석을 설명하면서 다시 이야기하겠다.

다음 프로그램은 입력의 각 컬럼 값을 더한 합계를 마지막에 출력한다. 배열 첨자를 사용한 간단한 예제다.

```
# addup: 필드별 합계 계산

{ for (i = 1; i <= NF; i++)
    field[i] += $i
  if (NF > maxnf)
    maxnf = NF
}

END {
  for (i=1; i <= maxnf; i++)
    printf("%6g\t", field[i])
  printf("\n")
}
```

앞서 설명했듯이 두 번째 라인의 += 연산자는 등호 왼쪽의 변수를 오른쪽에 있는 표현식의 값만큼 더해준다. 이를 **할당 연산자**(assignment operator)라고 하며, 이 문장은 field[i] = field[i] + $i를 줄여서 표현한 것이다. 산술 연산자는 모두 이렇게 줄여서 표현할 수 있다.

일부 값이나 전체 컬럼이 수치가 아니라면 어떻게 될까? 아무 문제없다. Awk는 문자열의 수치 접두어를 수치 값으로 사용하므로 수치처럼 보이는 접두어가 없는 값은 모두 0이 된다. 예를 들어 문자열 50% off에서 수치 값은 50이다.

우리가 개인적으로 쓰고 있는 스크립트 모음에는 addup 스크립트를 응용하여 각 필드의 최솟값과 최댓값, 평균과 분산처럼 간단한 통계치를 계산하거나 비어 있지 않은 값의 개수 세기, 가장 흔한 항목과 가장 드문 항목을 표시하는 등 데이터의 속성을 재빨리 파악하거나 이상 징후 또는 잠재적 에러를 찾아내는 등 유용한 스크립트가 많다.

구글 시트 같은 스프레드시트 도구에서도 이와 유사한 기능이 제공된다. 판다스

(Pandas)[3]라는 파이썬 라이브러리도 마찬가지다. Awk를 사용하면 나만의 특별한 필요에 따라 맞춤 계산을 할 수 있는 장점이 있는 반면, 당연히 그런 계산 코드를 직접 작성해야 한다는 단점도 있다.

2.5 개인용 데이터베이스

Awk의 또 다른 주특기는 개인 데이터베이스 관리다. 여러분이 운동을 좋아하는 사람이라면 체중, 걸음 수 등 개인적으로 관심 있는 수치를 매일 확인할 것이다. 멋진 인터페이스와 유려한 그래픽, 눈부신 차트를 자랑하는 모바일 앱은 참 많지만, 이런 앱들은 사용하면 왠지 사생활이 침해당하는 느낌이 들기도 하고, 항상 원하는 대로 정확하게 작동하는지도 의심스럽기도 하다.

대안으로는 내가 직접 데이터를 일반 텍스트 파일 형태로 만들어 Awk와 다른 도구를 함께 사용해서 처리하는 방법이 있다. 간단히 예를 하나 들어 보겠다. 매일 최소 10,000보 걷기를 목표로 정하고 걸음 수를 추적한다고 하자. 파일 **steps**를 만들고, 각 라인에 날짜와 숫자로 이루어진 필드를 작성한다.

```
...
6/24/23  9342
6/25/23  4493
6/26/23  4924
6/27/23  16611
6/28/23  8762
6/29/23  15370
6/30/23  17897
7/1/23   6087
7/2/23   7595
7/3/23   14347
...
```

이 데이터는 실제로 저자 중 한 명이 기록한 것으로 걷기 좋은 곳에서 휴가를 보냈을 때의 기록이다. 단, 날씨가 좋을 때만 걸을 수 있었다.

새 데이터를 파일이 시작되는 곳부터 입력할 수도 있고 파일 끝부분에 입력할 수도 있는데, 우리는 후자를 선택했다.

어느 방법을 택하든 기간별 평균 걸음 수를 계산하는 스크립트를 작성할 수 있

---

3 *https://pandas.pydata.org*

다. 다음은 7일, 30일, 90일, 1년, 그리고 평생의 이동 구간 평균(sliding-window average)을 계산하는, 약간 어지러운 코드다.

```
# bz0

awk '
{ s += $2; x[NR] = $2 }

END {
  for (i = NR-6; i <= NR; i++) w += x[i]
  for (i = NR-30; i <= NR; i++) m += x[i]
  for (i = NR-90; i <= NR; i++) q += x[i]
  for (i = NR-365; i <= NR; i++) yr += x[i]
  printf(" 7: %.0f 30: %.0f 90: %.0f 1yr: %.0f %.1fyr: %.0f\n",
    w/7, m/30, q/90, yr/365, NR/365, s/NR)
} ' $*
```

실행 결과는 다음과 같다.

```
7: 9679   30: 11050   90: 11140   1yr: 10823   13.7yr: 10989
```

텍스트 파일은 의료 데이터(체중, 혈당, 혈압), 개인 재무(주가, 포트폴리오 가치) 등 다양한 분야에서 문제없이 사용된다. Awk나 이와 비슷한 도구로 처리할 수 있는 단순 플랫 파일(simple flat file)은 여러모로 장점이 많다. 우선 다른 누군가가 아닌, 바로 내가 소유한 데이터다. 또 내가 즐겨 쓰는 텍스트 편집기로 언제든지 쉽게 수정할 수 있고, 처음에는 생각하지 못했던 방식으로 처리할 수 있다.

예를 들어 걸음 수 카운터를 조금 확장시켜 몇 걸음씩 얼마나 자주 걸었는지 히스토그램을 그려 보자. 이로써 본인의 운동 습관이 얼마나 규칙적인지 불규칙적인지를 알 수 있을 것이다.

```
# bz1

awk '
{ s += $2; x[NR] = $2; dist[int($2/2000)]++ }

END {
  for (i = NR-6; i <= NR; i++) w += x[i]
  for (i = NR-30; i <= NR; i++) m += x[i]
  for (i = NR-90; i <= NR; i++) q += x[i]
  for (i = NR-365; i <= NR; i++) yr += x[i]
```

```
  printf(" 7: %.0f 30: %.0f 90: %.0f 1yr: %.0f %.1fyr: %.0f\n",
    w/7, m/30, q/90, yr/365, NR/365, s/NR)

  scale = 0.05
  for (i = 1; i <= 10; i++) {
    printf("%5d: ", i*2000)
    for (j = 0; j < scale * dist[i]; j++)
      printf("*")
    printf("\n")
  }
} ' $*
```

프로그램을 실행하면 다음과 같이 별표(asterisk) 로우가 출력된다. 여기서 별표 개수는 해당 걸음 수를 달성한 일수에 비례한다.

```
 2000: ****
 4000: ********************
 6000: ******************************
 8000: *********************************
10000: ***********************************
12000: ********************************
14000: *****************************
16000: ********************
18000: *******
20000: *
```

그런데 이 프로그램은 20,000보 이상이면 제대로 동작하지 않으며, 긴 시간 동안의 데이터가 충분히 쌓이기 전까지는 의미 있는 결과를 얻기 어렵다. 또한 언젠가는 출력 라인이 길어질 수 있으니 프로그램에서 출력 라인을 어느 한도 내로 유지하려면 스케일 팩터(scale factor)[4]를 두어야 한다.

물론 이런 부류의 그래프를 실제로 사용할 일은 거의 없을 것이다. 정말 좋은 플로팅 패키지가 널려 있기 때문이다. 7.2절에서 멋진 그래프를 그리는 파이썬 프로그램을 생성하는 예제를 소개하겠다. 필드가 쉼표로 구분된 파일을 생성한 다음 엑셀, 구글 시트 등으로 고품질의 차트를 만드는 과정이 사실상 표준이지만, 이 프로세스는 수작업이 필요하다. 하지만 Awk는 다른 도구로 전달하기 전에 데이터를 관리하고 가공하는 데 좋은 도구이다.

4 어떤 양을 늘리거나 줄이거나 또는 곱하는 수. $y = Cx$라는 방정식에서 C는 x라는 수에 대한 스케일 팩터다. (출처: 위키피디아)

주가

투자 데이터는 많은 이들의 개인 관심사다. 내 돈이 어디에 있고 얼마나 잘 굴러가고 있을까? 이번에는 Awk로 웹 페이지에서 티커(ticker)[5]별로 주가 목록을 스크래핑하는 예제를 살펴보자.

웹 스크래핑(web scraping)은 웹 사이트에서 원하는 정보를 한 번 또는 주기적으로 계속 추출하는 흔한 애플리케이션이다. 여기서는 주가를 스크래핑하지만 다른 종류의 다양한 데이터에도 같은 방식을 적용할 수 있다.

웹 페이지는 사람이 읽을 수 있는 형태라서 스크래핑 프로그램이 할 일은 포맷을 제거하고 원하는 정보만 남기는 것이다. 파이썬의 뷰티풀수프(BeautifulSoup) 같은 HTML 파서 라이브러리를 사용하면 이런 작업을 쉽게 처리할 수 있지만, Awk는 이미 설치되어 있으므로 곧바로 사용해 볼 수 있다는 장점이 있다.

우리는 *bigcharts.marketwatch.com*라는 사이트에서 주가를 확인한다. 여러분이 이 글을 읽는 시점에는 운영을 안 할지도 모르겠다.[6] 스크래핑 URL은 다음과 같다.

```
bigcharts.marketwatch.com/quotes/multi.asp?view=q&msymb=티커명
```

둘 이상의 티커를 지정하려면 +를 구분자(separator)로 죽 나열하면 된다.

```
$ ./quote aapl+amzn+fb+goog
  AAPL 134.76
  AMZN 98.12
    FB 42.75
  GOOG 92.80
$
```

정말 소중한 유닉스 프로그램 curl로 웹 페이지를 가져온 뒤 Awk를 사용해 모든 HTML을 제거한다. 출력된 내용을 살펴보면서 정규 표현식 치환을 이용하여 불필요한 부분을 제거하는 작업은 약간의 경험이 필요하다. 다행히 이 사이트는 아주 깔끔하고 체계적이어서 비교적 쉬운 편이다. 큰따옴표로 감싼 인수가 너무 길어 두 라인으로 나누었다.

---

5 주식 거래를 위한 시스템에서 종목명을 쉽게 찾을 수 있도록 하는 알파벳 약자다. 예를 들어 애플은 APPL, 테슬라는 TSLA이다.

6 2024년 10월 현재 운영 중이다.

```
# quote - 티커 목록의 주식별 시세 조회

curl "https://bigcharts.marketwatch.com/quotes/\
multi.asp?view=q&msymb=$1" 2>/dev/null |
awk '
  /<td class="symb-col"/ {
    sub(/.*<td class="symb-col">/, "")
    sub(/<.*/, "")
    symb = $0
    next
  }
  /<td class="last-col"/ {
    sub(/.*<td class="last-col">/, "")
    sub(/<.*/, "")
    price = $0
    gsub(/,/, "", price)
    printf("%6s %s\n", symb, price)
  }
'
```

명령줄 인수로 제공된 티커 목록은 셸 매개변수 $1을 통해 curl로 전달된다. 2>
/dev/null은 curl 실행의 출력 과정을 보지 않겠다는 셸 상용구(idiom)로, 여기서
는 생략할 수 있다.

> ☑ 연습 문제 2-4 자신만의 주가 추적 프로그램을 작성하라. 데이터를 CSV 포맷으로 출력해서 엑셀
> 이나 유사한 프로그램에서 데이터를 가져와 그래프를 그릴 수 있게 하라.

2.6 개인용 라이브러리

Awk는 length, sub, substr, printf 등 꽤 많은 내장 함수 라이브러리를 제공하지만
(전체 내장 함수 목록은 A.2.1절 참조), 여러분이 원하는 함수를 직접 만들어 Awk
프로그램에서 써도 된다. 예를 들어 sub나 gsub 함수를 사용하되 치환 횟수 대신 치
환된 문자열을 반환하는 함수를 만들어 쓸 수 있다. 우리가 오랫동안 유용하게 잘
써 온 함수를 몇 가지 소개하겠다.

먼저, n번째 이후의 모든 필드를 반환하는 rest(n) 함수다.

```
# rest(n): n..NF 필드를 공백으로 구분된 문자열로 반환

function rest(n,   s) {
  s = ""
```

```
  while (n <= NF)
    s = s $(n++) " "
  return substr(s, 1, length(s)-1)    # 불필요한 공백 제거
}

# 테스트
{ for (i = 0; i <= NF+1; i++)
    printf("%3d [%s]\n", i, rest(i))
}
```

이 함수를 잘 보면 지역 변수 s가 있다. Awk에서는 (안타깝게도 잘못된 설계지만) 변수를 선언하지 않는다. 그래서 함수 호출자(caller)에서 전달되지 않은 매개변수는 모두 함수 내부의 지역 변수로 취급된다. rest 함수는 호출 시 n 인수 하나만 전달하므로 두 번째 매개변수 s는 함수 내부의 지역 변수가 된다.

우리는 함수를 선언할 때 지역 변수명 앞에 공백을 몇 개 넣어서 변수의 역할을 좀 더 명확하게 밝히는 방법을 쓴다. 변수 앞뒤에 언더스코어(underscore)를 붙일 수도 있지만, 다음 코드에서 보다시피 시각적으로 매력적이지 않다.

```
function rest(n,    _s) {
  _s = ""
  while (n <= NF)
    _s = _s $(n++) " "
  return substr(_s, 1, length(_s)-1)
}
```

지역 변수 목록이 시작되는 부분에 locals나 _ 등을 붙여 미사용 매개변수를 추가하는 방법도 있다. 이 모든 것이 불완전한 언어 설계로 빚어진, 완벽하지 않은 해결책이다.

rest 함수를 응용하면 m부터 n까지 인접한 여러 필드를 반환하는 subfields(m, n) 함수, 배열의 모든 값을 공백으로 구분된 시퀀스로 반환하는 join 함수, 배열을 다음과 같은 JSON 객체로 변환하는 함수 등을 작성할 수 있다.

```
{"name": "value", ...}
```

표준 Awk를 사용한다면 이런 함수를 여러분이 짠 프로그램에 직접 복사해야 하는데, 단순한 '잘라내기와 붙여넣기'라도 이 과정에서 실수할 위험이 있다. 따라서

A.5.4절의 include 프로그램을 사용하거나, -f 인수를 여러 개 사용해 다수의 Awk 소스 파일을 인클루드(include)하는 것이 좋다.

날짜 포매터

날짜 포맷은 나라마다 다르다. 미국은 관례상 mm/dd/yy로 표기하지만, 사실 이 포맷은 정렬이나 수학 연산을 하기가 어렵다. 다음은 데이터를 곧바로 날짜 순서대로 정렬할 수 있도록 mm/dd/yy를 ISO 표준 포맷인 yyyy-mm-dd로 변환하는 프로그램이다.

```
# datefix: mm/dd/yy를 yyyy-mm-dd 포맷으로 변환 (1940년 ~ 2039년)

awk '
function datefix(s,    y, date) {
  split(s, date, "/")
  y = date[3]<40 ? 2000+date[3] : 1900+date[3]    # 임의의 연도
  return sprintf("%4d-%02d-%02d", y, date[1], date[2])
}

{ print(datefix($0)) }
' $*
```

```
$ ./datefix
12/25/23
2023-12-25
```

내장 함수 split(*s*, *arr*, *sep*)은 *sep*을 구분자로 삼아 문자열 *s*를 배열 *arr*로 분할한다. 배열 인덱스는 1부터 번호가 매겨지며 split 함수는 요소 개수를 반환한다. 구분자 *sep*은 정규 표현식이다. "*sep*"처럼 문자열을 사용하거나 /*sep*/처럼 슬래시로 감싸도 된다. *sep* 인수가 없으면 --csv가 설정되어 필드를 CSV로 분할한다. 그 외에는 필드 구분자 변수(field-separator variable) FS 값을 사용한다. (A.5.2절 참조)

한 가지 특별한 경우가 있다. *sep*이 빈 문자열 ""이거나 빈 정규 표현식 //이면, 문자열은 문자당 하나의 배열 요소, 즉 개별 문자 단위로 분할된다.

datefix는 정해진 규칙에 따라 두 자리 연도를 네 자리 연도로 바꾼다. 여기서는 40보다 작으면 20xx, 그렇지 않으면 19xx 연도로 간주하도록 코딩했다.

연산자 ?: 구문은 C 언어와 똑같이 *expr₁* ? *expr₂* : *expr₃*이다. *expr₁*을 평가한 결과가 참이면 *expr₂*, 거짓이면 *expr₃*을 반환한다. 반드시 결과는 둘 중 하나다. ?:는 표

현식 내부에서 `if-else` 구문을 간소화한 것인데, 편리해서 좋긴 하나 남용하면 코드 가독성이 떨어지기 쉽다.

끝으로 `sprintf`에서 `%02d`는 정수를 두 자리로 출력하고 필요시 앞에 0을 채우는 (padding) 포맷이다.

이번에는 로컬 운영 체제에서 현재 날짜와 시간을 가져오려고 한다. 유닉스 `date` 명령어의 실행 결과를 리포매팅(reformatting)하면 된다. 가장 쉬운 방법은 `date`를 실행한 다음 그 출력을 파일이나 파이프에서 입력을 읽는 Awk 함수 `getline`으로 파이프하는 것이다.

```
"date" | getline date     # 현재 날짜/시간을 가져온다.
split(date, d)            # " "로 해도 똑같다.
date = d[2] " " d[3] ", " d[6]
```

그러면 다음과 같은 날짜와 시간 포맷이

```
Wed Jul 12 07:16:19 EDT 2023
```

이렇게 변환되어 출력된다.

```
Jul 12, 2023
```

`datefix` 함수를 이용하면 다른 포맷으로도 얼마든지 변환할 수 있다.

`getline` 명령어 및 입력 파이프에 관한 자세한 내용은 A.5.4절을 참조하기 바란다.

이번에는 월 이름을 숫자로 바꾸는, 즉 Jan은 1, Feb는 2와 같이 변환하는 프로그램을 작성해 보자. `m["Jan"]=1`, `m["Feb"]=2`와 같이 배열 요소를 각각 할당하면 되겠지만, 12개나 되는 월 이름을 일일이 할당하기는 지루하다. 다음과 같이 문자열을 인덱스 배열(indexed array)[7]로 분할하는 함수를 사용하는 편이 더 낫다.

```
# isplit - str을 배열로 바꾸어 반환한다.

function isplit(str, arr, n, i, temp) {
```

---

7 첨자가 숫자인 배열. 첨자가 문자 또는 문자열인 연관 배열(associative array)이 이에 반대되는 개념이다.

```
  n = split(str, temp)
  for (i = 1; i <= n; i++)
    arr[temp[i]] = i
  return n
}
```

isplit 함수는 문자열을 구성한 단어가 첨자이고, 이 단어의 인덱스가 값이 되는 배열을 생성한다는 점을 빼면 split 함수와 비슷하다. 즉, 다음 코드를 실행하면 m["Jan"]의 값은 1, m["Dec"]의 값은 12가 된다.

```
isplit("Jan Feb Mar Apr May Jun Jul Aug Sep Oct Nov Dec", m)
```

split 함수는 필드 구분자를 세 번째 인수(옵션)로 받을 수 있는데, 구분자가 필요하면 isplit 함수에 (리터럴 문자열로) 전달해서 사용하면 된다.[8]

> ☑ 연습 문제 2-5 내일 날짜를 적절한 포맷으로 출력하는 tomorrow 스크립트를 작성하라. (해답: tomorrow)

> ☑ 연습 문제 2-6 파이썬 re.sub 함수처럼 수정된 문자열을 반환하는 버전으로 sub와 gsub 함수를 재작성하라.

2.7 정리하기

이 장에서는 우리가 개인적으로 유용하다고 생각하는 스크립트 모음을 공개했다. 아마 여러분이 바라던 스크립트는 아닐 가능성이 높지만, 프로그램을 어떻게 짜면 좋을지 아이디어를 얻고 프로그래밍을 더 쉽게 할 수 있는 다양한 기법을 습득하는 데 도움이 되길 바란다.

대부분 예제는 관련된 값을 계산하는 데 필요한 산술 표현식과 정보를 담아 두는 배열, 계산을 캡슐화한 함수를 조합하는 방식을 사용한다. 이러한 조합 메커니즘은 프로그래밍의 핵심 요소다. 사실 Awk는 처음부터 이런 메커니즘을 바탕으로 설계되었기 때문에 사용하기가 매우 쉬운 편이지만, 이 같은 접근 방식은 다른 프로그래밍 언어에서도 근본적으로 중요한 토양이며 능숙해질 때까지 익힐 가치가 있다.

---

8 isplit 함수는 내부에서 split 함수를 호출할 때 세 번째 인수를 빠뜨렸기 때문에 기본 필드 구분자인 공백을 사용한다.

3장

탐색적 데이터 분석

2장에서는 개인적인 용도로 사용되는, 종종 독특하거나 특별한 처리를 위한 작은 스크립트를 여러 개 설명했다. 이 장에서는 Awk를 본격적으로 실무에서 활용하는 사례를 살펴보겠다. 다른 도구와 Awk를 함께 사용하여 실제 데이터를 자세히 탐색할 것이다. 이 작업을 **탐색적 데이터 분석**(exploratory data analysis), 줄여서 EDA라고 하며, 이 분야의 선구자인 통계학자 존 튜키(John Tukey)가 처음 사용했다.

튜키는 여러분도 잘 아는 박스플롯(boxplot) 등 다양한 기본 데이터 시각화 기법을 창안한 사람이다. 또한 그는 널리 사용되는 R 언어의 전신인 통계 프로그래밍 언어 S에 영감을 주었다. 고속 푸리에 변환을 공동 발명하고, '비트(bit)'와 '소프트웨어(software)'라는 용어를 만든 주인공이기도 하다. 1970~1980년대에 우리는 벨 연구소에서 친구이자 동료로 지냈는데, 수많은 창의적인 인재들 가운데서도 독보적으로 눈에 띄는 특별한 사람이었다.

EDA의 핵심은 가설을 세우거나 결론을 도출하기 전에 데이터를 갖고 노는 것이다. 튜키 자신도 다음과 같이 말했다.

> "질문을 찾는 것이 답을 찾는 것보다 더 중요할 때가 많다. 탐색적 데이터 분석은 보여지는 것들에 대한 태도(attitude), 유연성(flexibility), 의존성(reliance)이지, 기술들의 집합이 아니다."

EDA는 대부분 개수를 세고, 단순 통계치를 계산하고, 데이터를 다양한 방식으로 정돈하고, 패턴이나 공통점, 이상치(outlier)[1]를 찾고, 기본적인 그래프나 다른 시각적인 뭔가를 그리는 활동이다. 정교하게 다듬어진 것보다는 작은 실험을 재빨리 수행하면서 인사이트를 얻는 것이 포인트다. 상세한 부분은 일단 데이터가 뭘 의미하는지 명확하게 이해한 후에 파고들어도 늦지 않는다.

우리는 EDA를 할 때 셸, `wc`, `diff`, `sort`, `uniq`, `grep`, 정규 표현식 등의 표준 유닉스 도구를 즐겨 쓴다. 이들은 Awk와 자연스럽게 연동되며, 파이썬 같은 다른 언어와도 잘 어울린다.

앞으로 쉼표나 탭으로 구분된 값(CSV, TSV), JSON, HTML, XML 등 다양한 파일 포맷이 등장할 것이다. 그중 일부는 CSV, TSV처럼 Awk에서 쉽게 처리되지만, 나머지는 다른 도구로 처리하는 것이 더 효율적일 때가 많다.

3.1 타이타닉호 침몰

첫 번째 예제는 1912년 4월 15일 타이타닉호 침몰에 관한 데이터세트다. 실제로 대서양 횡단 선박 여행을 하던 우리 중 한 사람이 예전에 타이타닉호 침몰 지점에서 그리 멀지 않은 곳을 지나간 적이 있어 이 예제를 택했다.

요약 데이터: titanic.tsv

위키피디아에서 가져온 `titanic.tsv` 파일에 타이타닉호 탑승객과 승무원에 관한 요약 데이터가 있다. CSV/TSV 포맷의 데이터세트가 흔히 그렇듯이 첫 번째 라인은 그 이후 데이터를 식별하기 위한 헤더이고, 컬럼은 탭으로 구분되어 있다.

```
                                                            titanic.tsv

Type     Class    Total    Lived    Died
Male     First    175      57       118
Male     Second   168      14       154
Male     Third    462      75       387
Male     Crew     885      192      693
Female   First    144      140      4
Female   Second   93       80       13
Female   Third    165      76       89
Female   Crew     23       20       3
Child    First    6        5        1
```

---

1 통계에서 이상치(이상값)는 다른 관측 값과 크게 다른 데이터 포인트. 측정의 가변성이나 새로운 데이터 표시로 생길 수도 있고 실험 오류의 결과일 수도 있다.

```
Child    Second   24       24       0
Child    Third    79       27       52
```

오류가 하나도 없는 데이터세트는 거의 없을 것이다. 이 데이터세트를 대충 훑어보니 라인마다 필드가 5개 있어야 하고 세 번째 Total(합계) 필드는 네 번째 Lived(생존자) 필드와 다섯 번째 Died(사망자) 필드를 합한 값과 같아야 한다. 다음 예제는 이 조건에 맞지 않는 라인을 모두 찾아서 출력한다.

```
NF != 5 || $3 != $4 + $5
```

데이터 포맷이 올바르고 숫자가 정확하다면 다음과 같이 헤더 라인만 출력될 것이다.

```
Type    Class    Total    Lived    Died
```

최소한의 점검은 이 정도로 됐고 이제 다른 항목을 살펴보자. 카테고리별 인원수가 궁금하지 않은가?

인원을 세려는 카테고리는 숫자가 아니라 Male(남성), Crew(승무원) 같은 단어로 식별된다. 다행히 Awk 배열은 문자열을 첨자로 사용할 수 있기 때문에 gender["Male"], class["Crew"]처럼 쓸 수 있다.

이처럼 문자열을 첨자로 사용할 수 있는 배열을 **연관 배열**(associative array)이라고 한다. 다른 언어에서는 딕셔너리(dictionary), 맵(map), 해시맵(hashmap)이라고 부른다. 연관 배열은 사용이 간편하고 유연해서 이 책에서도 자주 사용할 것이다.

```
# eda03.awk

NR > 1 { gender[$1] += $3; class[$2] += $3 }

END {
  for (i in gender) print i, gender[i]
  print ""
  for (i in class) print i, class[i]
}
```

다음은 이 프로그램을 실행한 결과다.

```
Male 1690
Child 109
Female 425

Crew 908
First 325
Third 706
Second 285
```

Awk는 연관 배열의 인덱스를 반복하는 독특한 형태의 for 문을 제공한다.

```
for (i in array) { statements }
```

배열 인덱스마다 변수 *i*를 설정하고 *statements*는 이 *i* 값으로 실행된다. 배열 요소의 방문 순서는 제멋대로여서 특정 순서로 실행되리라고 기대하면 안 된다.

탑승객의 생존율은 얼마인가? 사회 계층[2], 성별, 연령과 탑승객의 생존율은 어떤 관계일지 궁금하지 않은가? 요약 데이터를 활용해서 카테고리별 생존율 계산 등 몇 가지 간단한 실험을 해 보자.

```
NR > 1 { printf("%6s %6s %6.1f%%\n", $1, $2, 100 * $4/$3) }
```

유닉스 명령어 sort –k3 –nr로 파이프하여 세 번째 필드의 수치를 내림차순으로 정렬한 출력이다.

```
Child    Second   100.0%
Female   First     97.2%
Female   Crew      87.0%
Female   Second    86.0%
Child    First     83.3%
Female   Third     46.1%
Child    Third     34.2%
Male     First     32.6%
Male     Crew      21.7%
Male     Third     16.2%
Male     Second     8.3%
```

2 여기서는 선실 등급을 의미한다.

확실히 이 데이터는 평균적으로 여성과 어린이 탑승객이 더 많이 생존했음을 보여준다.

이 예제는 데이터세트의 헤더 라인을 특별한 케이스로 취급했는데, 비슷한 실험을 자주 수행해야 한다면 프로그램에서 일부러 헤더를 무시하는 것보다 처음부터 헤더를 파일에서 제거하는 편이 더 나을 것이다.

탑승객 데이터: passengers.csv

passengers.csv는 탑승객에 관한 상세 정보를 담은 더 큰 파일이다. (단, 승무원 정보는 없다.) 원본 파일은 많이 쓰이는 머신러닝 데이터세트에 위키피디아에서 가져온 다른 목록을 병합한 것이다. 컬럼은 고향(home.dest), 배정된 구명정(boat), 티켓 번호(ticket) 등 총 11개다.

```
                                                          passengers.csv
"row.names","pclass","survived","name","age","embarked",
  "home.dest","room","ticket","boat","sex"
...
"11","1st",0,"Astor, Colonel John Jacob",47,"Cherbourg",
  "New York, NY","","17754 L224 10s 6d","(124)","male"
...
```

이 파일은 얼마나 클까? 유닉스 wc 명령어로 라인과 문자 수를 세어 보자.

```
$ wc passengers.csv
    1314    6794 112466 passengers.csv
```

1장에서 배운 두 라인짜리 Awk 프로그램을 실행해도 된다.

```
    { nc += length($0) + 1; nw += NF }
END { print NR, nw, nc, FILENAME }
```

입력 파일이 하나라면 출력 항목 사이의 공백을 제외하고 결과는 동일하다.

passengers.csv 파일의 포맷은 쉼표로 구분된 값이다. CSV가 엄격하게 정의된 포맷은 아니지만, 쉼표(,)나 큰따옴표(")가 포함된 필드는 모두 큰따옴표로 감싸는 것이 일반적이다. 쉼표와 큰따옴표의 존재 여부와 상관없이 모든 필드는 큰따옴표로 감쌀 수 있다. 빈 필드는 그냥 ""이고, 필드 내부의 따옴표는 큰따옴표로 감싼다. (예: ","는 """,""""로 표기한다.) CSV 파일의 입력 필드에는 새줄 문자가 들어갈 수 있다. 자세한 내용은 A.5.2절을 참조하자.

마이크로소프트 엑셀이나 이와 유사한 애플 넘버스(Apple Numbers), 구글 시트(Google Sheets) 같은 스프레드시트 프로그램에서 사용되는 포맷과 비슷하다. 또한 CSV는 파이썬의 판다스 라이브러리 및 R 언어에서 쓰이는 데이터 프레임의 기본 입력 포맷이다.

Awk는 2023년 이후 버전부터 명령줄 인수에 --csv를 추가하면 입력 라인이 이 규칙에 따라 여러 필드로 분할된다.[3] 쉼표 필드 구분자를 특별하게 취급하지 않기 때문에 FS=으로 필드 구분자를 쉼표로 설정하는 것은 (큰따옴표가 없는) 가장 단순한 형식의 CSV에서만 유용하다. 옛 버전의 Awk를 사용 중이라면 엑셀 스프레드시트나 파이썬 CSV 모듈 같은 다른 시스템을 이용해서 데이터를 다른 포맷으로 변환하는 것이 가장 쉬울 수 있다.

탭으로 구분된 값, 즉 TSV도 유용한 대안 포맷이다. 개념은 같지만 형식은 더 간단하다. 필드가 탭 문자 하나로 구분되고, 따옴표로 감싸는 메커니즘이 없어서 필드 안에 탭이나 새줄 문자가 포함될 일이 없다. TSV 포맷은 Awk에서 필드 구분자를 FS="\t"나 이와 동등한 명령줄 인수 -F"\t"를 지정하면 쉽게 처리할 수 있다.

덧붙여 말하자면 파일 안의 내용을 신뢰하기 전에 파일이 올바른 포맷인지 확인하는 것이 현명하다. 예를 들어 모든 레코드의 필드 수가 동일한지 확인하고 싶다면 다음 명령어를 사용할 수 있다.

```
awk '{print NF}' 파일 | sort | uniq -c | sort -nr
```

첫 번째 명령어 sort로 특정 값을 가진 인스턴스를 한데 모은 뒤, uniq -c 명령어로 값이 동일한 라인을 한 라인으로 합치면서 중복 횟수와 값을 남긴다. 끝으로 sort -nr 명령어를 실행하면 지금까지 실행된 결과가 큰 값이 먼저 나오는 내림차순으로 정렬된다.

다음은 passengers.csv 파일에 --csv 옵션을 주고 실행한 결과다.

---

3 리눅스 환경이라면 GNU Awk 5.2.2 이후 버전을 설치해야 한다. 이 책은 5.3.0 버전으로 실습했다. wget http://ftp.gnu.org/gnu/gawk/gawk-5.3.0.tar.gz 명령어로 소스 코드를 내려받아 *https://www.gnu.org/software/gawk/manual/html_node/Quick-Installation.html*를 참조하여 수동으로 컴파일 설치한다.

```
1314 11
```

모든 레코드의 필드 수가 동일한 것은 올바른 데이터세트라는 명제의 필요조건이지 충분조건은 아니다. Awk를 사용해서 필드 수가 다른(즉, NF != 11인) 라인이 있는지 찾아보자.

CSV를 처리하지 않는 Awk 버전에서 -F, 옵션으로 실행한 결과는 역시 다르다.

```
624 12
517 13
155 14
 15 15
  3 11
```

이는 거의 모든 필드에 쉼표가 포함되어 있다는 사실을 알려 준다.

참고로 CSV 파일 생성은 비교적 간단하다. 다음 to_csv 함수는 주어진 문자열의 큰따옴표를 두 배로 늘리고, 그 결과를 다시 큰따옴표로 감싼 결과를 반환한다. 개인용 라이브러리에 넣어 요긴하게 쓸 만한 함수다.

```
# to_csv - s를 "..."로 감싼 문자열로 반환

function to_csv(s) {
  gsub(/"/, "\"\"", s)
  return "\"" s "\""
}
```

(큰따옴표를 역슬래시로 처리한 부분을 주목하자.)

이 함수를 루프 안에서 다음 두 함수 rec_to_csv, arr_to_csv와 함께 사용하면 배열 요소마다 쉼표를 삽입하여 적절하게 포매팅된 CSV 레코드를 생성할 수 있다.

```
# rec_to_csv - 레코드를 CSV 포맷으로 변환

function rec_to_csv(s, i) {
  for (i = 1; i < NF; i++)
    s = s to_csv($i) ","
  s = s to_csv($NF)
  return s
}
```

```
# arr_to_csv - 배열을 CSV 포맷으로 변환

function arr_to_csv(arr, s, i, n) {
  n = length(arr)
  for (i = 1; i <= n; i++)
    s = s to_csv(arr[i]) ","
  return substr(s, 1, length(s)-1)    # 불필요한 쉼표 제거
}
```

다음 프로그램은 원본 파일에서 선실 등급(class), 생존 여부(survival), 이름 (name), 나이(age), 성별(gender) 다섯 가지 정보를 선택한 뒤, 탭으로 구분된 값으로 바꾸어 출력한다.

```
NR > 1 { OFS="\t"; print $2, $3, $4, $5, $11 }
```

실행 결과는 다음과 같다.[4]

```
"1st"  0  "Allison, Miss Helen Loraine"  2  "female"
"1st"  0  "Allison, Mr Hudson Joshua Creighton"  30  "male"
"1st"  0  "Allison, Mrs Hudson J.C. (Bessie Waldo Daniels)"  25  "female"
"1st"  1  "Allison, Master Hudson Trevor"  0.9167  "male"
```

대부분의 나이는 정수로 표시되지만, 몇몇은 소수로 표시되어 있으며 위의 마지막 라인에 표시된 나이도 소수로 표기되어 있다. 헬렌 앨리슨(Helen Allison)은 2세, 허드슨 앨리슨(Hudson Allison)은 11개월로 추정된다. 허드슨 앨리슨은 이 가족의 유일한 생존자다. (다른 자료에 따르면 앨리슨의 운전기사였던 18세 소년 조지 스웨인(George Swane)도 사망했지만, 가족의 하녀와 요리사는 모두 생존한 것으로 알려졌다.)

유아(1세 미만)는 몇 명이나 있었을까? 다음 명령어로 알아보자.

```
$4 < 1
```

---

4 예제 파일의 CSV 파일에는 일부 필드가 따옴표로 묶여 있고 그 내부에 쉼표가 포함된 경우도 있으므로 다음과 같이 실행해야 한다.
```
awk -vFPAT='([^,]*)|("[^"]+")' 'NR > 1 { OFS="\t"; print $2, $3, $4, $5, $11 }' passengers.csv
| grep Allison
```

탭을 구분자로 실행하면 8개의 라인이 출력된다.

```
"1st"  1  "Allison, Master Hudson Trevor"     0.9167  "male"
"2nd"  1  "Caldwell, Master Alden Gates"      0.8333  "male"
"2nd"  1  "Richards, Master George Sidney"    0.8333  "male"
"3rd"  1  "Aks, Master Philip"  0.8333  "male"
"3rd"  0  "Danbom, Master Gilbert Sigvard Emanuel"  0.3333  "male"
"3rd"  1  "Dean, Miss Elizabeth Gladys (Millvena)"  0.1667  "male"
"3rd"  0  "Peacock, Master Alfred Edward"     0.5833  "male"
"3rd"  0  "Thomas, Master Assad Alexander"    0.4167  "male"
```

☑ **연습 문제 3-1** 유닉스 wc 명령어처럼 각 입력 파일에 대해 별도로 단어 수를 출력하도록 단어 개수 세기 프로그램을 수정하라.

추가 확인

두 데이터 소스가 서로 얼마나 일치하는지 궁금하다. 두 데이터 소스 모두 위키피디아에서 가져왔지만, 위키피디아가 항상 완벽하게 정확한 출처인 것은 아니다. 먼저 passengers.csv 파일에서 탑승객 수 같은 아주 기본적인 수치부터 확인하자.

```
$ awk 'END {print NR}' passengers.csv
1314
```

헤더 라인까지 포함된 수치라서 탑승객은 총 1,313명이다. 반면에 다음 예제는 요약 파일의 세 번째 필드에서 승무원이 아닌 일반 탑승객의 수를 더한다.

```
$ awk '!/Crew/ { s += $3 }; END { print s }' titanic.tsv
1316
```

3명이나 차이가 난다! 뭔가 잘못됐다.

또 다른 예로 어린이가 몇 명 있었을까?

```
awk --csv '$5 <= 12' passengers.csv
```

실행 결과 100개 라인이 출력되는데, titanic.tsv 파일에서 어린이는 모두 109명이었다. 어린이를 13세 이하라고 본 걸까? 그럼 105명이다. 14세 이하는? 112명이다. 호칭에 'Master'가 들어간 탑승객을 세어 보면 나이를 추정할 수 있을 것 같다.

```
awk --csv '/Master/ {print $5}' passengers.csv | sort -n
```

가장 많은 나이가 13세이므로 이 추측이 가장 유력하지만, 확정적이지는 않다.

두 경우 모두 응당 같아야 할 숫자가 실제로는 다르다. 데이터가 부실하다는 방증이다. 데이터를 살펴볼 때는 항상 형식과 내용의 오류나 앞뒤가 맞지 않는 문제에 대비해야 한다. 이 과정에서 가장 중요한 것은 결론을 도출하기 전에 문제가 될 만한 곳을 식별해서 확실히 처리하는 것이다.

자, 지금까지 이런 문제를 식별하는 데 단순 계산이 얼마나 유용한지 설명했다. 필드 분리, 카테고리별 그룹화, 가장 흔한 항목과 가장 드문 항목의 출력 등 흔히 쓰이는 도구 세트를 잘 활용하면 데이터를 훨씬 쉽고 빠르게 확인할 수 있다.

☑ 연습 문제 3-2 자신의 필요와 기호에 맞춰 이런 도구 중 몇 가지를 직접 작성해 보자.

3.2 맥주 평점

두 번째 예제는 맥주 애호가를 위한 사이트 레이트비어닷컴(RateBeer.com)에서 제공하는 약 160만 개의 맥주 평점 데이터세트다. 너무나 방대한 데이터라 모든 라인을 샅샅이 확인하기란 현실적으로 불가능하므로 Awk 같은 도구로 데이터를 탐색하고 검증해야 한다.

데이터는 머신러닝 알고리즘을 실험하는 사이트인 캐글(Kaggle)에서 가져왔다. 원본 데이터 링크는 다음과 같다. 이렇게 재미난 데이터를 무료로 제공한 레이트비어닷컴과 캐글, 그리고 원본 데이터세트의 저자에게 감사를 전한다.

https://www.kaggle.com/datasets/rdoume/beerreviews

먼저 파일이 얼마나 큰지 알아보자. 그냥 세어 보는 용도로는 wc 만한 명령어가 없다.

```
$ time wc reviews.csv
 1586615 12171013 180174429 reviews.csv
real    0m0.629s
user    0m0.585s
sys     0m0.037s
```

wc가 빠르긴 하나 Awk로도 wc에 필적하는 프로그램을 작성하기는 어렵지 않다.

```
$ time awk '{ nc += length($0) + 1; nw += NF }
END { print NR, nw, nc, FILENAME }' reviews.csv
1586615 12170527 179963813 reviews.csv
real    0m9.402s
user    0m9.159s
sys     0m0.125s
```

결과를 보니 이 테스트는 확실히 Awk가 느리다. 범용 도구로서 Awk는 충분히 빠른 편이지만, 이렇게 다른 프로그램이 더 나은 경우도 있다. 놀랍게도 Gawk는 5배나 더 빠른 1.9초밖에 안 걸린다.

더 놀라운 건 wc와 Awk가 센 단어와 문자 수가 다르다는 사실이다. 뒤에서 다시 자세히 설명하겠지만 미리 누설하자면 wc는 바이트 수를 계산하는 반면(즉, 암묵적으로 모든 입력이 ASCII라고 가정한다.), Awk는 유니코드 UTF-8 문자 수를 센다. 다음은 확실히 두 프로그램이 다른 답을 내놓는 전형적인 예제다.

```
95,Löwenbräu AG,1257106630,4,4,3,atis,Munich Helles Lager,4,4,
        Löwenbräu Urtyp,5.4,33038
```

UTF-8은 가변 길이 인코딩 방식이다. 따라서 ASCII 문자는 1바이트, 다른 언어는 문자당 2바이트나 3바이트를 사용한다. 움라우트(umlaut)가 있는 문자는 UTF-8에서 길이가 2바이트다. 3바이트 길이의 아시아 문자가 포함된 레코드도 있다. 이런 경우 wc는 Awk보다 더 많은 문자 수를 센다.

원본 데이터에는 속성 필드가 13개나 있지만, 여기서는 양조장, 전체 리뷰, 맥주 스타일, 맥주 이름, 알코올 함량(Alcohol By Volume, ABV) 5개만 사용하겠다. 5개 속성 필드만 담은 파일을 새로 만들고 출력 필드 구분자(Output Field Separator, OFS) OFS를 설정해서 다음과 같이 기존 포맷 CSV를 TSV로 변환했다. (긴 라인은 둘로 나누고 끝에 \로 표시한다.)

```
Amstel Brouwerij B. V. 3.5 Light Lager Amstel Light 3.5
Bluegrass Brewing Co. 4 American Pale Ale (APA) American \
        Pale Ale 5.79
Hoppin' Frog Brewery 2.5 Winter Warmer Frosted Frog \
        Christmas Ale 8.6
```

덕분에 파일 크기가 180MB에서 113MB로 확 줄었다. 그래도 큰 편이지만 다루기는 쉬워졌다.

샘플 라인을 보니 ABV 값의 범위가 상당히 넓은데, 한 가지 궁금해진다. ABV 최 댓값, 즉 리뷰한 맥주 중에서 가장 도수가 높은 맥주는 뭘까? 다음 예제로 쉽게 확인할 수 있다.

```
NR > 1 && $5 > maxabv { maxabv = $5; brewery = $1; name = $4 }
END { print maxabv, brewery, name }
```

실행 결과는 다음과 같다.

```
57.7 Schorschbräu Schorschbräu Schorschbock 57%
```

57.7도! 보통 맥주의 약 10배에 달하는 엄청나게 높은 도수다. 언뜻 보면 데이터 오류인 것 같지만 인터넷을 검색해 보니 타당해 보인다. 이 값은 실제로 이상치일까 아니면 알코올로 쌓아 올린 빙산의 일각에 불과한 걸까? 다음 코드로 알코올 도수가 10% 이상인 맥주를 찾아보자.

```
$5 >= 10 { print $1, $4, $5 }
```

리뷰가 195,000개 이상 달린 걸 보면 적어도 레이트비어 팬들에게는 도수가 높은 맥주가 인기 있다는 사실을 알 수 있다.

그럼 도수가 낮은 맥주는? 무알코올의 법적 정의에 해당하는 (적어도 미국 일부 지역에서는 그렇다.) 도수 0.5% 미만의 맥주를 찾아보자.

```
$5 < 0.5 { print $1, $4, $5 }
```

리뷰가 68,800개밖에 안 되는 걸 보면 도수가 낮은 맥주는 인기가 별로 없음을 짐작할 수 있다.

도수가 높은 맥주와 낮은 맥주의 평점을 구해 보자.

```
$ awk -F'\t' '$5 >= 10 {rate += $2; nrate++}
    END {print rate/nrate, nrate}' rev.tsv
```

```
3.93702 194359

$ awk -F'\t' '$5 <= 0.5 {rate += $2; nrate++}
    END {print rate/nrate, nrate}' rev.tsv
3.61408 68808

$ awk -F'\t' '{rate += $2; nrate++}
    END {print rate/nrate, nrate}' rev.tsv
3.81558 1586615
```

통계적으로 유의미할 수도 있고 무의미할 수도 있지만, 어쨌든 지금까지 결과만 보면 도수가 높은 맥주의 평점이 전체 평균 평점보다 높고 도수가 낮은 맥주의 평점보다 더 높다. (우리 중 적어도 한 사람의 개인적인 취향과도 일치하는 결과다.)

그런데 잠깐! 추가 조사를 해 보니 ABV 값이 전혀 없는 리뷰가 67,800개나 된다. 이 필드가 비어 있는 것이다! 예제를 올바르게 작성하여 도수가 낮은 맥주를 다시 계산해 보자.

```
$ awk -F'\t' '$5 != "" && $5 <= 0.5 {rate += $2; nrate++}
    END {print rate/nrate, nrate}' rev.tsv
2.58895 1023
```

맥주 애호가가 아니어도 알코올이 없는 맥주가 인기가 없거나 좋은 평가를 받지 못했다는 사실을 예상할 수 있다.

지금까지 예로 든 분석 과정에서 알 수 있듯이 데이터는 꼼꼼하게 살펴봐야 한다. 얼마나 많은 필드가 비어 있는가? 'N/A(해당 없음)'처럼 쓸모 없는 값은 아닌가? 컬럼 값의 범위는 어떻게 되는가? 고윳값(distinct value)은 무엇인가? 데이터를 처음 조사할 때는 이런 질문들을 떠올려야 하며, 이렇게 프로세스를 자동화하는 간단한 스크립트를 만드는 것은 좋은 투자가 될 수 있다.

3.3 데이터 그루핑

이번에는 데이터세트에 고윳값이 몇 개나 있는지 알아보자. 앞서 설명한 sort와 uniq -c는 정말 자주 쓰는 명령어라 스크립트로 만드는 게 좋겠지만, 아마 지금쯤이면 여러분도 손에 익어서 실수 없이 정확하게 타이핑할 것이다. 타이타닉 데이터세트가 상대적으로 작아서 분석에 적합하기에 여기서는 타이타닉 데이터로 몇 가지 '고윳값' 질문을 할 것이다.

남성 승객과 여성 승객은 각각 몇 명일까?

```
$ awk --csv '{g[$11]++}
    END {for (i in g) print i, g[i]}' passengers.csv
female 463
sex 1
male 850
```

수치를 보니 맞아 보인다. sex(성별) 컬럼의 데이터는 male(남성) 아니면 female(여성)이다. 이런 식으로 탑승객의 선실 등급, 생존 여부, 나이도 조사할 수 있다. 나이를 확인한 결과, 탑승객 1313명 중 나이 값이 없는 사람이 258명이나 있다.

다음 프로그램을 실행하여 나이의 가짓수를 세어 보니

```
$ awk --csv '{g[$5]++}
    END {for (i in g) print i, g[i]}' passengers.csv | sort -n
```

다음과 같이 출력된다.

```
...
 1 4
1 4
 2 6
2 7
 3 6
3 2
...
```

age 필드 값 중 거의 절반에 불필요한 공백이 포함되어 있다! 이 문제를 해결하지 않으면 이후 계산에서 틀린 결과가 나올 수 있다.

더 넓게 보면 정렬은 데이터에서 이상치(anomalies)를 콕 집어내는 강력한 기술이다. 접두어는 같지만 그 뒤는 다른 텍스트 조각들을 한데 모을 수 있기 때문이다. 예를 들어 Mr나 Colonel(대령) 같은 경칭을 쓰는 사람이 몇 명인지 센다고 하자. name 필드의 두 번째 단어를 나열해 보면 대부분의 명확한 경칭을 잡아낼 수 있다.

```
$ awk --csv '{split($4, name, " ")
  print name[2]}' passengers.csv | sort | uniq -c | sort -nr
 728 Mr
```

```
 229 Miss
 191 Mrs
  56 Master
  16 Ms
   7 Dr
   6 Rev
 ...
$
```

종종 경칭이 아닌 이상한 단어도 나열되는데, 이는 프로그램을 개선할 여지가 있다
는 증거다. 예를 들어 구두점을 제거하면 이러한 차이점이 사라진다.

```
6 Rev
      1 Rev.
      1 Mlle.
      1 Mlle
```

지금까지 분석 결과로 미루어 보아 Colonel과 Col이 두 개씩 있다는 사실을 밝혀냈
는데, 이 둘은 아마도 같은 계급을 가리키는 것으로 추정된다.

　Ms가 현대에 통용되기 50여 년 전에 사용됐다는 사실도 흥미롭다. 물론 우리는
이 경칭이 어떤 사회적 지위나 신분을 나타내는지는 알 수 없다.

　마찬가지 방법으로 맥주 데이터세트에서 양조장, 맥주 스타일, 리뷰어의 수를 세
어 볼 수 있다.

```
    { brewery[$2]++; style[$8]++; reviewer[$7]++ }
END { print length(brewery), "breweries," length(style), "styles,"
            length(reviewer), "reviewers" }
```

다음은 프로그램의 실행 결과다.

```
5744 breweries, 105 styles, 33389 reviewers
```

length 함수는 배열을 전달하면 요소 개수를 반환하는 Awk 함수다.

　코드를 조금 변형하면 각 맥주 스타일의 인기를 파악할 수 있다.

```
    { style[$8]++ }
END { for (i in style) print style[i], i }
```

이 프로그램 결과를 정렬하고 2.2절에서 소개한 headtail 프로그램을 사용하면 다음과 같은 결과를 얻을 수 있다.

```
117586 American IPA
85977 American Double / Imperial IPA
63469 American Pale Ale (APA)
54129 Russian Imperial Stout
50705 American Double / Imperial Stout
...
686 Gose
609 Faro
466 Roggenbier
297 Kvass
241 Happoshu
```

여러분이 이런 부류의 필드 선택, 통계 계산을 자주 하는 편이라면 2장에서 설명한 짧은 스크립트를 몇 가지 준비해 두는 게 좋다. 한 스크립트로 특정 필드를 선택하고 또 다른 스크립트로 정렬과 중복 제거 작업을 수행하도록 말이다.

3.4 유니코드 데이터

국경을 초월하는 음료답게 맥주 이름에는 ASCII가 아닌 문자가 자주 포함된다. Awk 프로그램 charfreq는 입력에서 고유한 유니코드 코드 포인트(code point)가 나타난 횟수를 센다. (코드 포인트는 보통 단일 문자이지만 여러 코드 포인트로 구성된 문자도 있다.)

```
# charfreq - 입력에서 문자별 빈도 계산

awk '
{ n = split($0, ch, "")
  for (i = 1; i <= n; i++)
    tab[ch[i]]++
}

END {
  for (i in tab)
    print i "\t" tab[i]
} ' $* | sort -k2 -nr
```

빈 문자열을 필드 구분자로 각 라인을 분할하면, 각 문자가 ch 배열의 요소로 들어

간다. 이제 각 문자가 나올 때마다 tab 배열로 횟수를 누적하고, 제일 마지막에 빈도가 낮은 순(내림차순)으로 정렬한 결과를 출력한다.

실행 속도가 그다지 빠르지 않다. 2015년형 맥북 에어에서 reviews.csv 파일을 입력하여 실행하니 250초나 걸렸다. 이보다 두 배 이상 빨라진 대안 버전이 있다. 이 버전은 약 105초 내외로 실행된다.

```
# charfreq2 - charfreq의 다른 버전

awk '
{ n = length($0)
  for (i = 1; i <= n; i++)
    tab[substr($0, i, 1)]++
}

END {
  for (i in tab)
    print i "\t" tab[i]
} ' $* | sort -k2 -nr
```

split 대신 substr을 사용해서 한 번에 한 문자를 추출한다. substr(s,m,n)은 m 번째 위치(1부터 시작)에서 시작하는, 길이가 n인 부분 문자열 s를 반환하는 함수다. m과 n이 문자열의 범위를 벗어나면 빈 문자열을 반환한다. n을 생략하면 부분 문자열은 s의 끝까지 확장된다. 자세한 내용은 A.2.1절을 참조하자.

Gawk, 즉 Awk의 GNU 버전으로 실행하면 훨씬 빨라진다. 첫 번째 버전은 72초, 두 번째 버전은 42초가 걸린다.

다른 언어는 어떨까? charfreq를 파이썬 버전으로 바꾼 프로그램과 비교해 보자.

```
# charfreq - 입력에서 문자별 빈도 계산(파이썬)

freq = {}
with open('../beer/reviews.csv', encoding='utf-8') as f:
  for ch in f.read():
    if ch == '\n':
      continue
    if ch in freq:
      freq[ch] += 1
    else:
      freq[ch] = 1
  for ch in freq:
    print(ch, freq[ch])
```

파이썬 버전은 45초가 걸려 Gawk와 비슷한 성능을 보이지만, 파일을 만지작거리는 코드를 작성해야 하는 대가가 따른다. (물론, 우리가 파이썬 도사는 아니므로 이 프로그램은 개선될 여지가 있다.)

각 라인 끝의 새줄 문자를 빼면 고유한 문자는 모두 195개다. 가장 흔한 문자는 공백, 그다음은 출력 가능한(printable) 문자다.

```
        10586176
,       19094985
e       12308925
r       8311408
4       7269630
a       7014111
5       6993858
...
```

독일어의 움라우트 같은 유럽 언어에서 유래한 문자가 꽤 많다. 일본어와 중국어 문자도 가끔 나온다.

```
ア      1
ケ      1
サ      1
ル      1
山      1
葉      1
黑      229
```

마지막 문자는 黑(검을 흑)이다. '임페리얼 스타우트'라는 맥주 이름에 항상 들어가는 'Black'을 중국 한자로 표기한 것이다.

```
Mikkeller ApS,2,American Double / Imperial Stout,Black (黑),17.5
```

3.5 기본 그래프 및 차트

시각화(visualization)는 탐색적 데이터 분석에서 아주 중요한 비중을 차지하는데, 다행히 우수한 플로팅 라이브러리 덕분에 그래프와 차트를 아주 쉽게 그릴 수 있다. 특히 파이썬은 Matplotlib, Seaborn 같은 훌륭한 패키지를 자랑한다. 유닉스와 macOS에서도 사용 가능한 Gnuplot은 빠른 플로팅에 유용하며, 엑셀 같은 스프레드시트 프로그램으로도 멋진 차트를 그릴 수 있다. 이 책은 데이터를 플로팅하는 최소한의 방법 정도만 제시하고 깊이 들어가진 않을 테니 나중에 여러분이 직접 실험해 보기 바란다.

ABV와 평점은 어떤 상관관계(correlation)가 있을까? 리뷰어들은 알코올 도수가 높은 맥주를 선호할까? 산점도(scatter plot)[5]를 그려 보면 전체적인 분포를 빠르게 파악할 수 있지만, 플로팅할 포인트가 150만 개라는 점이 문제다. 0.1% 샘플(약 1,500개 포인트)만 추출해서 Awk로 그려 보자.

```
$ awk -F'\t' 'NR%1000 == 500 {print $2, $5}' rev.tsv >temp
$ gnuplot
plot 'temp'
$
```

그림 3-1은 실행 결과 그래프다. 미약하나마 ABV와 평점이 상관관계가 있는 것 같다.

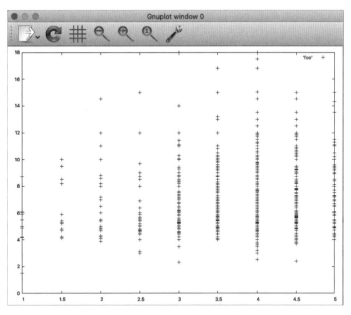

그림 3-1 맥주 평점을 ABV 함수로 나타낸 그래프

---

5   데카르트 좌표계를 이용해 좌표상의 점들을 표시함으로써 두 변수 간의 관계를 나타내는 그래프다. 도표 위에 두 변수 X와 Y 값이 만나는 지점을 표시한다. (출처: 위키피디아)

존 튜키(Tukey, J. W.)의 박스플롯을 그려 보면 데이터세트의 중앙값(median)[6], 사분위수(quartile)[7] 등의 속성이 보인다. 박스플롯은 박스 양쪽 끝에 있는 '수염 (whisker)'이 보통 박스의 하단 사분위수와 상단 사분위수 사이 범위의 1.5배까지 늘어진 모습이어서 '박스와 수염 플롯(box and whiskers plot)'이라고도 부른다. 어 쨌든 이 수염을 벗어나면 이상치다.

다음은 0.1% 샘플을 대상으로 맥주 평점에 관한 박스플롯을 그리는 짧은 파이썬 코드다. temp 파일은 라인마다 공백으로 구분된 평점과 ABV가 들어 있고 헤더는 따로 없다.

```python
import matplotlib.pyplot as plt
import pandas as pd
df = pd.read_csv('temp', sep=' ', header=None)
plt.boxplot(df[0])
plt.show()
```

그림 3-2 박스플롯을 보면 평점의 중앙값은 4이고, 그중 절반이 3.5~4.5 사분위수 범위에 있다. 수염은 사분위수 간 범위의 최대 1.5배까지 확장되며, 1.5와 1.0에 이 상치가 하나씩 있다.

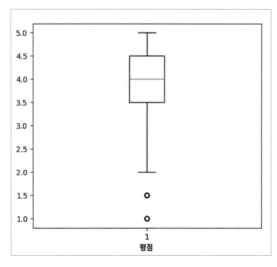

그림 3-2 맥주 평점 예제의 박스플롯

---

6 어떤 주어진 값들을 크기 순서대로 정렬했을 때 가장 중앙에 위치하는 값이다.
7 데이터를 4등분한 것이다. 통계의 변량을 도수 분포로 정리했을 때 적은 것으로부터 1/4, 1/2, 3/4 자리의 변량값이다. (출처: 위키피디아)

시중에서 대량 유통되는 미국 맥주에 비해 특정 맥주 회사나 양조장이 얼마나 잘 나가는지 확인할 수 있다.

```
$ awk -F'\t' '/Budweiser/ { s += $2; n++ }
    END {print s/n, n }' rev.tsv
3.15159 3958

$ awk -F'\t' '/Coors/ { s += $2; n++ }
    END {print s/n, n }' rev.tsv
3.1044 9291

$ awk -F'\t' '/Hill Farmstead/ { s += $2; n++ }
    END {print s/n, n }' rev.tsv
4.29486 1555
```

이는 대규모로 생산된 맥주와 소규모로 생산된 수제 맥주 사이에 평점 차이가 꽤 크다는 점을 나타낸다.

3.6 정리하기

탐색적 데이터 분석의 목표는 결과에 대한 가설을 세우기 전에 패턴 및 이상 징후를 찾아냄으로써 무슨 데이터인지 감을 잡는 것이다. 존 튜키는 다음과 같이 말했다.

> "약간의 데이터와 해답을 얻고자 하는 간절함을 조합하는 것만으로는 주어진 데이터에서 합리적인 해답을 얻을 수 없다.
> 정확히 틀리는 것보다 대략적으로라도 맞추라.
> 언제나 딱 들어맞는 잘못된 질문에 정확히 답하는 것보다 종종 모호하더라도 맞는 질문에 대략적으로 답하는 것이 훨씬 낫다."

Awk는 탐색적 데이터 분석의 핵심 도구로서 빠른 계산, 요약, 검색에 두루 활용할 수 있기 때문에 학습할 가치가 충분하다. 모든 일을 다 처리할 수는 없겠지만 다른 도구, 특히 스프레드시트, 플로팅 라이브러리와 함께 쓰면 데이터세트에 포함된 내용을 빠르게 파악할 수 있을 것이다.

여기서 가장 중요한 부분은 이상 징후와 이상한 점을 찾아내는 것이다. 오래 전에 우리와 함께 근무했던 벨 연구소의 한 동료는 '전체 데이터 중 약 3분의 1이 불량 데이터'라고 한 적이 있다. 다소 과장된 표현일 수도 있지만, 실제로 우리는 꽤 많은 부분이 오류 투성이에 믿을 수 없는 데이터세트로 가득 채워진 경우를 숱하게 봐왔다. 데이터를 살펴볼 수 있는 도구 세트와 기술을 잘 준비하면 데이터를 정리하거나 최소한 주의해서 다룰 부분을 더 잘 찾아낼 수 있다.

4장

데이터 처리

Awk는 원래 앞에서 다룬 정보 조회, 데이터 유효성 검사, 데이터 변환, 요약 등의 일상적인 데이터를 처리하려고 고안된 도구다. 이 장에서는 좀 더 복잡한 작업을 처리하는 예제를 살펴본다. 대부분 한 번에 한 라인씩 처리하는 작업이지만, 마지막 절에서는 입력 레코드가 여러 라인에 걸쳐 있는 데이터를 처리하는 방법도 설명하겠다.

Awk 프로그램은 조금씩 살을 붙여 나가는 식으로 개발한다. 즉, 몇 라인 짜서 테스트해 보고 다시 몇 라인을 추가하는 식으로 진행한다. 이 책에 수록된 긴 프로그램도 이런 방식으로 개발했다.

프로그램의 밑그림을 스케치하고 언어 매뉴얼을 참조하는 전통적인 방식으로 프로그램을 작성할 수도 있겠지만, 기존 프로그램을 조금 수정해서 원하는 결과를 얻는 게 더 쉬울 때가 많다. 이 책에 있는 프로그램들도 예제를 통한 프로그래밍(programming by example)[1]의 좋은 본보기가 될 것이다.

4.1 데이터 변환과 축소

Awk가 가장 많이 쓰이는 용도 중 하나는, 데이터를 다른 포맷으로 변환하는 일이다. 어느 한 프로그램에서 생성된 포맷을 다른 프로그램에서 필요한 다른 포맷으로 바꾸는 작업이다. 더 큰 데이터세트에서 연관된 데이터를 선택하여 다시 포매팅한

---

1 *https://en.wikipedia.org/wiki/Programming_by_example*

후 요약 정보를 뽑아내는 작업도 Awk의 특기다. 이 절에서는 Awk로 데이터를 변환, 축소하는 예제를 설명한다.

컬럼 합계

한 필드에 있는 숫자를 모두 더하는 두 라인짜리 Awk 프로그램은 이미 설명하였다. 2장에서는 각 필드에 있는 숫자를 따로따로 더하는 addup 프로그램을 작성했는데, 이 프로그램은 필드 검사를 전혀 하지 않았다. 다음은 약간 복잡하지만 전형적인 데이터 축소 작업을 수행하는 addup2 프로그램으로, 입력 라인마다 숫자가 포함된 필드가 여럿 있고 컬럼이 몇 개 있든 상관없이 컬럼별 숫자 합계를 계산한다.

addup 프로그램은 로우당 필드 수를 알려 줄 필요가 없어서 편리하지만 입력 엔트리가 모두 숫자인지 각 로우에 있는 엔트리 수가 같은지는 확인하지 않는다. addup2 프로그램은 addup과 하는 일은 같지만, 각 로우의 엔트리 수가 첫 번째 로우의 엔트리 수와 동일한지 확인한다.

```
# addup2 - 컬럼 합계 출력
#     각 라인의 필드 수가 첫 번째 라인의 필드 수와 동일한지 확인한다.

NR==1 { nfld = NF }
      { for (i = 1; i <= NF; i++)
            sum[i] += $i
        if (NF != nfld)
            print "line " NR " has " NF " entries, not " nfld
      }
END   { for (i = 1; i <= nfld; i++)
            printf("%g%s", sum[i], i < nfld ? "\t" : "\n")
      }
```

END 액션의 printf 문을 보면, 최종 합계 뒤에 조건식을 사용해서 컬럼 합계와 새줄 문자 사이에 탭을 넣었다.

이번에는 컬럼에서 수치가 아닌(nonnumeric) 컬럼은 합계에 포함돼선 안 된다고 하자. 한 가지 전략으로는 필드가 수치인지 추적하기 위해 numcol 배열을 추가하고, 함수 isint로 엔트리가 숫자인지 확인하는 것이다. 앞으로 변경될 것을 감안해 테스트는 한 곳에서만 이루어지도록 함수로 만든다. 프로그램이 입력을 신뢰할 수 있다면 첫 번째 라인만 봐도 필드가 수치인지 알 수 있을 것이다.

```
# addup3 - 숫자 컬럼의 합계 출력
#      입력: 정수 및 문자열 로우(각 라인의 구조는 모두 동일하다고 가정)
#      출력: 숫자 컬럼의 합계

NR==1 { nfld = NF
        for (i = 1; i <= NF; i++)
            numcol[i] = isint($i)
      }
      { for (i = 1; i <= NF; i++)
            if (numcol[i])
                sum[i] += $i
      }
END   { for (i = 1; i <= nfld; i++) {
            if (numcol[i])
                printf("%g", sum[i])
            else
                printf("--")
            printf(i < nfld ? "\t" : "\n")
        }
      }

function isint(n) { return n ~ /^[+-]?[0-9]+$/ }
```

isint 함수는 정수를 하나 이상의 숫자로 정의하며, 앞에 부호(+, −)가 붙을 수도 있다. 부동소수점 숫자의 더 일반적인 정의는 A.1.4절의 정규 표현식을 참조하기 바란다.

☑ 연습 문제 4-1 빈 라인은 무시하도록 addup3을 수정하라. (해답: addup3.ans)

☑ 연습 문제 4-2 숫자에 관한 보다 일반적인 정규 표현식을 추가하라. 이렇게 하는 것이 실행 시간에 어떤 영향을 미치는가?

☑ 연습 문제 4-3 두 번째 for 문에서 numcol 테스트를 없애면 어떤 효과가 있는가?

백분율 및 분위수 계산

숫자 컬럼의 합계가 아니라 각 컬럼별 합계가 전체에서 차지하는 백분율(%)을 알고 싶다고 하자. 이 계산을 하려면 데이터를 두 패스로 나누어 처리해야 한다. 숫자 컬럼이 하나뿐이고 데이터 양이 그리 많지 않다면 첫 번째 패스에서 숫자를 배열에 저장하고 두 번째 패스에서 값을 출력하면서 백분율을 계산하는 방법이 가장 쉽다.

```
# percent - 각 입력 숫자의 백분율(%) 계산
#    입력: 0 이상인 숫자 컬럼
#    출력: 해당 숫자와 합계 대비 백분율

    { x[NR] = $1; sum += $1 }

END { if (sum != 0)
        for (i = 1; i <= NR; i++)
            printf("%10.2f %5.1f\n", x[i], 100*x[i]/sum)
    }
```

이와 같은 접근 방식은 변환이 조금 더 복잡해질 수 있지만, 학생들의 성적을 특정 곡선에 맞춰 조정할 때 사용할 수 있다. 예를 들어 성적을 0에서 100 사이의 숫자로 계산한 다음, 이를 히스토그램(histogram)으로 그려 보면 재미있을 것이다.

```
# histogram - 입력 숫자의 히스토그램 계산
#    입력: 0~100 범위의 숫자
#    출력: 십분위수(deciles) 히스토그램

    { x[int($1/10)]++ }

END { for (i = 0; i < 10; i++)
        printf(" %2d - %2d: %3d %s\n",
            10*i, 10*i+9, x[i], rep(x[i],"*"))
    printf("100:      %3d %s\n", x[10], rep(x[10],"*"))
    }

function rep(n, s,    t) {    # n개의 s로 이루어진 문자열 반환
    while (n-- > 0)
        t = t s
    return t
}
```

while 문에서 루프를 제어할 때 후위 감소 연산자 --를 사용하는 부분을 눈여겨보기 바란다.

무작위로 생성된 성적 데이터를 넣어 보자. 다음 프로그램은 0~100 범위의 난수 200개를 만들어 histogram 프로그램으로 파이프한다. (rand 함수는 0 이상 1 미만의 값을 반환한다.)

```
awk '
# 정수 난수 생성
```

```
BEGIN { for (i = 1; i <= 200; i++)
            print int(101*rand())
       }
' |
awk -f histogram
```

실행 결과는 다음과 같다.

```
  0 -  9:  17 *****************
 10 - 19:  23 ***********************
 20 - 29:  20 ********************
 30 - 39:  15 ***************
 40 - 49:  15 ***************
 50 - 59:  21 *********************
 60 - 69:  19 *******************
 70 - 79:  19 *******************
 80 - 89:  22 **********************
 90 - 99:  25 *************************
100:        4 ****
```

☑ 연습 문제 4-4 입력을 주어진 개수의 버킷으로 나누고 데이터에 맞게 범위를 조정하는 histo
gram 프로그램을 작성하라.

쉼표가 있는 숫자

12,345.67처럼 쉼표와 소수점이 포함된 숫자 목록이 있다고 하자. Awk는 첫 번째
쉼표가 나오면 숫자가 끝났다고 판단하므로 이런 숫자를 바로 더하기는 불가능하
다. 일단 쉼표를 지워야 한다.

```
# sumcomma - 쉼표가 포함된 숫자를 더한다.

    { gsub(/,/, ""); sum += $1 }
END { print sum }
```

gsub 함수의 첫 번째 인수로 쉼표를 매치하는 정규 표현식을 넘긴다. 즉, gsub(/,/, "")
는 $0에 있는 모든 쉼표를 널 문자열로 치환한다. 다시 말해 모든 쉼표를 제거한다.
  이 프로그램은 쉼표가 올바른 위치에 있는지는 확인하지 않는다. 그렇다고 정답
에 쉼표를 찍어 출력하지도 않는다. 쉼표를 추가하는 일은 약간의 수고만 들이면
된다. 세 자리 숫자마다 쉼표를 찍고 소수점 아래 두 자리까지만 표시하도록 포맷

을 지정한다. 이 프로그램의 구조는 따라 해 볼 가치가 있다. 새로운 일은 함수에만 담고 나머지는 데이터를 읽고 출력하는 코드로 구성한다. 이 함수를 테스트해 보고 잘 작동하면 새 함수를 최종 프로그램에 포함할 수 있다.

```
                                                                    comma.data

# addcomma - 숫자의 세 자리마다 쉼표 추가
#    입력: 각 라인의 숫자
#    출력: 세 자리마다 쉼표를 추가하고 소수점 아래 두 자리까지 표시한 숫자

    { printf("%-12s %20s\n", $0, addcomma($0)) }

function addcomma(x, num) {
    if (x < 0)
        return "-" addcomma(-x)
    num = sprintf("%.2f", x)    # num은 dddddd.dd
    while (num ~ /[0-9][0-9][0-9][0-9]/)
        sub(/[0-9][0-9][0-9][,.]/, ",&", num)
    return num
}
```

기본 아이디어는 루프를 반복할 때 소수점부터 왼쪽 방향으로 가면서 쉼표를 추가하는 것이다. 반복할 때마다 뒤에 쉼표나 소수점이 나오는 가장 왼쪽 세 자리 숫자 앞에 쉼표를 찍는다. 이때 쉼표 앞에 적어도 한 자릿수 이상의 숫자는 나와야 한다. 음수는 재귀로 처리한다. 즉, 입력이 음수면 addcomma 함수는 자기 자신을 호출하면서 양수 인수를 전달하고 결과를 반환하기 직전에 마이너스 부호를 앞에 붙인다. sub 함수의 치환 문자열에 있는 &는 각 세 숫자 앞에 쉼표를 추가하라는 뜻이다.

몇 가지 테스트 데이터의 결과를 보자.

```
0                           0.00
-1                         -1.00
.1                          0.10
-12.34                    -12.34
-12.345                   -12.35
12345                  12,345.00
-1234567.89        -1,234,567.89
-123.                    -123.00
-123456              -123,456.00
```

☑ 연습 문제 4-5 숫자에 찍힌 쉼표가 올바른 위치에 있는지 검사하도록 sumcomma 프로그램을 수정하라. (해답: sumcomma.ans)

고정 필드 입력

고정 너비 필드로 표시하는 정보는 일단 사용하기 전에 전처리가 필요하다. 필드 구분자가 아닌 고정 너비 컬럼으로 출력하는 프로그램이 있는데 필드 너비가 너무 크면 컬럼이 겹친다.

고정 필드 데이터는 substr 함수로 처리하는 것이 최선이다. 이 함수만 있으면 컬럼을 어떻게 조합하더라도 분리할 수 있기 때문이다. 예를 들어 유닉스 ls 명령어[2]를 실행하면 모든 파일 정보가 가지런히 출력된다.

```
total 3024
drwxr-xr-x  9 bwk  staff      288 Mar  7  2019 Album Artwork
drwxr-xr-x  4 bwk  staff      128 Mar  7  2019 Previous iTunes Libraries
-rw-r--r--@ 1 bwk  staff    73728 Jul  3 19:34 iTunes Library Extras.itdb
-rw-r--r--@ 1 bwk  staff    32768 Jul 16  2016 iTunes Library Genius.itdb
-rw-r--r--@ 1 bwk  staff  1377841 Jul  3 19:34 iTunes Library.itl
drwxr-xr-x  6 bwk  staff      192 May 15  2020 iTunes Media
-rw-r--r--@ 1 bwk  staff        8 Jul  3 19:34 sentinel
```

파일명은 끝에 있지만 공백이 포함될 수 있으므로 2.6절에서 배운 rest(9) 같은 함수나 다음 코드처럼 substr 함수를 사용하여 추출해야 한다.

```
{ print substr($0, index($0, $9)) }
```

```
total 3024
Album Artwork
Previous iTunes Libraries
iTunes Library Extras.itdb
iTunes Library Genius.itdb
iTunes Library.itl
iTunes Media
sentinel
```

파일명이 시작되는 컬럼을 계산하기 위해 index 함수를 사용한다는 점에 주목하자.

☑ **연습 문제 4-6** 이 코드는 $9에 있는 파일명이 해당 라인에서 앞에 위치한 부분 문자열로 나오면 오작동한다. 이 문제를 수정하라.

---

2 위 결과처럼 모든 파일 정보가 같이 출력되려면 -l 옵션을 함께 입력해야 한다. 사용자의 환경에 따라 출력 결과는 다를 수 있다.

프로그램 상호 참조 검사

Awk는 다른 프로그램의 출력에서 필요한 정보를 뽑아낼 때도 자주 쓰인다. 형태가 거의 동일한 라인들이 나열된 출력이라면 필드 분할이나 substr 연산으로 충분하다. 하지만 때때로 업스트림 프로그램(upstream program)은 사람이 읽을 정보라고 생각하여 출력하는 경우가 있다. 이럴 때 Awk 프로그램이 할 일은 세심한 포매팅을 되돌려 놓고, 연관성이 없는 정보에서 필요한 정보를 추출하는 것이다. 간단한 예를 하나 들겠다.

덩치가 큰 프로그램은 보통 파일이 많다. 어떤 파일에 어떤 함수가 정의됐는지 그리고 이 함수가 어디에서 사용되는지 알아 두면 편리하다. (반드시 그래야 할 때도 있다.) nm은 컴파일된 여러 오브젝트 파일에서 이름, 정의, 주소 및 이름 사용 등의 메타 정보를 깔끔하게 포매팅된 목록으로 출력하는 유닉스 프로그램이다.

```
lex.o:
0000000000000000 T startreg
                 U strcmp
00000000000003d0 T string
                 U strlen
                 U strtod

lib.o:
00000000000002f0 T eprint
00000000000015f0 T errcheck
0000000000000680 T error
                 U exit
                 U fclose
```

필드가 1개인 라인(예: lex.o)은 파일명, 필드가 2개인 라인(예: U fclose)은 이름 사용, 필드가 3개인 라인은 이름 정의를 각각 나타낸다. T는 정의가 텍스트 심볼(text symbol, 즉 함수), U는 정의되지 않은(undefined) 이름을 뜻한다.

이렇게 저수준의 출력만 봐서는 파일명이 각 심볼에 붙어 있지 않으므로 어떤 파일이 특정 심볼을 정의하거나 사용하는지 파악하기 힘들다. C 프로그램은 목록이 상당히 길 수도 있다. 실제로 Awk 자체를 빌드한 소스 파일 9개를 합해 보니 750라인이나 된다. 하지만 다음 세 라인짜리 Awk 프로그램을 사용하면 각 항목마다 (콜론 없이) 파일명을 추가할 수 있다.

```
# nm.format - nm 출력의 각 라인에 파일 이름 추가

NF == 1 { sub(/:/,""); file = $1 }
NF == 2 { print file, $1, $2 }
NF == 3 { print file, $2, $3 }
```

다음은 위 데이터에 nm.format 프로그램을 실행한 결과다.

```
lex.o T startreg
lex.o U strcmp
lex.o T string
lex.o U strlen
lex.o U strtod
lib.o T eprint
lib.o T errcheck
lib.o T error
lib.o U exit
lib.o U fclose
```

이제 다른 프로그램이 이 출력을 가져다가 정보를 검색하거나 추가 가공을 하기가 수월해질 것이다.

　이름이 파일 어디에서 몇 번 나오는지는 알려주지는 않지만, 텍스트 편집기나 다른 Awk 프로그램을 이용하면 어렵지 않게 알아낼 수 있다. 또한 프로그램을 작성한 언어에 의존하지 않으므로 일반적인 상호참조 도구보다 유연하면서도 더 짧고 간단하다.

4.2 데이터 유효성 검사

데이터가 정확히 맞는지 적어도 타당한지를 확인하는 데이터 유효성 검사(data validation) 역시 Awk 프로그램이 많이 쓰이는 분야다. 이미 3장에서 타이타닉호 예제를 통해 데이터를 검사하는 방법을 자세히 살펴보았다. 이 절에서는 입력의 유효성을 검사하는 작은 규모의 범용 프로그램을 몇 가지 소개하겠다. 예를 들어 바로 앞 절에서 배운 컬럼 합계 프로그램을 생각해 보자. 수치가 아닌(nonnumeric) 필드가 들어갈 곳에 수치 필드가 있거나 그 반대인 경우는 없을까? 이런 검사를 하는 프로그램은 합계를 내는 기능이 없을 뿐, 앞에서 본 프로그램과 비슷하다.

```
# colcheck - 컬럼의 일관성 검사
#    입력: 숫자 및 문자열 로우
#    출력: 첫 번째 라인과 포맷이 다른 라인

NR == 1 {
    nfld = NF
    for (i = 1; i <= NF; i++)
        type[i] = isint($i)
}
{   if (NF != nfld)
        printf("line %d has %d fields instead of %d\n",
            NR, NF, nfld)
    for (i = 1; i <= NF; i++)
        if (isint($i) != type[i])
            printf("field %d in line %d differs from line 1\n",
                i, NR)
}

function isint(n) { return n ~ /^[+-]?[0-9]+$/ }
```

물론 이 프로그램은 모든 에러를 다 확인하지는 않는다. +/-(옵션) 다음에 숫자 시
퀀스가 나오는지 정수 여부를 확인할 뿐이다. 좀 더 자세한 내용은 A.1.4절을 참조
하자.

균형 잡힌 구분자

이 책의 조판 텍스트(machine-readable text)를 보면 모든 예제 코드는 .P1이 포함
된 라인으로 시작해 .P2가 포함된 라인으로 끝난다. 이 두 라인은 텍스트를 조판할
때 프로그램에 코딩 폰트를 적용하기 위해 지정한 텍스트 포매팅 명령어다. 프로그
램이 중첩되면 곤란하므로 이 텍스트 포매팅 명령어는 반드시 .P1와 .P2가 교대로
나열되어야 한다.

```
.P1 .P2 .P1 .P2 ... .P1 .P2
```

그러나 이 구분자 중 하나라도 빠지거나 순서가 안 맞으면 텍스트 포매터(text for-
matter)는 심하게 훼손된 결과물을 출력할 것이다. 텍스트 포매터가 올바르게 조판
하는 것을 보장하기 위해 작은 구분자 검사기(delimiter checker)를 작성했는데, 이
와 비슷한 프로그램은 매우 많으며 이 프로그램도 전형적인 부류이다.

```
# p12check - 입력 텍스트에 .P1/.P2 구분자가 교대로 나오는지 확인한다.

/^\.P1/ { if (p != 0)
               print ".P1 after .P1 at line", NR
           p = 1
         }
/^\.P2/ { if (p != 1)
               print ".P2 with no preceding .P1 at line", NR
           p = 0
         }
END      { if (p != 0) print "missing .P2 at end" }
```

구분자 순서가 정확히 맞으면 변수 p는 0 1 0 1 0 ... 1 0 식으로 나열되면서 프로그램은 조용히 종료된다. 그렇지 않다면 적절한 에러 메시지가 출력될 것이다. 우리는 이보다 더 큰 규모의 검사기를 사용해서 원고에 이러한 에러가 없는지 점검했다.

☑ 연습 문제 4-7 여러 구분자 쌍 또는 중첩된 구분자까지 처리하도록 만들려면 어떻게 하는 것이 좋을까?

패스워드 파일 검사

유닉스 시스템의 패스워드 파일에는 권한이 부여된 사용자의 이름 및 각종 정보가 담겨 있다. /etc/passwd 파일의 각 라인은 다음과 같이 콜론(:)으로 구분된 7개 필드로 구성된다.

```
root:qyxRi2uhuVjrg:0:2::/:
bwk:1L./v6iblzzNE:9:1:Brian Kernighan:/usr/bwk:
ava:otxs1oTVoyvMQ:15:1:Al Aho:/usr/ava:
uucp:xutIBs2hKtcls:48:1:uucp daemon:/usr/lib/uucp:uucico
pjw:xNqy//GDc8FFg:170:2:Peter Weinberger:/usr/pjw:
...
```

첫 번째 필드는 사용자의 로그인 계정으로, 영숫자(alphanumeric)여야 한다. 두 번째 필드는 패스워드를 암호화한 문자열이다. 이 필드가 비어 있으면 누구나 해당 사용자 계정으로 로그인할 수 있지만 패스워드가 있으면 패스워드를 아는 사람만 로그인할 수 있다. 세 번째, 네 번째 필드는 수치여야 한다. 여섯 번째 필드는 사용자의 로그인 디렉터리로 반드시 /로 시작해야 한다. 다음 프로그램은 이 기준을 충족하지 못한 라인을 모두 찾아 라인 번호와 적절한 진단 메시지를 출력한다.

```
# checkpasswd - 패스워드 파일의 포맷이 올바른지 검사한다.

BEGIN { FS = ":" }
NF != 7 {
    printf("line %d, does not have 7 fields: %s\n", NR, $0) }
$1 ~ /[^A-Za-z0-9]/ {
    printf("line %d, nonalphanumeric user id: %s\n", NR, $0) }
$2 == "" {
    printf("line %d, no password: %s\n", NR, $0) }
$3 ~ /[^0-9]/ {
    printf("line %d, nonnumeric user id: %s\n", NR, $0) }
$4 ~ /[^0-9]/ {
    printf("line %d, nonnumeric group id: %s\n", NR, $0) }
$6 !~ /^\// {
    printf("line %d, invalid login directory: %s\n", NR, $0) }
```

점진적으로 개발할 수 있는 프로그램의 좋은 예다. 나중에 누군가가 확인이 필요한 새로운 조건을 발견할 때마다 이를 추가하면 되므로 프로그램이 점점 더 견고해질 것이다.

데이터 유효성 검사 프로그램 생성

우리는 패스워드 파일 검사 프로그램을 직접 작성했지만, 조건과 메시지를 주면 검사 프로그램을 자동 생성하는 프로그램도 만들 수 있다. 다음 에러 조건과 메시지를 보자. 각 조건이 checkpasswd 프로그램에서는 하나의 패턴이다. 각 입력 라인에 대해 조건이 참이면 정해진 에러 메시지가 출력된다.

```
NF != 7               does not have 7 fields
$2 == ""              no password
$1 ~ /[^A-Za-z0-9]/ nonalphanumeric user id
```

다음 프로그램은 이 조건/메시지 쌍을 데이터 유효성 검사 프로그램으로 변환한다.

```
# checkgen - 데이터 유효성 검사 프로그램 생성
#     입력: '패턴 탭 메시지' 포맷의 표현식
#     출력: 패턴이 매치되면 메시지를 출력하는 프로그램

BEGIN { FS = "\t+" }
```

```
{ printf("%s {\n\tprintf(\"line %%d, %s: %%s\\n\",NR,$0) }\n",
    $1, $2)
}
```

프로그램을 실행하면 에러가 발생하는 조건과 액션, 그리고 해당 에러 메시지가 나열된다.

```
NF != 7 {
    printf("line %d, does not have 7 fields: %s\n",NR,$0) }
$2 == "" {
    printf("line %d, no password: %s\n",NR,$0) }
$1 ~ /[^A-Za-z0-9]/ {
    printf("line %d, nonalphanumeric user id: %s\n",NR,$0) }
```

이렇게 생성된 검사 프로그램을 실행하면 라인마다 조건을 테스트한 결과가 참이면 해당 라인 번호와 에러 메시지, 입력 라인이 출력된다. 이때 checkgen이 검사 프로그램을 올바르게 생성하려면 printf 포맷 문자열에 섞인 특수 문자를 이스케이프 처리해야 한다. 예를 들어 %는 %%로, \n은 \\n으로 바꾸어야 한다.

Awk 프로그램으로 다른 Awk 프로그램을 생성하는 기법은 활용 범위가 넓다. 당연히 Awk 프로그램에만 국한되는 얘기는 아니다.

역사 얘기를 하나 하자면, Awk 역시 1970년대 중반 벨 연구소(Bell Labs)의 마크 로시킨드(Marc Rochkind)가 작성한 에러 검사 도구에서 영감을 받았다. 마크는 일련의 정규 표현식을 받아 하나씩 스캔하고 패턴과 매치된 모든 라인을 알려 주는 C 프로그램을 작성했다. 깔끔하기 이를 데 없는 아이디어를 우리가 염치없게도 그냥 갖다 쓴 것이다.

4.3 결합과 분리

이번에는 여러 텍스트 파일을 한 파일로 결합(bundle)하고 다시 원래 파일로 쉽게 분리(unbundle)하는 방법을 알아보자. 이 절에는 이러한 결합/분리 기능이 구현된 작은 두 Awk 프로그램이 등장한다. 작은 파일들을 결합하여 디스크 공간을 절약하거나 이메일을 보낼 때 간편하게 파일을 묶는 용도로 활용할 수 있다.

bundle 프로그램은 명령줄에서 타이핑해도 좋을 정도로 짧다. 각 라인 맨 앞에 내장 변수 FILENAME에서 가져온 파일명을 접두어로 붙여 출력한다.

```
# bundle - 여러 파일을 하나로 합친다.

{ print FILENAME, $0 }
```

이와 정반대의 일을 하는 unbundle 프로그램도 약간 더 길 뿐이다.

```
# unbundle - 여러 파일로 다시 나눈다.

$1 != prev { close(prev); prev = $1 }
           { print substr($0, index($0, " ") + 1) >$1 }
```

이 프로그램의 첫 라인은 새 파일이 발견되면 이전 파일을 닫는다. 결합된 파일이
많지 않으면(동시에 오픈할 수 있는 파일 수보다 적으면) 굳이 파일을 닫을 필요는
없다.

참고로 마지막 라인의 >$1은 비교 연산자가 아니라 $1이라는 이름의 파일로 출력
을 저장하라는 뜻이다.

다른 방법으로도 결합/분리할 수 있지만 지금 소개한 버전이 가장 쉽고 파일이
작다면 공간 효율성도 좋다. 각 파일 앞에 파일명이 포함된 고유한 라인을 추가해
서 파일명이 딱 한 번만 나오게 하는 방법도 있다.

☑ 연습 문제 4-8 방금 설명한 bundle 프로그램은 파일명에 공백이 없다고 가정한다. 공백이 포함
   된 파일명도 처리하도록 수정하라.

☑ 연습 문제 4-9 헤더(header)와 트레일러(trailer)를 이용한 bundle, unbundle 프로그램을 작성
   하고, 원래 프로그램과 속도와 공간 측면에서 어떻게 다른지 비교하라. 그리고 성능과 프로그램
   복잡도 사이의 트레이드오프를 평가하라.

4.4 멀티라인 레코드

지금까지는 각 레코드가 한 라인에 들어가는 데이터만 예로 들었지만, 실제로는 라
인 수가 많은 멀티라인 청크(multiline chunk)가 흔하다. 주소록이 대표적인 예다.

```
Adam Smith
1234 Wall St., Apt. 5C
New York, NY 10021
212 555-4321
```

출처 도서 표기도 그렇고,

```
Donald E. Knuth
The Art of Computer Programming
Volume 4B: Combinatorial Algorithms, Part 2
Addison-Wesley, Reading, Mass.
2022
```

개인 데이터베이스도 그렇다.

```
Chateau Lafite Rothschild 1947
12 bottles at 12.95
```

크기가 적당하고 구조가 일정하다면 이런 정보를 만들고 관리하기는 어렵지 않다.
사실 각 레코드는 인덱스 카드 한 장과 같다고 볼 수 있다. 다만 이런 멀티라인 데
이터를 Awk로 처리하려면 싱글라인 데이터보다는 약간 더 손이 간다. 몇 가지 처
리 방법을 소개하겠다.

빈 라인으로 구분된 레코드

처음 네 라인에 이름, 주소, 도시, 주, 전화번호가 나오고, 필요시 다른 라인에 정
보를 추가할 수 있는 주소록이 있다고 하자. 각 레코드는 하나의 빈 라인으로 구분
된다.

```
                                                              addr.1
Adam Smith
1234 Wall St., Apt. 5C
New York, NY 10021
212 555-4321

David W. Copperfield
221 Dickens Lane
Monterey, CA 93940
408 555-0041
work phone 408 555-6532
birthday February 2

Canadian Consulate
466 Lexington Avenue, 20th Floor
New York, NY 10017
1-844-880-6519
```

레코드마다 빈 라인으로 구분되기 때문에 직접 조작할 수 있다. 레코드 구분자 변수(record separator variable) RS를 널이나 빈 문자열(RS="")로 설정하면 각각의 멀티라인 그룹이 하나의 레코드가 된다. 따라서 다음 코드를 실행하면

```
BEGIN { RS = "" }
/New York/
```

라인 수가 아무리 많더라도 New York이 포함된 모든 레코드가 출력된다.

```
Adam Smith
1234 Wall St., Apt. 5C
New York, NY 10021
212 555-4321
Canadian Consulate
466 Lexington Avenue, 20th Floor
New York, NY 10017
1-844-880-6519
```

하지만 이렇게 여러 레코드가 한꺼번에 출력되면 각 레코드 사이에 빈 라인이 없어서 입력 포맷이 유지되지 않는다. 출력 레코드 구분자(Output Record Separator, ORS) ORS를 이중 새줄 문자(double newline) \n\n으로 설정하면 쉽게 해결된다.

```
BEGIN { RS = ""; ORS = "\n\n" }
/New York/
```

성이 Smith인 사람들의 이름과 연락처를 알고 싶다고 하자. 바꿔 말하면, 첫 번째 라인이 Smith로 끝나는 모든 레코드의 첫 번째 라인과 네 번째 라인을 출력하고 싶다. 각 라인이 하나의 필드라면 쉬울 것 같다. 다음과 같이 FS를 \n으로 설정하면 그렇게 정렬된다.

```
BEGIN        { RS = ""; FS = "\n" }
$1 ~ /Smith$/ { print $1, $4 }   # 이름, 전화번호
```

실행 결과는 다음과 같다.

```
Adam Smith 212 555-4321
```

FS 값과 무관하게 새줄 문자는 언제나 멀티라인 레코드의 필드 구분자로 쓰인다. RS를 ""로 설정하면 공백과 탭, 새줄 문자 모두 필드 구분자가 된다. FS를 \n으로 설정하면 새줄 문자만 필드 구분자로 사용된다.

RS에는 정규 표현식도 설정할 수 있다. 정규 표현식으로 설정해서 레코드를 나누는 위치를 식별할 수 있다. 예를 들어 레코드가 대시(dash, -)로만 구성된 선으로 구분되어 있다면,

```
record 1
------
record 2
------
record 3
------
```

RS에 정규 표현식을 사용해서 쉽게 처리할 수 있다.

```
RS = "\n---+\n"
```

이 정규 표현식은 3개 이상의 대시로 구분된 구분자와 매치된다.

멀티라인 레코드 처리

기존 프로그램이 입력을 라인 단위로만 처리하는 경우에도 Awk 프로그램을 2개 작성하여 멀티라인 레코드를 처리할 수 있다. 첫 번째 프로그램은 멀티라인 레코드를 기존 프로그램이 처리할 수 있는 싱글라인 레코드로 합친다. 그리고 이 출력을 두 번째 프로그램이 건네받아 다시 원래 멀티라인 포맷으로 변환하면 된다.

우리 주소록은 유닉스 sort 명령어로 정렬하겠다. 다음은 성(last name)을 기준으로 주소록을 정렬하는 파이프라인이다.

```
# msort.sh - 파이프라인을 이용해 주소록을 성(last name)에 따라 정렬

awk '
BEGIN { RS = ""; FS = "\n" }
    { printf("%s!!#", x[split($1, x, " ")])
      for (i = 1; i <= NF; i++)
          printf("%s%s", $i, i < NF ? "!!#" : "\n")
    }
```

```
' $* |
sort |
awk '
BEGIN { FS = "!!#" }
    { for (i = 2; i <= NF; i++)
          printf("%s\n", $i)
      printf("\n")
    }
'
```

첫 번째 프로그램에서 split($1,x," ") 함수는 각 레코드의 첫 번째 라인을 배열 x
로 분할하고 이렇게 만들어진 배열 요소 개수를 반환한다. 따라서 x[split($1, x, "
")]는 배열 x의 마지막 요소로, 성을 나타낸다. (첫 번째 라인의 마지막 단어가 성
이라고 보는 것이라서 John D. Rockefeller Jr. 같은 이름은 맞지 않는다.) 첫 번째
프로그램은 각 멀티라인 레코드를 성으로 구성된 싱글라인으로 만든 다음, 그 뒤에
문자열 !!#을, 또 그 뒤에 이 문자열로 구분된 레코드의 모든 필드를 붙인다. 데이
터에 없으면서 데이터보다 먼저 정렬되는 다른 문자열을 !!# 대신 구분자로 사용할
수 있다.

정렬이 끝나면 두 번째 프로그램이 이 구분자로 원래 필드를 찾아 멀티라인 레코
드를 재구성한다.

> ☑ **연습 문제 4-10** msort.sh의 첫 번째 Awk 프로그램에 !!# 문자열이 포함된 데이터가 있는지 검
> 사하는 로직을 추가하라.

헤더/트레일러 추가

때로는 레코드는 구분자가 아니라 헤더와 트레일러로 식별된다. 주소록 예제를 다
시 살펴보면 이름 앞에 직업 등의 속성을 나타내는 헤더로 시작하고, 각 레코드는
(마지막 레코드를 제외하고) 빈 라인으로 구성된 트레일러로 끝난다.

```
                                                              addr.2
accountant
Adam Smith
1234 Wall St., Apt. 5C
New York, NY 10021

doctor - ophthalmologist
Dr. Will Seymour
```

```
798 Maple Blvd.
Berkeley Heights, NJ 07922

lawyer
David W. Copperfield
221 Dickens Lane
Monterey, CA 93940

doctor - pediatrician
Dr. Susan Mark
600 Mountain Avenue
Murray Hill, NJ 07974
```

의사가 직업인 모든 사람을 출력하려면 범위 패턴을 지정하는 방법이 가장 쉽다.

```
/^doctor/, /^$/
```

doctor로 시작하면서 빈 라인으로 끝나는 레코드와 매치되는 범위 패턴이다. (/^$/
이 빈 라인과 매치된다.)

헤더가 없는 doctor 레코드를 출력하려면 다음과 같이 지정한다.

```
/^doctor/ { p = 1; next }
p == 1
/^$/      { p = 0 }
```

여기서 p는 라인 출력을 제어하기 위한 변수다. 라인에 원하는 헤더가 포함되어 있
으면 p는 1로 설정되고 트레일러를 포함한 그 이후 라인은 기본값 0으로 초기화된
다. p가 1로 설정된 라인만 출력되므로 각 레코드 본문과 트레일러만 출력된다. 다
른 식으로도 쉽게 조합할 수 있다. 이 예제는 '균형 잡힌 구분자'를 배울 때 보았던
예제와 비슷하다.

이름-값 데이터

일부 애플리케이션에서 데이터가 갖고 있는 구조적인 복잡성을 형식이나 규칙 없
이 나열한 라인들로는 충분히 표현할 수 없을 때가 있다. 주소에 국가명이 포함되
어 있을 수도 있고 도로명 주소가 없을 수도 있다.

이런 구조의 데이터를 다루는 한 가지 방법은 각 레코드의 필드마다 구분이 되는
이름이나 키워드를 붙이는 것이다. 예를 들어 수표책(checkbook)이라면 다음과 같

은 포맷으로 정리할 수 있다.

```
                                                          checks.data
check     1021
to        Champagne Unlimited
amount    123.10
date      1/1/2023

deposit
amount    500.00
date      1/1/2023

check     1022
date      1/2/2023
amount    45.10
to        Getwell Drug Store
tax       medical

check     1023
amount    125.00
to        International Travel
date      1/3/2023

amount    50.00
to        Carnegie Hall
date      1/3/2023
check     1024
tax       charitable contribution

to        American Express
check     1025
amount    75.75
date      1/5/2023
```

하나의 빈 라인으로 구분된 멀티라인 레코드지만, 각 레코드에 속한 모든 데이터 조각은 필드마다 항목명, 탭, 정보로 구성되어 있으므로 그 자체로 식별할 수 있다. 즉, 레코드마다 제각기 내부에 포함된 필드가 다를 수도 있고 비슷한 필드가 임의의 순서로 포함될 수도 있다.

　이런 종류의 데이터는 싱글라인으로 취급하되 가끔씩 빈 라인을 구분자로 넣어주면 된다. 라인별로 해당되는 값은 구분되지만 다른 라인과 연결된 것은 아니다. 따라서 예금(deposits)과 수표(checks)의 합계를 계산하려면 다음과 같이 예금과 수표 입력을 단순히 스캔하면 된다.

```
# check1 - 예금(deposit)과 수표(check) 합계 금액 출력

/^check/    { chk = 1; next }
/^deposit/  { dep = 1; next }
/^amount/   { amt = $2; next }
/^$/        { addup() }

END         { addup()
                printf("deposits $%.2f, checks $%.2f\n",
                    deposits, checks)
            }

function addup() {
    if (chk)
        checks += amt
    else if (dep)
        deposits += amt
    chk = dep = amt = 0
}
```

실행 결과는 다음과 같다.

```
deposits $500.00, checks $418.95
```

이 방법은 간단하고 (입력이 올바르다면) 레코드 항목이 어떤 순서로 나오더라도 문제없이 작동한다. 그러나 초기화, 재초기화, EOF(End-of-File)를 꼼꼼하게 잘 처리해야 하므로 까다로운 편이다. 그래서 더 나은 접근 방법으로는 각 레코드 단위로 읽은 다음, 필요에 따라 이를 분해하는 것이다. 다음 프로그램은 주어진 이름의 항목에 해당하는 값을 추출하는 함수를 사용해 앞서 다른 방법으로 계산한 것과 동일한 예금과 수표의 합계를 계산한다.

```
# check2 - 예금과 수표 합계 금액 출력

BEGIN           { RS = ""; FS = "\n" }
/(^|\n)deposit/ { deposits += field("amount"); next }
/(^|\n)check/   { checks += field("amount"); next }
END             { printf("deposits $%.2f, checks $%.2f\n",
                    deposits, checks)
                }
```

```
function field(name, i, f) {
    for (i = 1; i <= NF; i++) {
        split($i, f, "\t")
        if (f[1] == name)
            return f[2]
    }
    printf("error: no field %s in record\n%s\n", name, $0)
}
```

field(s)는 현재 레코드에서 이름이 s인 항목의 이름과 값을 반환하는 함수다.

세 번째로, 각 필드를 연관 배열로 분리하고 그 값에 접근하는 방법도 있다. 예를 들면 수표 정보를 다음과 같이 좀 더 간결한 형태로 출력한다.

```
1/1/2023  1021  $123.10  Champagne Unlimited
1/2/2023  1022   $45.10  Getwell Drug Store
1/3/2023  1023  $125.00  International Travel
1/3/2023  1024   $50.00  Carnegie Hall
1/5/2023  1025   $75.75  American Express
```

프로그램 코드는 다음과 같다.

```
# check3 - 수표 정보 출력

BEGIN { RS = ""; FS = "\n" }
/(^|\n)check/ {
    for (i = 1; i <= NF; i++) {
        split($i, f, "\t")
        val[f[1]] = f[2]
    }
    printf("%8s %5d %8s %s\n",
        val["date"],
        val["check"],
        sprintf("$%.2f", val["amount"]),
        val["to"])
    delete val
}
```

check3에서 sprintf 함수를 사용해 금액 앞에 $ 기호를 붙이는 방법을 주목하자. 그 다음에 결과 문자열은 printf 함수로 오른쪽 정렬한다. 프로그램의 다른 부분에서 원하는 포맷의 문자열을 만들 때 sprintf를 사용하면 종종 편리하다.

☑ 연습 문제 4-11 포맷이 잘 알려진 파일에서 항목명이 *x*, 값이 *y*인 멀티라인 레코드를 모두 출력하는 lookup *x y* 명령어를 작성하라. (해답: lookup.ans)

4.5 정리하기

주소록에서 정보 가져오기, 수치 데이터에서 단순 통계 내기, 데이터 및 프로그램의 유효성 검사 등 다양한 데이터를 처리하는 프로그램을 소개했다. 이렇게 다양한 작업을 Awk에서 아주 쉽게 처리할 수 있는 데에는 몇 가지 이유가 있다. 패턴-액션 모델은 이런 종류의 처리에 특히 잘 어울린다. 조정 가능한 필드 구분자와 레코드 구분자 덕분에 다양한 형태와 포맷의 데이터를 수용할 수 있으며, 연관 배열은 숫자와 문자열 모두를 저장할 때 아주 편리하다. 또한 split, substr 같은 함수는 텍스트 데이터를 분리하는 데 효과적이고, printf는 아주 유연한 출력 포매터다. 5장에서는 이런 기능을 십분 활용한 애플리케이션을 더 살펴볼 것이다.

5장

리포트와 데이터베이스

이 장에서는 Awk로 파일에 저장된 데이터에서 정보를 추출하고 리포트를 생성하는 방법을 설명한다. 주로 표 형태의 데이터를 살펴보겠지만, 더 복잡한 데이터 형식에도 적용할 수 있다. 이 장의 주제는 서로 연계하여 사용할 수 있는 프로그램의 개발이다. 일반적인 데이터 처리 문제들 중에서 한 번에 해결하긴 어렵지만, 몇 단계에 걸쳐 처리하면 쉽게 해결할 수 있는 문제를 다룰 것이다.

이 장의 전반부에서는 단일 파일을 스캔하여 리포트를 생성하는 과정을 다룬다. 최종 리포트의 포맷이 주된 관심사지만, 스캔 과정에도 복잡한 요소가 있다. 후반부에서는 서로 연관된 여러 파일들에서 데이터를 수집하는 접근 방식을 하나 설명한다. 우리가 선택한 이러한 접근 방식은 상당히 일반화한 것으로 파일들의 그룹을 관계형 데이터베이스처럼 여기는 것이다. 이 방식의 가장 큰 장점은 필드에 숫자 대신 이름을 사용할 수 있다는 것이다.

5.1 리포트 생성하기

파일에서 데이터를 선택해서 활동 요약 정보를 제공하는 리포트나 '대시보드(dash-board)'를 만드는 데 Awk를 사용할 수 있다. 리포트는 보통 준비(prepare), 정렬(sort), 포매팅(formatting)의 3단계로 생성한다.

준비 단계에서는 데이터를 선택하고 계산해서 원하는 정보를 얻는다. 정렬 단계는 데이터를 특정한 순서로 나열하고 싶을 때 필요하다. 이 단계를 수행하려면 준비 프로그램의 출력을 sort 명령어에 전달한다. 포매팅 단계에서는 정렬된 데이터를 바탕으로 두 번째 Awk 프로그램이 원하는 리포트를 생성한다.

단순 리포트

이 절에서는 다음과 같은 데이터세트가 포함된 countries 파일을 예로 들어 설명한다.

```
                                                          countries

Russia       16376     145        Europe
China        9388      1411       Asia
USA          9147      331        North America
Brazil       8358      212        South America
India        2973      1380       Asia
Mexico       1943      128        North America
Indonesia    1811      273        Asia
Ethiopia     1100      114        Africa
Nigeria      910       206        Africa
Pakistan     770       220        Asia
Japan        364       126        Asia
Bangladesh   130       164        Asia
```

이 파일에는 인구가 가장 많은 12개 국가의 면적(단위: 평방 킬로미터)과 인구(단위: 백만 명)에 대한 데이터가 있고, 필드는 탭으로 구분되어 있다. 세상에서 가장 흥미로운 데이터세트도 아니고 공신력 있는 기관에서 발표한 실제 자료도 아니지만 어쨌든 여러분이 보통 회사에서 선택하고 계산하려는 데이터는 대개 이처럼 텍스트와 숫자가 뒤섞인 형태일 것이다.

자, 여러분의 팀장님이 각국의 인구, 면적, 인구 밀도 정보가 포함된 리포트를 요구했다고 하자. 국가를 대륙별로 그룹화하고 대륙을 알파벳순으로 정렬한 다음, 각 대륙 내에서는 인구 밀도의 내림차순으로 나열하려고 한다.

```
CONTINENT        COUNTRY      POPULATION     AREA      POP. DEN.

Africa           Nigeria      206            910       226.4
Africa           Ethiopia     114            1100      103.6
Asia             Bangladesh   164            130       1261.5
Asia             India        1380           2973      464.2
Asia             Japan        126            364       346.2
Asia             Pakistan     220            770       285.7
Asia             Indonesia    273            1811      150.7
Asia             China        1411           9388      150.3
Europe           Russia       145            16376     8.9
North America    Mexico       128            1943      65.9
North America    USA          331            9147      36.2
South America    Brazil       212            8358      25.4
```

리포트를 준비하는 처음 두 단계, 즉 준비와 정렬은 prep1에서 수행한다. 이 프로그램은 countries 파일에서 해당 정보를 가져와 정렬한다.

```
# prep1 - 대륙별 국가 및 인구 밀도 출력

BEGIN { FS = "\t" }

    { printf("%s,%s,%d,%d,%.1f\n",
        $4, $1, $3, $2, 1000*$3/$2) | "sort -t, -k1,1 -k5rn"
    }
```

쉼표로 구분된 대륙, 국가, 인구, 면적, 인구 밀도의 5개 필드 값이 라인별로 출력된다.

```
Africa,Nigeria,206,910,226.4
Africa,Ethiopia,114,1100,103.6
Asia,Bangladesh,164,130,1261.5
Asia,India,1380,2973,464.2
Asia,Japan,126,364,346.2
Asia,Pakistan,220,770,285.7
Asia,Indonesia,273,1811,150.7
Asia,China,1411,9388,150.3
Europe,Russia,145,16376,8.9
North America,Mexico,128,1943,65.9
North America,USA,331,9147,36.2
South America,Brazil,212,8358,25.4
```

prep1 프로그램을 작성하여 파이프 연산자(|)로 출력 결과를 유닉스의 sort 명령어로 바로 전달하도록 했다. 각 출력 라인은 sort 명령어로 즉시 파이프되고, 마지막에는 정렬된 데이터가 출력된다. 자세한 내용은 A.4.5절을 참조하자.

-t는 정렬 시 쉼표를 필드 구분자로 사용하라는 뜻이다. 키 지정자(key specifier)는 지정한 순서대로 해석되므로 -k1,1은 첫 번째 필드를 주 정렬 키(primary sort key)로 만들고, -k5rn은 다섯 번째 필드를 숫자 역순으로 정렬하는 보조 정렬 키(secondary sort key)로 만든다. 보조 정렬 키는 첫 번째 필드가 같을 때 순서를 판가름하는 기준이다. (이와 같은 옵션 목록을 만드는 정렬 생성기 프로그램은 7.3절에서 소개한다.)

sort 처리를 Awk 프로그램 내부에 두지 않고 따로 명령어 호출로 빼는 방법도 있다. 다음과 같이 일단 >file로 파일로 출력한 다음 별도 단계에서 정렬하는 것이다.

```
$ awk '...' >temp
$ sort temp
```

이 장의 예제는 모두 이 방식을 적용하겠다.

준비와 정렬 단계가 끝났으니 정보를 원하는 포맷의 리포트로 만들 차례다. 이 작업은 form1 프로그램이 담당한다.

```
# form1 - 대륙별 국가 및 인구 밀도 출력 포맷 지정

BEGIN { FS = ","
        printf("%-15s %-10s %10s %7s %12s\n\n",
            "CONTINENT", "COUNTRY", "POPULATION",
            "AREA", "POP. DEN.")
     }
     { printf("%-15s %-10s %7d %10d %10.1f\n",
          $1, $2, $3, $4, $5)
     }
```

다음 명령줄을 실행하면 원하는 리포트가 생성된다.

```
awk -f prep1 countries | awk -f form1
```

prep1에서 sort에 전달한 특이한 인수를 쓰지 않으려면 프로그램에서 출력 포맷을 지정한 다음, 포매팅 프로그램에서 라인을 재포매팅하면 된다. sort는 기본적으로 입력 받은 데이터를 사전 순으로(lexicographically) 정렬한다. 최종 보고서에서 결과는 대륙을 알파벳순으로 정렬한 다음, 다시 인구 밀도를 역순으로 정렬해야 한다. sort에 인수를 넣지 않기 위해, 준비 프로그램은 각 라인의 시작 부분에 대륙과 인구 밀도에 따라 사전 순으로 정렬했을 때 자동으로 올바른 순서로 출력되도록 하는 특정 값을 추가할 수 있다. 다음 코드와 같이 대륙은 고정 너비 값으로 나타내고 그 뒤에 인구 밀도의 역수(reciprocal)를 넣으면 어떨까?

```
# prep2 - 대륙별 국가, 인구 밀도의 역수를 준비

BEGIN { FS = "\t" }
      { den = 1000*$3/$2
        printf("%-15s,%12.8f,%s,%d,%d,%.1f\n",
            $4, 1/den, $1, $3, $2, den) | "sort"
      }
```

다음은 countries 파일을 입력으로 한 prep2의 출력 결과다.

```
Africa         , 0.00441748,Nigeria,206,910,226.4
Africa         , 0.00964912,Ethiopia,114,1100,103.6
Asia           , 0.00079268,Bangladesh,164,130,1261.5
Asia           , 0.00215435,India,1380,2973,464.2
Asia           , 0.00288889,Japan,126,364,346.2
Asia           , 0.00350000,Pakistan,220,770,285.7
Asia           , 0.00663370,Indonesia,273,1811,150.7
Asia           , 0.00665344,China,1411,9388,150.3
Europe         , 0.11293793,Russia,145,16376,8.9
North America  , 0.01517969,Mexico,128,1943,65.9
North America  , 0.02763444,USA,331,9147,36.2
South America  , 0.03942453,Brazil,212,8358,25.4
```

%-15s는 모든 대륙명을 담기에 충분하고, %12.8f는 인구 밀도의 역수를 전부 처리할 수 있다. 최종 포매팅 프로그램은 form1과 비슷하지만, 새로운 두 번째 필드는 건너뛴다. 정렬 키를 만들어 정렬 옵션을 단순화하는 방법은 흔히 사용된다. 이는 6장에서 인덱싱 프로그램을 설명할 때 다시 사용할 예정이다.

다음 form2는 각 대륙명이 처음 나올 때만 출력하도록 수정한 프로그램이다. 이렇게 하면 조금 더 깔끔한 리포트가 될 것이다.

```
# form2 - 대륙별 국가 및 인구 밀도 출력 포맷 지정

BEGIN { FS = ","
       printf("%-15s %-10s %10s %7s %12s\n",
           "CONTINENT", "COUNTRY", "POPULATION",
           "AREA", "POP. DEN.")
   }
   { if ($1 != prev) {
       print ""
       prev = $1
   } else {
       $1 = ""
   }
   printf("%-15s %-10s %7d %10d %10.1f\n",
       $1, $2, $3, $4, $5)
}
```

명령줄에서 다음과 같이 실행하면

```
awk -f prep1 countries | awk -f form2
```

이런 리포트가 생성된다.

CONT—INENT	COUNTRY	POPULATION	AREA	POP. DEN.
Africa	Nigeria	206	910	226.4
	Ethiopia	114	1100	103.6
Asia	Bangladesh	164	130	1261.5
	India	1380	2973	464.2
	Japan	126	364	346.2
	Pakistan	220	770	285.7
	Indonesia	273	1811	150.7
	China	1411	9388	150.3
Europe	Russia	145	16376	8.9
North America	Mexico	128	1943	65.9
	USA	331	9147	36.2
South America	Brazil	212	8358	25.4

form2 프로그램은 '제어 중단(control break)'을 수행하기 때문에 연관된 항목들이
시작되거나 끝나는 곳에서 약간의 작업이 추가로 필요하다. prev는 CONTINENT 필드
의 값을 추적하면서 이 값이 바뀔 때만 대륙명을 출력하려고 만든 변수다.

입력을 다 읽고 나서 간단한 인덱싱을 사용하여 제어 중단을 처리하는 것이 더
쉬울 때도 있다. 다음 form2a가 이렇게 처리하는 예제다.

```
# form2a - 대륙별 국가 및 인구 밀도 출력 포맷 지정

BEGIN { FS = ","
        printf("%-15s %-10s %10s %7s %12s\n",
            "CONTINENT", "COUNTRY", "POPULATION",
            "AREA", "POP. DEN.")
    }
{ cont[NR] = $1; country[NR] = $2; pop[NR] = $3
  area[NR] = $4; den[NR] = $5
}
END {
  for (i = 1; i <= NR; i++) {
    if (cont[i] != cont[i-1])
```

```
    print ""
  c = cont[i] == cont[i-1] ? "" : cont[i]
  printf("%-15s %-10s %7d %10d %10.1f\n",
         c, country[i], pop[i], area[i], den[i])
  }
}
```

복잡도는 별반 다르지 않으므로 이 예제가 반드시 더 나은 것은 아니지만 상황에 따라서는 그럴 수도 있다.

지금까지 예제로 알 수 있듯이 정교한 포매팅은 Awk 프로그램을 조합해야 가능한 경우가 많다. 그러나 문자를 세고 printf 문으로 모든 데이터를 정렬하는 작업은 대단히 지루하다. 특히 뭔가 변경할 일이라도 생기면 끔찍하다.

지금까지는 표 형태로 포매팅하는 프로그램이었고 이번에는 컬럼에 항목을 출력하는 프로그램이다. 텍스트 항목은 왼쪽 맞춤(left-justified)으로 표시하고, 해당 컬럼에서 폭이 가장 넓은 항목도 담을 만큼 충분한 공간을 마련한다. 숫자 항목은 오른쪽 맞춤(right-justified)으로 표시하고, 역시 폭이 가장 넓은 항목을 기준으로 공간을 확보한다. 즉, 파일 header에 헤더가 포함된 상태에서 countries 파일을 입력하면 다음과 같은 결과가 출력된다.

```
$ awk -f table header countries
COUNTRY        AREA        POPULATION     CONTINENT
Russia         16376       145            Europe
China          9388        1411           Asia
USA            9147        331            North America
Brazil         8358        212            South America
India          2973        1380           Asia
Mexico         1943        128            North America
Indonesia      1811        273            Asia
Ethiopia       1100        114            Africa
Nigeria        910         206            Africa
Pakistan       770         220            Asia
Japan          364         126            Asia
Bangladesh     130         164            Asia
```

table 프로그램은 다음과 같다.

```
# table - 단순 테이블 포매터

BEGIN {
```

```
    FS = "\t"; blanks = sprintf("%100s", " ")
    num_re = "^[+-]?([0-9]+[.]?[0-9]*|[.][0-9]+)$"
}
{   row[NR] = $0
    for (i = 1; i <= NF; i++) {
        if ($i ~ num_re)
            nwid[i] = max(nwid[i], length($i))
        wid[i] = max(wid[i], length($i))
    }
}
END {
    for (r = 1; r <= NR; r++) {
        n = split(row[r], d)
        for (i = 1; i <= n; i++) {
            sep = (i < n) ? " " : "\n"
            if (d[i] ~ num_re)
                printf("%*s%s", wid[i], numjust(i,d[i]), sep)
            else
                printf("%-*s%s", wid[i], d[i], sep)
        }
    }
}
function max(x, y) { return (x > y) ? x : y }

function numjust(n, s) {    # 필드 n의 s 번째 위치
    return s substr(blanks, 1, int((wid[n]-nwid[n])/2))
}
```

첫 번째 패스(begin 액션)는 데이터를 기록하고 컬럼별로 수치/비수치 항목의 최대 너비를 계산한다. 두 번째 패스(END 액션)는 각 항목을 올바른 위치에 출력한다. 알파벳 항목의 왼쪽 맞춤(left-justify)은 쉽다. 컬럼 i의 최대 너비를 가리키는 wid[i]를 사용하여 printf의 문자열 너비를 설정한다. 최대 너비가 10이면 컬럼 i의 각 알파벳 항목은 %-10s 포맷이 된다. printf의 필드 스펙에서 애스터리스크(*)는 그다음 인수의 수치 값으로 치환된다. 즉, 다음 코드에서 *는 wid[i]의 값으로 바뀐다.

```
printf("%-*s%s", wid[i], d[i], sep)
```

숫자 항목은 약간 까다롭다. 다음 그림처럼 컬럼 i의 숫자 항목 v는 오른쪽 맞춤을 해야 한다.

v 오른쪽에는 (wid[i]−nwid[i])/2개의 공백이 있으므로 numjust 함수는 이 개수만큼 공백을 v 끝부분에 연결한 뒤 %10s 포맷으로 출력한다. (여기서도 너비는 10자라고 가정한다.)

> ☑ **연습 문제 5-1** table 포매터는 모든 숫자의 소수점 이하 자릿수가 동일하다고 가정한다. 이 가정이 맞지 않을 때도 제대로 작동하도록 수정하라. (해답: table1)

5.2 패키징된 쿼리와 리포트

쿼리가 반복적으로 요청될 때는 타이핑을 최대한 줄여서 호출할 수 있는 명령어로 패키징하는 것이 좋다. 여러 국가의 인구, 면적, 인구 밀도를 알고 싶다고 하자. 예를 들어 인도에 대해 알고 싶다면 다음과 같이 명령어를 입력한다.

```
awk '
# info0 - 국가 정보 출력
BEGIN { FS = "\t" }
$1 ~ /India/ {
    printf("%s:\n", $1)
    printf("\t%d million people\n", $3)
    printf("\t%.3f million sq. km.\n", $2/1000)
    printf("\t%.1f people per sq. km.\n", 1000*$3/$2)
}
' countries
```

실행 결과는 다음과 같다.

```
India:
        1380 million people
        2.973 million sq. km.
        464.2 people per sq. km.
```

이렇게 다른 나라 이름을 바꿔 입력하면서 똑같은 명령어를 실행하는 건 번거롭기 짝이 없다. 프로그램을 info라는 실행 파일에 넣어 나라 이름을 입력하면 훨씬 간편해진다.

```
$ ./info India
$ ./info USA
...
```

가장 쉬운 방법은 -v 인수를 사용해서 프로그램에 국가명을 전달하는 것이다. 이렇게 하면 프로그램을 실행하기 전에 명령줄에서 변수를 설정할 수 있다. (자세한 내용은 A.5.5절을 참조하자.)

```
awk -v country=$1 '
# info - 국가 정보 출력
#    사용법: info 국가명

BEGIN { FS = "\t" }

$1 ~ country {
    printf("%s:\n", $1)
    printf("\t%d million people\n", $3)
    printf("\t%.3f million sq. km.\n", $2/1000)
    printf("\t%.1f people per sq. km.\n", 1000*$3/$2)
}
' countries
```

info가 호출되면 첫 번째 인수가 country 변수로 설정된다.

```
$ ./info Brazil
Brazil:
        212 million people
        8.358 million sq. km.
        25.4 people per sq. km.
$
```

정규 표현식 형태로도 가능하다. 특히 다음과 같이 국가명의 일부만 지정하거나 여러 국가를 한꺼번에 지정해서 검색할 수 있다.

```
$ ./info 'China|USA'
```

폼 레터

폼 레터(form letter)[1]의 텍스트에 섞여 있는 매개변수를 값으로 치환해서 레터를 만드는 일에도 Awk를 활용할 수 있다.

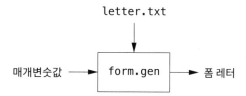

폼 레터의 텍스트는 letter.txt 파일에 저장되어 있다. 이 텍스트에는 폼 레터를 생성할 때 치환될 매개변수들이 포함되어 있다. 예를 들어 다음 텍스트에서 매개변수 #1~#4는 각각 국가명, 인구, 면적, 인구 밀도를 나타내는 매개변수다.

```
                                                              letter.txt

Subject: Demographic Information About #1
From: AWK Demographics, Inc.

In response to your request for information about #1,
our latest research has revealed that its population is #2
million people and its area is #3 million square kilometers.
This gives #1 a population density of #4 people per
square kilometer.
```

다음 입력 값을 전달하면

```
Bangladesh,164,0.130,1261.5
```

이런 폼 레터가 생성된다.

```
Subject: Demographic Information About Bangladesh
From: AWK Demographics, Inc.

In response to your request for information about Bangladesh,
our latest research has revealed that its population is 164
million people and its area is 0.130 million square kilometers.
This gives Bangladesh a population density of 1261.5 people per
square kilometer.
```

1 여러 사람에게 편지를 보내기 위해 미리 만들어 놓은 템플릿이다.

다음은 폼 레터 생성기 form.gen 프로그램이다.

```
# form.gen - 폼 레터 생성
#    입력: 프로토타입 파일 letter.txt; 데이터 라인
#    출력: 데이터 라인당 하나의 폼 레터

BEGIN {
    FS = ","
    while (getline <"letter.txt" > 0)   # 폼 레터를 읽는다.
        form[++n] = $0
    }

{   for (i = 1; i <= n; i++) {   # 데이터 라인을 읽는다.
        temp = form[i]           # 라인마다 레터를 생성한다.
        for (j = 1; j <= NF; j++)
            gsub("#" j, $j, temp)
        print temp
    }
}
```

BEGIN 액션은 letter.txt 파일에서 폼 레터 텍스트를 읽어 배열 form에 저장한다. 나머지 액션은 입력 값을 읽고 gsub 명령어로 저장된 폼 레터 사본에서 매개변수 #*n*을 실제 값으로 치환한다. gsub의 첫 번째 인수에서 #과 j 문자열을 어떻게 연결하는지 잘 봐 두자.

5.3 관계형 데이터베이스 시스템

이 절에서는 Awk와 비슷한 쿼리 언어(query language) q라는, 데이터 딕셔너리 (data dictionary) relfile, q 쿼리를 Awk 프로그램으로 바꾸는 쿼리 프로세서(query processor) qawk를 중심으로 하는 간단한 관계형 데이터베이스를 설명한다. 이 시스템은 Awk를 데이터베이스 언어로 확장하기 위해 세 가지 방식을 사용한다.

- 필드를 번호 대신 이름으로 참조한다.
- 데이터베이스는 하나가 아닌 여러 파일로 분산될 수 있다.
- 일련의 쿼리를 대화형으로 수행할 수 있다.

수치 참조(numeric reference)보다 심볼 참조(symbolic reference)가 낫다는 사실은 분명하나(예: $2보다는 $area가 자연스럽다.), 데이터베이스를 여러 파일로 나누어 저장하는 이점은 쉽게 납득이 안 될지도 모른다. 멀티파일 데이터베이스가 유지 관리하기 더 쉬운 이유는 모든 필드를 담은 파일보다 적은 수의 필드만 담은 파일을 편집하는 것이 더 쉽기 때문이다. 그리고 이 절에서 배울 데이터베이스 시스템을 사용하면 데이터베이스를 재구성할 때 이를 사용하는 프로그램을 고칠 필요가 없다. 물론, 데이터베이스에 정보를 추가할 때는 일관성을 유지하기 위해 관련된 파일을 모두 변경해야 한다는 사실도 기억하기 바란다.

지금까지는 라인마다 country, area, population, continent 네 필드가 포함된 countries 파일 하나로 데이터베이스를 구성했다. 이 데이터베이스에 국가와 수도 정보가 담긴 두 번째 파일 capitals를 추가하려고 한다.

```
                                                              capitals

Russia      Moscow
China       Beijing
USA         Washington
Brazil      Brasilia
India       New Delhi
Mexico      Mexico City
Japan       Tokyo
Ethiopia    Addis Ababa
Indonesia   Jakarta
Pakistan    Islamabad
Bangladesh  Dhaka
```

countries 파일과 마찬가지로 필드는 탭으로 구분한다.

두 파일에서 아시아 국가의 이름과 인구, 수도를 출력하려면 두 파일을 모두 스캔한 후 결과를 합쳐야 한다. 예를 들어 입력 데이터가 너무 많지 않다면 다음 명령어로 충분하다.

```
# merge.awk

awk ' BEGIN { FS = "\t" }
      FILENAME == "capitals" {
           cap[$1] = $2
      }
      FILENAME == "countries" && $4 == "Asia" {
           print $1, $3, cap[$1]
      }
' capitals countries
```

만약 다음 코드처럼 간단히 쓸 수 있다면 확실히 더 편할 것이다.

```
$continent ~ /Asia/ { print $country, $population, $capital }
```

이렇게 필드가 어디에 있는지 필드를 어떻게 조합해야 하는지 프로그램이 알아내도록 시키는 것이다. 이것이 곧 소개할 q 언어에서 쿼리를 나타내는 방법이다.

자연 조인

먼저 용어를 몇 가지 정의하자. 관계형 데이터베이스에서 파일은 **테이블**(table) 또는 **관계**(relation)라고 하고, 컬럼은 **속성**(attribute)이라고 한다. 예를 들면 capitals 테이블에는 country와 capital 속성이 있다.

　자연 조인(natural join), 줄여서 조인은 두 테이블에 모두 포함된 공통 속성을 기준으로 두 테이블을 하나로 결합하는 연산자다. 결과 테이블의 속성은 조인되는 두 테이블에 모두 존재하는 속성으로, 중복된 속성은 제거한다. 예를 들어 countries와 capitals 두 테이블을 조인하면 다음 속성을 지닌 단일 테이블(cc라고 하자.)이 만들어진다.

```
country, area, population, continent, capital
```

두 테이블에 모두 포함된 국가명, 면적, 인구, 대륙, 수도를 cc 테이블의 로우 하나로 가져오는 것이다.

```
Russia      16376   145    Europe         Moscow
China        9388   1776   Asia           Beijing
USA          9147   331    North America  Washington
Brazil       8358   212    South America  Brasilia
India        2973   1380   Asia           New Delhi
Mexico       1943   128    North America  Mexico City
Indonesia    1811   273    Asia           Jakarta
Ethiopia     1100   114    Africa         Addis Ababa
Pakistan      770   220    Asia           Islamabad
Japan         364   126    Asia           Tokyo
Bangladesh    130   164    Asia           Dhaka
```

조인 연산자가 하는 일은, 위 표에서 보다시피 피연산자 테이블을 공통 속성 기준으로 정렬하고 이 공통 속성이 같은 로우를 병합하는 것이다. 여러 테이블에 걸쳐 있는 속성을 가져오는 쿼리는 일단 테이블을 조인한 뒤, 필요시 임시 파일을 만든 다음 이 결과 테이블에 쿼리를 적용하면 된다.

```
$continent ~ /Asia/ { print $country, $population, $capital }
```

위와 같은 쿼리에 응답하려면 countries, capitals 테이블을 조인하고 그 결과에 쿼리하면 될 것이다. 이때 중요한 점은 일반적으로 어떤 테이블을 조인할지를 결정하는 방법이다.

조인 작업은 유닉스에 내장된 join으로도 가능하지만, 이 명령어를 사용할 수 없을 때를 대비하여 Awk로 구현한 기본 버전을 소개한다. 각 테이블의 첫 번째 필드에 있는 속성을 기준으로 두 파일을 조인한다. 다음 두 테이블을 조인하면

ATT1	ATT2	ATT3
A	w	p
B	x	q
B	y	r
C	z	s

ATT1	ATT3
A	1
A	2
B	3

이런 모습이 된다.

ATT1	ATT2	ATT3	ATT4
A	w	p	1
A	w	p	2
B	x	q	3
B	y	r	3

즉, join은 입력 테이블의 길이가 같다고 가정하지 않고, 단지 정렬되어 있다는 점만 가정한다. 일치하는 입력 필드 쌍이 나올 때마다 출력 라인을 하나씩 생성하는 것이다.

```
# join.awk - file1, file2를 첫 번째 필드를 기준으로 조인
#   입력: 탭으로 구분된 필드가 포함된 2개의 정렬된 파일
#   출력: 첫 번째 필드로 라인들을 자연 조인

BEGIN {
    OFS = sep = "\t"
```

```
    file2 = ARGV[2]
    ARGV[2] = ""    # file1은 암묵적으로, file2는 명시적으로 읽는다.
    eofstat = 1     # file2의 EOF(파일 끝) 상태
    if ((ng = getgroup()) <= 0).  # ng는 다음 그룹(next group)을 뜻한다.
        exit        # file2는 비었다.
}

{   while (prefix($0) > prefix(gp[1]))
        if ((ng = getgroup()) <= 0)
            exit    # file2는 소진됐다.
    if (prefix($0) == prefix(gp[1]))    # file1의 첫 번째 속성이 같고
        for (i = 1; i <= ng; i++)       # file2와 매치되면
            print $0, suffix(gp[i]).    # 조인된 라인을 출력한다.
}

function getgroup() {  # prefix가 같은 그룹을 gp[1..ng]에 넣는다.
    if (getone(file2, gp, 1) <= 0)      # 파일 끝
        return 0
    for (ng = 2; getone(file2, gp, ng) > 0; ng++) {
        if (prefix(gp[ng]) != prefix(gp[1])) {
            unget(gp[ng])    # 너무 멀리 갔다.
            return ng-1
        }
    }
    return ng-1
}

function getone(f, gp, n) {   # gp[n]의 다음 라인을 가져온다.
    if (eofstat <= 0) # EOF 또는 에러 발생
        return 0
    if (ungot) {          # 이전에 읽어 둔(lookahead) 라인이 있으면 해당 라인을 반환한다.
        gp[n] = ungotline
        ungot = 0
        return 1
    }
    return eofstat = (getline gp[n] <f)
}

function unget(s) { ungotline = s; ungot = 1 }

function prefix(s) { return substr(s, 1, index(s, sep) - 1) }

function suffix(s) { return substr(s, index(s, sep) + 1) }
```

이 프로그램은 두 입력 파일을 인수로 받아서 실행된다. 첫 번째 속성 값이 똑같은
라인들을 두 번째 파일에서 읽어 들인다. 첫 번째 파일에서 읽은 라인의 prefix가

어떤 그룹의 공통 속성 값과 매치되면 해당 그룹의 각 라인을 조인된 하나의 라인으로 출력한다.

getgroup 함수는 prefix가 같은 다음 라인 그룹을 gp 배열에 넣는다. 그런 다음 getone을 호출해서 라인을 하나씩 가져오고, unget을 호출해서 그룹의 일부가 아닌 라인을 도로 집어넣는 일을 반복한다. 첫 번째 속성 값을 추출하는 로직을 prefix 함수 안에 지역화(localize)하여 쉽게 변경하도록 했다.

getone, unget 함수가 입력 라인을 푸시백(pushback), 즉 '읽지 않은 상태(un-read)'로 처리하는 부분을 주목하자. getone은 새 라인을 읽기 전에 unget이 이미 읽어 들여 저장한 라인이 있는지 확인하고 만약 그렇다면 새 라인은 읽지 않고 반환한다.

푸시백은 앞서 우리가 맞닥뜨렸던 문제점, 즉 너무 많은 입력을 읽을 때 발생하는 문제를 처리하는 또 다른 방법이다. 이 장의 앞부분에서 설명한 제어 중단 프로그램은 처리를 지연시키는 방법을 썼지만, 여기서는 getone과 unget 함수로 마치 한 번도 추가 입력을 본 적도 없었던 것처럼 처리한다.

☑ **연습 문제 5-2** join 프로그램은 에러 유무, 파일 정렬 여부는 전혀 확인하지 않는다. 이 결함을 조치하라. 그 결과 프로그램은 얼마나 더 커졌는가?

☑ **연습 문제 5-3** 한 파일을 전부 메모리로 읽어 들인 후 조인을 수행하도록 join 프로그램을 수정하라. 어느 쪽이 더 간단한가?

☑ **연습 문제 5-4** 입력 파일에서 특정 필드 또는 여러 필드를 기준으로 조인할 수 있고, 선택한 필드의 부분집합을 임의의 순서로 출력하도록 join 프로그램을 수정하라.

relfile

여러 테이블에 흩어진 데이터베이스에 대해 질의하려면 먼저 테이블마다 어떤 내용이 들어 있는지 파악해야 한다. 우리는 이 정보를 relfile 파일(rel은 relation의 약자다.)에 저장한다. relfile에는 데이터베이스에 포함된 테이블명, 각 테이블에 포함된 속성, 그리고 테이블이 없을 때는 테이블을 구성하는 규칙이 명시되어 있다. relfile은 다음 형식의 테이블 디스크립터(table descriptor)가 연속된 파일이다.

```
tablename:
    attribute
    attribute
```

```
          ...
     !command
          ...
```

테이블명과 속성은 문자로 구성된 문자열이다. 테이블명 뒤에는 해당 테이블의 속성명이 나열되며, 각 속성명 앞에는 공백이나 탭을 붙인다. 속성 목록 다음에는 이 테이블을 어떻게 구성할지 설명하는 명령어들이 선택적으로 포함될 수 있으며, 이 명령어들은 앞에 느낌표를 붙인다. 테이블에 명령어가 없으면 해당 이름의 파일이 이미 존재하고, 파일에 테이블의 데이터가 이미 포함되어 있다고 가정한다. 이런 테이블을 **베이스 테이블**(base table)이라고 한다. 이 베이스 테이블에 데이터를 넣고 수정한다.

relfile 파일에서 이름 뒤에 명령어 시퀀스가 포함된 테이블은 모두 **파생 테이블**(derived table)이라고 한다. 파생 테이블은 필요시 구성한다.

확장된 countries 데이터베이스를 위해 **relfile** 파일을 사용할 것이다.

```
                                                              relfile
countries:
            country
            area
            population
            continent
capitals:
            country
            capital
cc:
            country
            area
            population
            continent
            capital
            !sort countries >temp.countries
            !sort capitals >temp.capitals
            !join temp.countries temp.capitals >cc
```

이 파일의 내용은 countries와 capitals라는 베이스 테이블이 2개 있고, 이들 테이블을 임시 파일로 정렬함으로써 하나의 파생 테이블 cc를 구성하겠다는 것이다. 즉, cc는 다음 명령어를 실행하여 구성된다.

```
sort countries >temp.countries
sort capitals >temp.capitals
join temp.countries temp.capitals >cc
```

relfile 파일에 **전체 관계**(universal relation), 즉 모든 속성이 포함된 테이블을 relfile 파일의 마지막 테이블로 지정하기도 한다. 이렇게 하면 모든 속성 조합이 포함된 하나의 테이블이 생긴다. cc 역시 countries와 capitals 데이터베이스의 전체 관계를 매핑한 파생 테이블이다.

복잡한 데이터베이스를 설계할 때는 요청 횟수가 많을 가능성이 높은 쿼리의 종류와 속성 간의 의존성(dependency)을 신중히 고려해야 하지만, q가 충분히 빠르기 때문에 테이블이 몇 개만 있는 작은 데이터베이스라면 relfile을 어떻게 설계하든 세부적인 문제가 드러날 일은 없을 것이다.

q, Awk와 유사한 쿼리 언어

q는 필드명 대신 속성명이 포함된 한 라인짜리 Awk 프로그램으로 구성된 쿼리 언어다. 쿼리 프로세서 qawk는 다음 로직에 따라 쿼리에 응답한다.

- 쿼리에서 속성 세트를 결정한다.
- relfile 파일의 처음부터 시작해 쿼리의 모든 속성이 포함된 첫 번째 테이블을 찾는다. 만약 이 테이블이 베이스 테이블이라면 해당 테이블을 쿼리의 입력으로 사용한다. 만약 이 테이블이 파생 테이블이면 파생 테이블을 구성한 뒤 입력으로 사용한다. (다시 말해 쿼리에 나타날 수 있는 모든 속성 조합이 relfile 파일의 베이스 테이블이나 파생 테이블 중 하나에 반드시 나타나야 한다는 뜻이다.)
- qawk는 심볼 필드 참조를 적절한 숫자 필드 참조로 치환함으로써 q 쿼리를 Awk 프로그램으로 바꾼다. 그리고 이 프로그램을 바로 앞 단계에서 결정된 테이블에 적용한다.

다음 q 쿼리를 보면

```
$continent ~ /Asia/ { print $country, $population }
```

continent, country, population 속성이 나오는데, 이 모든 속성이 첫 번째 테이블 countries에 포함되어 있다. 쿼리 프로세서는 이 쿼리를 다음 Awk 프로그램으로 변환해서 countries 파일에 적용한다.

```
$4 ~ /Asia/ { print $1, $3 }
```

다음 q 쿼리를 보면

```
{ print $country, $population, $capital }
```

country, population, capital 속성이 포함되어 있는데, 이들 속성은 모두 파생 테이블 cc에만 포함되어 있다. 따라서 쿼리 프로세서는 relfile 파일에 열거된 명령어로 파생 테이블 cc를 구성한 후 이 쿼리를 Awk 프로그램으로 변환하여 새로 구성한 cc 파일에 적용한다.

```
{ print $1, $3, $5 }
```

지금까지 우리는 쿼리(query)라는 단어를 썼지만, qawk를 계산 작업에도 사용할 수 있다. 예를 들어 다음 코드처럼 평균 면적을 구할 수 있다.

```
{ area += $area }; END { print area/NR }
```

qawk, q를 Awk로 옮기는 번역기

q 쿼리를 Awk 프로그램으로 옮기는 프로세서, 즉 **qawk**를 구현하는 것으로 이 장을 마무리하자.

첫째, qawk는 relfile을 읽어 relname 배열에 테이블명을 취합한다. i 번째 테이블 구성에 필요한 명령어를 모두 수집해 cmd[i, 1] 위치부터 시작하는 cmd 배열에 저장한다. 그리고 각 테이블의 속성을 2차원 배열 attr로 모은다. 즉, attr[i, a] 엔트리는 i 번째 테이블의 a라는 속성의 인덱스를 가리킨다.

둘째, qawk는 쿼리를 읽고 어떤 속성을 사용할지 결정한다. 이 속성들은 모두 쿼리에서 $name$ 포맷의 문자열이다. subset 함수로 쿼리에 존재하는 모든 속성이 포함된 첫 번째 테이블인 T_i를 결정한다. 이러한 속성의 인덱스로 원래 쿼리를 대체한 Awk 프로그램을 만들고, T_i 테이블을 생성하는데 필요한 모든 명령어를 실행한 후, 새로 생성된 Awk 프로그램에 T_i를 입력하여 실행한다.

두 번째 단계는 각 후속 쿼리에서 반복된다. 그림 5-1은 qawk의 작동 원리를 간단히 도식화한 것이다.

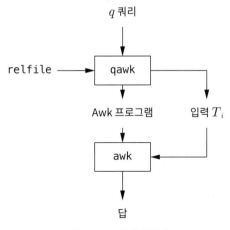

그림 5-1 qawk의 작동 원리

다음은 실제로 qawk 작동 로직을 구현한 코드다.

```
# qawk - Awk 관계형 데이터베이스 쿼리 프로세서

BEGIN { readrel("relfile") }
/./   { doquery($0) }

function doquery(s,    i,j) {
    delete qattr   # 다음 쿼리를 위해 정리한다.
    query = s       # 쿼리의 $names를 $는 빼고 qattr에 넣는다.
    while (match(s, /\$[A-Za-z]+/)) {
        qattr[substr(s, RSTART+1, RLENGTH-1)] = 1
        s = substr(s, RSTART+RLENGTH+1)
    }
    for (i = 1; i <= nrel && !subset(qattr, attr, i); )
        i++
    if (i > nrel) {    # 모든 속성을 가진 테이블은 없다.
        missing(qattr)
    } else {           # 쿼리의 속성이 테이블 i에 있다.
        for (j in qattr)   # Awk 프로그램을 생성한다.
            gsub("\\$" j, "$" attr[i,j], query)
        for (j = 1; j <= ncmd[i]; j++)    # 테이블 i를 생성한다.
            if (system(cmd[i, j]) != 0) {
                print "command failed, query skipped\n", cmd[i,j]
                return
            }
```

```
            awkcmd = sprintf("awk -F'\t' '%s' %s", query, relname[i])
            printf("query: %s\n", awkcmd)    # 디버깅
            system(awkcmd)
        }
    }
}

function readrel(f) {
    while (getline <f > 0) {    # relfile을 파싱한다.
        if ($0 ~ /^[A-Za-z]+ *:/) {         # 이름:
            gsub(/[^A-Za-z]+/, "", $0)    # 이름 빼고 모두 제거한다.
            relname[++nrel] = $0
        } else if ($0 ~ /^[ \t]*!/)        # !명령어...
            cmd[nrel, ++ncmd[nrel]] = substr($0,index($0,"!")+1)
        else if ($0 ~ /^[ \t]*[A-Za-z]+[ \t]*$/)    # 속성
            attr[nrel, $1] = ++nattr[nrel]
        else if ($0 !~ /^[ \t]*$/)          # 공백 아님
            print "bad line in relfile:", $0
    }
}

function subset(q, a, r,    i) {    # q가 a[r]의 부분집합인가?
    for (i in q)
        if (!((r,i) in a))
            return 0
    return 1
}

function missing(x,    i) {
    print "no table contains all of the following attributes:"
    for (i in x)
        print i
}
```

☑ 연습 문제 5-5 여러분의 운영 체제가 Awk의 system 함수를 지원하지 않는 경우, 별도 실행이
가능한 파일에서 적절한 명령어 시퀀스를 생성하도록 qawk를 수정하라.

☑ 연습 문제 5-6 qawk는 파생 테이블을 구성하면서 명령어마다 한 번씩 system 함수를 호출한다.
테이블 구축에 필요한 모든 명령어를 하나의 문자열로 수집한 다음 system을 한 번만 호출하도
록 qawk를 수정하라. (해답: qawk1.ans)

☑ 연습 문제 5-7 qawk를 수정해서 입력으로 사용할 파생된 파일이 이미 계산됐는지 확인하라. 이
파일이 이미 계산됐고 그 이후로 파생된 베이스 파일이 수정되지 않았다면 재계산 없이 파생된
파일을 사용할 수 있다. 7장에 있는 make 프로그램을 먼저 연구하라.

☑ 연습 문제 5-8 멀티라인 쿼리를 입력/편집할 수단을 강구하라. qawk를 아주 조금만 고쳐도 멀티라인 쿼리를 수집할 수 있다. 편집 수단으로는 여러분이 즐겨 쓰는 텍스트 편집기를 실행하는 방법도 있고 Awk 자체에 단순 편집기를 작성할 수도 있다. (해답: qawk2.ans)

5.4 정리하기

이번 장에서는 이전 장까지의 즉흥적인 사용과 달리 Awk를 활용하여 정보에 체계적으로 접근하고 출력하는 방법을 설명하려고 했다.

리포트를 생성할 때는 '분할 정복' 전략을 구사하는 것이 좋다. 한 프로그램이 데이터를 준비하고 필요시 정렬까지 끝내면, 두 번째 프로그램이 포매팅을 하는 방식이다. 제어 중단은 뒤에서 바라보거나 아니면 좀 더 우아하게 입력 푸시백 메커니즘으로 처리할 수도 있다. (이 장에서는 설명하지 않았지만 파이프라인으로도 가능하다.) 포매팅을 자세히 살펴보려면 손으로 문자를 세지 말고 기계적인 부분을 모두 처리하는 프로그램을 사용하는 것이 좋다.

Awk는 프로덕션 데이터베이스에 알맞은 도구는 아니지만, 소규모 개인 데이터베이스 용도로는 아주 효과적이고 기본 개념을 그려보는 데에도 유용하다. qawk 프로세서가 이 두 가지 면모를 잘 보여 준다.

6장

단어 처리

이 장에 등장하는 프로그램은 모두 자연어 텍스트 조작에 관한 것이다. 무작위 단어 및 문장을 생성하고, 사용자와 제한된 대화를 나누며 텍스트를 처리하는 등의 작업을 수행한다. 대부분 자그마한 예제 프로그램이지만, 일부 문서 준비 프로그램은 평상시에도 자주 쓰인다.

6.1 무작위 텍스트 생성

무작위 데이터 생성 프로그램은 쓰임새가 다양하다. 이러한 프로그램은 보통 호출할 때마다 유사 난수(pseudo-random number)를 반환하는 내장 함수 rand를 사용한다. rand 함수는 이를 사용하는 프로그램이 호출되면 그때마다 동일한 시드 (seed)에서 난수를 생성한다. 만약 매번 순서를 달리하고 싶다면 srand(n)을 호출해서 시드가 n인 rand로 초기화하면 된다. 전달된 시드가 없으면 현재 시간에서 시드를 계산한다. srand 함수는 이전 시드를 반환하므로 시퀀스를 다시 생성할 수 있다.

무작위 선택

rand 함수를 호출하면 그때마다 0 이상 1 미만의 작은 부동소수점 난수를 반환하지만, 보통 1부터 n 사이의 정수 난수가 필요하다. 이는 rand로 쉽게 계산할 수 있다.

```
# randint - 정수 난수 k(1 <= k <= n) 반환
```

```
function randint(n) {
    return int(n * rand()) + 1
}
```

randint(n)은 rand 함수로 만들어 낸 부동소수점 숫자가 0 이상 n 미만의 숫자가 되도록 조정한 뒤, 소수점 이하를 절사하여 0부터 n-1 사이의 정수를 만든 다음 1을 더한다.

randint를 사용하여 글자를 무작위로 선택할 수 있다.

```
# randlet - 무작위로 소문자 생성

function randlet() {
    return substr("abcdefghijklmnopqrstuvwxyz", randint(26), 1)
}
```

또한 randint 함수를 이용하면 x[1], x[2], ..., x[n] 배열에서 무작위 요소를 출력할 수도 있다.

```
print x[randint(n)]
```

그러나 진짜 재미있는 문제는, 배열에서 무작위 요소를 **원래 순서대로** 출력하는 것이다. 예를 들어 x의 요소가 오름차순으로 나열되어 있으면 무작위 샘플도 이 순서대로 나열되어야 한다.

다음의 randk 함수는 배열 a의 처음 n개 요소부터 k개의 무작위 요소를 선택하여 순서대로 출력한다.

```
# randk - a[1]..a[n] 배열에서 순서대로 k개의 무작위 요소 출력

function randk(a, k, n,   i) {
    for (i = 1; n > 0; i++)
        if (rand() < k/n--) {
            print a[i]
            k--
        }
}
```

함수 본체에서 k는 출력할 요소 개수, n은 아직 검사하지 않은 요소 개수다. i 번째

요소의 출력 여부는 rand() < k/n 테스트 결과로 결정하며, 요소가 출력될 때마다 k
가 감소하고 테스트를 할 때마다 n이 감소한다.

약간 변형된 버전도 있다. 다음 randline은 입력 길이에 상관없이 입력에서 하나
의 무작위 요소를 동일한 확률로 선택하는 프로그램이다.

```
# randline - 입력 스트림에서 하나의 무작위 라인을 출력

awk ' BEGIN { srand() }
      { if (rand() < 1 / ++n) out = $0 }
      END { print out }
' $*
```

유용한 알고리즘을 잘 활용한 멋진 예제다. 선생님이 교실에서 학생을 선택할 때
이런 프로그램을 써 보면 재밌을 것 같다.

```
$ randline class.list
John
$ randline class.list
Jane
$
```

또 다른 변형으로, 입력 라인의 집합에서 무작위 순열(random permutation)을 구
하는 코드도 간단하게 작성할 수 있다.

```
BEGIN { srand() }
      { x[rand()] = $0 }
END   { for (i in x) print x[i] }
```

BEGIN 블록에서 srand 함수가 호출되므로 코드가 실행될 때마다 새로운 순열로 초
기화된다. 각 입력 라인은 배열의 무작위 첨자에 해당하는 위치에 저장되고, for 루
프가 반복되는 순서대로 라인이 출력된다. 이 루프의 반복 순서 역시 무작위이지만
Awk 구현체에 의해 고정되므로 두 번째 라인에 rand가 필요하다.

☑ **연습 문제 6-1** 실제로 출력이 얼마나 무작위적인지 rand를 테스트하라.

☑ **연습 문제 6-2** randk 함수의 실행 시간은 n에 비례한다. k에 비례하는 실행 시간 안에 1부터 n
사이의 중복되지 않는 k개의 정수 난수를 생성하는 프로그램을 작성하라.

☑ 연습 문제 6-3 무작위 브릿지 핸드(bridge hand)[1]를 생성하는 프로그램을 작성하라.

클리셰 생성기

이번에는 오래된 클리셰(cliché)에서 새로운 클리셰를 만드는 클리셰 생성기다. 주어부(subject)와 서술부(predicate)는 콜론으로 구분한다.

```
                                                          say.in
A rolling stone:gathers no moss.
History:repeats itself.
He who lives by the sword:shall die by the sword.
A jack of all trades:is master of none.
Nature:abhors a vacuum.
Every man:has a price.
All's well that:ends well.
```

클리셰 프로그램은 주어부와 서술부를 무작위로 결합하는데, 운이 좋으면 가끔씩 재미난 격언이 만들어질 때가 있다.

```
A rolling stone repeats itself.
History abhors a vacuum.
Nature repeats itself.
All's well that gathers no moss.
He who lives by the sword has a price.
```

소스 코드는 간단하다.

```
# cliche - 클리셰 스트림을 무한 생성
#     입력: '주어부:서술부' 포맷의 라인
#     출력: 무작위 주어부와 서술부로 이루어진 라인

BEGIN { FS = ":" }

      { x[NR] = $1; y[NR] = $2 }

END   { for (;;) print x[randint(NR)], y[randint(NR)] }

function randint(n) { return int(n * rand()) + 1 }
```

---

1   브릿지 게임의 규칙은 *http://mrslam.gabia.io/pc/company/company04.php*를 참조하라.

이 프로그램은 일부러 무한 루프로 만들었다는 점을 잊지 말자.

☑ 연습 문제 6-4 원래 입력이 출력되는 일은 없도록 cliche 프로그램을 수정하라.

무작위 문장

문맥 자유 문법(context-free grammar)은 일련의 문장을 생성하거나 분석하는 방법을 정한 규칙 세트다. 각 규칙은 **프로덕션**(production)이라고 부르는데, 다음과 같은 형식이다.

$$A \rightarrow B\ C\ D\ \ldots$$

이 프로덕션은 모든 A는 $B\ C\ D\ \ldots$로 '재작성(rewrite)'할 수 있다는 뜻이다. 좌변의 심볼 A는 더 확장할 수 있기 때문에 **넌터미널**(nonterminal)이라고 하며, 우변의 심볼들은 넌터미널(즉, 더 많은 A를 포함)일 수도 있고, 더 이상 확장되지 않는 **터미널**(terminal)일 수도 있다. 따라서 같은 좌변을 가진 규칙이 여러 개 존재할 수 있으며, 터미널과 넌터미널은 우변에서 여러 차례 반복될 수 있다.

7.7절에서는 Awk 자체의 일부 문법을 소개하고, 이 문법으로 Awk 프로그램을 분석하는 파서(parser)를 작성할 것이다. 하지만 이 장에서 우리의 관심사는 분석(analysis)이 아니라, 생성(generation)이다. 예를 들어 다음과 같이 'the boy walks slowly'와 'the girl runs very very quickly.' 같은 문장에 대한 문법이 있다.

```
                                                                    grammer
Sentence -> Nounphrase Verbphrase
Nounphrase -> the boy
Nounphrase -> the girl
Verbphrase -> Verb Modlist Adverb
Verb -> runs
Verb -> walks
Modlist ->
Modlist -> very Modlist
Adverb -> quickly
Adverb -> slowly
```

우리는 넌터미널을 대문자, 터미널을 소문자로 각각 표기한다.

프로덕션은 다음과 같이 넌터미널 문장을 생성한다. Sentence가 시작 넌터미널이라고 하자. 먼저 좌변에서 이 넌터미널을 가진 프로덕션을 선택한다.

```
Sentence -> Nounphrase Verbphrase
```

다음으로 우변에서 아무 넌터미널(예: Nounphrase)이나 선택한 다음, 좌변에 있는
프로덕션 중 하나로 재작성한다.

```
Sentence -> Nounphrase Verbphrase
         -> the girl Verbphrase
```

이제 우변에서 다른 넌터미널을 선택하고(이제 Verbphrase만 남았다), 그 프로덕션
중 하나로 재작성한다.

```
Sentence -> Nounphrase Verbphrase
         -> the girl Verbphrase
         -> the girl Verb Modlist Adverb
```

이런 식으로 넌터미널이 더 이상 없을 때까지 계속 재작성한다.

```
Sentence -> Nounphrase Verbphrase
         -> the girl Verbphrase
         -> the girl Verb Modlist Adverb
         -> the girl runs Modlist Adverb
         -> the girl runs very Modlist Adverb
         -> the girl runs very very Modlist Adverb
         -> the girl runs very very Adverb
         -> the girl runs very very quickly
```

결과적으로 시작 넌터미널에서 문장이 생성된다. 이 파생 프로세스는 여러분이 초
등학교에서 배운 문장 도식화 과정과 정반대다. 즉, 부사(Adverb)와 동사(Verb)를
합쳐서 동사구(Verbphrase)를 만드는 대신, 동사구(Verbphrase)를 동사(Verb)와 부
사(Adverb)로 펼치는 꼴이다.

　　Modlist 프로덕션이 흥미롭다. Modlist를 very Modlist로 치환하는 규칙이 있는
데, 이 규칙을 적용하면 그때마다 문장이 점점 길어진다. 무한 프로세스가 될 것 같
지만 다행히 Modlist를 다른 가능성, 즉 널 문자열로 치환하자마자 종료된다.

　　이번에는 지정된 넌터미널에서 시작해 문법에 맞는 문장을 생성하는 프로그램을
보자. 이 프로그램은 파일에서 문법을 읽고 좌변에서 나타난 횟수와 우변의 수, 그
리고 각각의 컴포넌트를 기록한다. 그러므로 넌터미널을 타이핑할 때마다 해당 넌

터미널에 대한 무작위 문장이 만들어진다.

이 프로그램의 자료 구조에서는 배열 3개를 사용하여 문법을 저장한다. lhs[A]는 좌변에 있는 넌터미널 A의 프로덕션 수, rhscnt[A, i]는 A의 i 번째 프로덕션의 우변에 있는 심볼 수, rhslist[A, i, j]는 A의 i 번째 오른쪽에 있는 j 번째 심볼을 가리킨다. 방금 전 예제라면 세 배열은 다음 그림과 같다.

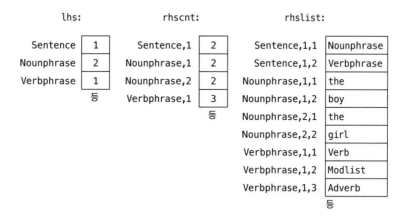

다음은 전체 Awk 프로그램이다.

```
# sentgen - 무작위 문장 생성기
#    입력: 문법 파일; 넌터미널 시퀀스
#    출력: 각 넌터미널의 무작위 문장

BEGIN { # 문법 파일에서 규칙을 읽는다.
    while (getline < "grammar" > 0)
        if ($2 == "->") {
            i = ++lhs[$1]                 # lhs를 센다.
            rhscnt[$1, i] = NF-2          # rhs에 몇 개 있는지 세어
            for (j = 3; j <= NF; j++)     # rhslist에 기록한다.
                rhslist[$1, i, j-2] = $j
        } else
            print "illegal production: " $0
}

{   if ($1 in lhs) {   # 확장시킬 넌터미널
        gen($1)
        printf("\n")
    } else
        print "unknown nonterminal: " $0
}
```

```
function gen(sym,   i, j) {  # sym에서 파생된 무작위 구 출력
    if (sym in lhs) {        # 넌터미널
        i = int(lhs[sym] * rand()) + 1   # 무작위 프로덕션
        for (j = 1; j <= rhscnt[sym, i]; j++) # rhs 만큼 확장
            gen(rhslist[sym, i, j])
    } else
        printf("%s ", sym)
}
```

gen("A") 함수는 넌터미널 A에 대한 문장을 생성한다. 이 함수는 이전에 확장된 넌터미널을 확장하기 위해 자기 자신을 재귀 호출한다. 재귀 함수를 사용할 때는 gen 함수처럼 함수 선언부의 매개변수 목록에 모든 임시 변수가 있는지 반드시 확인해야 한다. 목록에 없으면 해당 변수는 전역 변수가 되어 프로그램이 제대로 동작하지 않을 것이다.

우리는 우변 카운트와 컴포넌트를 별도의 배열로 분리하여 사용하는 방법을 선택했지만, 다른 언어의 레코드나 구조체처럼 첨자를 사용하여 다른 필드를 인코딩하는 방법도 있다. 예를 들어 rhscnt[i, j] 배열이 rhslist[i, j, "cnt"] 식으로 rhslist의 일부가 되는 것이다.

☑ 연습 문제 6-5 비즈니스, 정치, 컴퓨터 등 여러분의 관심 분야에서 꽤 그럴싸한 텍스트를 만드는 문법을 작성하라.

☑ 연습 문제 6-6 어떤 문법에서는 문장 생성 프로그램이 파생을 거듭하며 한없이 길어질 가능성이 아주 높다. 파생의 길이를 제한하는 메커니즘을 추가하라.

☑ 연습 문제 6-7 문법 규칙에 확률을 추가해서 넌터미널과 연관된 규칙 중 어떤 규칙이 다른 규칙보다 더 높은 확률로 선택되도록 수정하라. (해답: sentgen1)

☑ 연습 문제 6-8 문장 생성 프로그램을 비재귀(nonrecursive) 버전으로 구현하라. (해답: sentgen2)

6.2 대화형 텍스트 조작

Awk로 대화형 프로그램도 작성할 수 있다. 두 예제 프로그램을 보면서 기본적인 아이디어를 소개하겠다. 첫 번째 프로그램은 산수 능력을, 두 번째 프로그램은 특정 주제 영역의 지식을 테스트한다.

스킬 테스트: 산수 시험

arith는 초등학교 1, 2학년 학생들이 풀 만한 덧셈 문제를 내는 프로그램이다.

```
7 + 9 = ?
```

문제가 나오면 사용자는 답을 입력한다. 정답이면 사용자를 칭찬하고 다음 문제로 넘어가지만, 오답이면 다시 사용자에게 답을 요청한다. 사용자가 답을 입력하지 않으면 정답이 출력되고 다음 문제로 넘어간다.

이 프로그램은 다음 두 가지 명령줄 중 하나로 실행한다.

```
$ awk -f arith
$ awk -f arith 최대숫자
```

명령줄에서 arith 다음에 인수를 넣으면 각 문제의 최대 숫자가 이 값으로 제한된다. 이 인수를 읽은 후에는 ARGV[1]을 "-"로 재설정하므로 프로그램이 표준 입력에서 답을 읽을 수 있다. 인수가 없으면 최대 크기는 10이 된다.

```
# arith - 덧셈 연습
#    사용법: awk -f arith 최대_숫자(옵션)
#    출력: "i + j = ?" 형식의 문제

BEGIN {
    maxnum = ARGC > 1 ? ARGV[1] : 10    # 기본 크기는 10이다.
    ARGV[1] = "-"  # 이어서 표준 입력을 읽는다.
    srand()        # 현재 시간으로 rand를 초기화한다.
    do {
        n1 = randint(maxnum)
        n2 = randint(maxnum)
        printf("%g + %g = ? ", n1, n2)
        while ((input = getline) > 0) {
            if ($0 == n1 + n2) {
                print "Right!"
                break
            } else if ($0 == "") {
                print n1 + n2
                break
            } else
                printf("wrong, try again: ")
        }
    } while (input > 0)
```

```
    }

    function randint(n) {
        return int(rand()*n)+1
    }
```

☑ 연습 문제 6-9 다른 산술 연산자도 추가하라.

☑ 연습 문제 6-10 오답일 때 힌트를 주는 기능을 추가하라.

스킬 테스트: 퀴즈

두 번째 예제는 주어진 질문/답변 파일에서 문제를 골라내는 quiz 프로그램이다.
화학 주기율표 지식을 테스트하는 퀴즈를 떠올리면 알기 쉽다. 질문/답변 파일
quiz.elems에는 원소별 화학 기호, 원자 번호, 전체 이름이 콜론으로 구분되어 있
다. 첫 번째 라인은 두 번째 이후 라인의 필드를 식별하기 위한 헤더다. 대안 항목
은 파이프(|)로 구분한다.

```
                                                                    quiz.elems
symbol:number:name|element
H:1:Hydrogen
He:2:Helium
Li:3:Lithium
Be:4:Beryllium
B:5:Boron
C:6:Carbon
N:7:Nitrogen
O:8:Oxygen
F:9:Fluorine
Ne:10:Neon
Na:11:Sodium|Natrium
...
```

quiz 프로그램은 첫 번째 라인을 보고 어느 필드가 문제이고 어느 필드가 정답인지
결정한 다음, 파일의 나머지 부분을 배열로 읽어 들인 후, 배열에서 무작위로 요소
를 뽑아내 문제를 내고 정답인지 확인한다.

```
# quiz - 퀴즈를 낸다.
#    사용법: awk -f quiz topicfile question-subj answer-subj
```

```
BEGIN {
    FS = ":"
    if (ARGC != 4)
        error("usage: awk -f quiz topicfile question answer")
    if (getline <ARGV[1] < 0)    # 첫 번째 라인은 subj:subj:...
        error("no such quiz as " ARGV[1])
    for (q = 1; q <= NF; q++)
        if ($q ~ ARGV[2])
            break
    for (a = 1; a <= NF; a++)
        if ($a ~ ARGV[3])
            break
    if (q > NF || a > NF || q == a)
        error("valid subjects are " $0)
    while (getline <ARGV[1] > 0) # 퀴즈를 로드한다.
        qa[++nq] = $0
    ARGC = 2; ARGV[1] = "-"        # 이제 표준 입력을 읽는다.

    srand()
    do {
        split(qa[int(rand()*nq + 1)], x)
        printf("%s? ", x[q])
        while ((inputstat = getline) > 0) {
            if ($0 ~ "^(" x[a] ")$") {
                print "Right!"
                break
            } else if ($0 == "") {
                print x[a]
                break
            } else {
                printf("wrong, try again: ")
            }
        }
    } while (inputstat > 0)
}

function error(s) {
    printf("error: %s\n", s) > "/dev/stderr"
    exit
}
```

이 프로그램을 명령줄에서 실행하면

```
$ awk -f quiz quiz.elems name symbol
```

다음과 같이 대화에 참여할 수 있다.

```
Beryllium? B
wrong, try again: Be
Right!
Fluorine?
...
```

대안 정답(예: 나트륨(Natrium)과 소듐(Sodium)[2]은 정규 표현식으로 간단히 처리할 수 있다. 이때 정규 표현식은 ^와 $로 감싸야 하는데, 이렇게 안 하면 답의 부분 문자열과 매치되는 문자열까지 정답으로 간주된다. (예를 들어 N은 N, Ne, Na와 모두 일치한다.)

프로그램의 표준 출력이 파일인 경우도 있을 테니 에러 메시지는 /dev/stderr에 출력하도록 했다.

☑ 연습 문제 6-11 어떤 문제도 2회 이상 출제되지 않게 프로그램을 수정하라.

6.3 텍스트 처리

Awk의 문자열 조작 능력은 텍스트 처리와 문서 준비 부문에서 진가를 드러낸다. 이 절에서는 단어 개수 세기, 텍스트 포매팅, 상호 참조 관리, KWIC 인덱스 만들기, 인덱스 준비 등의 예제를 소개한다.

단어 개수 세기

1장에서 우리는 파일에서 라인, 단어, 문자 개수를 세는 프로그램을 소개했는데, 여기서 단어는 공백이나 탭이 아닌 연속된 문자들의 시퀀스로 정의했었다.

이와 비슷한 문제로 문서에서 서로 다른 단어가 몇 번씩 나타나는지를 세는 것이 있다. 이를 해결하는 한 가지 방법은 단어를 분리하고, 동일한 단어를 함께 모이도록 정렬한 다음, 제어 중단 프로그램으로 각 단어의 출현 횟수를 세는 것이다.

하지만 Awk에 더 어울리는 방법은 단어를 분리한 후 연관 배열에 각 단어 수를 집계하는 것이다. 이렇게 처리하려면 무엇이 진짜 단어인지를 결정해야 한다. 다음 프로그램에서 단어는 구두점이 제거된 필드다. 즉, "word", "word;", "(word)"는

---

2 나트륨(natrium)은 소듐(sodium)의 라틴어 명칭이다.

모두 동일한 항목으로 센다. END 액션은 단어 빈도를 내림차순으로 정렬해서 출력한다.

```
# wordfreq - 단어별 빈도 계산
#    입력: 텍스트
#    출력: 빈도 내림차순으로 정렬한 빈도-단어 쌍

    { gsub(/[.,:;!?(){}]/, "")    # 구두점 제거
      for (i = 1; i <= NF; i++)
          count[$i]++
    }
END { for (w in count)
          print count[w], w | "sort -rn"
      close("sort -rn")
    }
```

이 책의 초고에서 가장 많이 나온 단어를 십여 개 뽑았다.

```
3378 the   1696 of    1574 a     1363 is    1254 to    1222 and
 969 in     659 The    621 that   533 are    517 program   507 for
```

카운트를 집계하는 동안 tolower 함수로 The 같은 대문자 단어를 the 같은 소문자 단어와 합하는 것은 어렵지 않지만, 이렇게 처리하면 혹여 다른 의미를 갖고 있을지 모를 대소문자 정보가 묻히게 된다. sort -fd로 대소문자를 구분하지 않고 정렬하면 대소문자만 다르고 철자는 동일한 단어를 한데 모으고 알파벳이 아닌 문자는 무시할 수 있다. 덕분에 일관성 없는 하이픈 사용(예: commandline과 command-line)이나 대소문자(예: JavaScript와 Javascript), 오탈자(judgment와 judgement) 등의 잠재적인 문제점을 짚어낼 수 있다.

유니코드를 인식할 수 있는(Unicode-aware) 문자 클래스에 단축어(shorthand)를 사용하는 것도 좋은 방법이다. 예를 들면 정규 표현식에서 [[:punct:]]는 셸 변수 locale에 정의된 로컬 문자 집합의 단일 구두점 문자와 매칭한다. 이는 프로그램에서 사용하는 구두점 문자 목록을 적절한 로컬 언어에 맞게 제대로 작동하도록 간편하게 대체(drop-in replacement)[3]하는 방법이다.

---

3 다른 코드나 구성 없이 하나의 하드웨어 또는 소프트웨어 구성 요소를 다른 구성 요소로 치환하는 것으로 컴퓨터 과학 및 기타 분야에서 사용되는 용어다. (출처: 위키피디아)

A.1.4절에도 숫자, 영숫자 문자, 공백 등에 관한 유사한 표기법이 나온다. 이 책의 본문에서는 이런 표기를 많이 쓰지 않았는데, 영어권 북미 이외 환경에서 작동하는 프로그램이라면 이러한 표기법이 더 나은 선택일 것이다.

sort 대신, 각 라인 앞에 정렬하고 싶은 속성을 접두어로 붙이는 방법도 있다. 예를 들어 다음 코드는 알파벳이 아닌(non-alphabetic) 문자를 모두 제거하고 소문자로만 정렬하기 위한 접두어를 생성하게 되며, 이는 사전 순서 정렬과 동일한 결과가 된다.

```
pfx = tolower($0)
gsub(/[^a-z]/, "", pfx)
print pfx, $0
```

여기서 유니코드를 인식할 수 있는 정규 표현식 /[[:alpha:]]/를 사용하면 ASCII가 아닌 환경에서도 테스트의 신뢰도를 높일 수 있다.

- ☑ 연습 문제 6-12 방금 전의 the, of, a 같은 '중지 단어(stop word)'[4]를 제외하도록 wordfreq 프로그램을 수정하라.

- ☑ 연습 문제 6-13 족제비 단어(weasel words)[5] 및 불필요한 부사(예: quite, probably, perhaps, very) 등 특정 종류의 단어에 집중하도록 wordfreq 프로그램을 수정하라.

- ☑ 연습 문제 6-14 문서에 포함된 문장의 수와 길이를 계산하는 프로그램을 작성하라.

텍스트 포매팅

다음 예제 fmt는 입력을 60자 라인으로 포매팅하는 데, 단어를 옮겨 각 라인을 최대 60자까지 꽉꽉 채우는 방식을 사용한다. 빈 라인이 나오면 단락으로 나누며, 그 외에 별다른 명령어는 없다. 이 프로그램은 처음부터 라인 길이를 고려하지 않고 작성된 텍스트를 포매팅할 때 유용하다.

```
# fmt - 텍스트를 60자 라인으로 포매팅한다.
```

---

4 중요하지 않기 때문에 자연어 데이터 처리 전후에 필터링되는 중지 목록의 단어를 말한다. (출처: 위키피디아)
5 실제로는 모호하거나 관련 없는 주장만 전달되었을 때 구체적이고 의미 있는 말을 했다는 인상을 주기 위한 단어 및 문구를 말한다. (출처: 위키피디아)

```
/./  { for (i = 1; i <= NF; i++) addword($i) }
/^$/ { printline(); print "" }
END  { printline() }

function addword(w) {
    if (length(line) + length(w) > 60)
        printline()
    line = line space w
    space = " "
}

function printline() {
    if (length(line) > 0)
        print line
    line = space = ""   # 다음 라인을 위해 재설정한다.
}
```

어찌 보면 이 프로그램은 명시적인 포매팅 명령어 없이 텍스트를 포매팅하는 범용 마크다운(Markdown)[6] 언어의 가장 기본적인 버전이라고 할 수 있다. 이 책에 나오는 모든 프로그램 중에서 fmt는 우리가 가장 애용하는 프로그램이기도 하다.

☑ **연습 문제 6-15** 명령줄에서 숫자 인수 또는 –v 옵션으로 라인 길이를 지정할 수 있도록 fmt 프로그램을 수정하라.

☑ **연습 문제 6-16** 라인 내부에 별도로 공백을 추가해서 출력 텍스트를 오른쪽 맞춤 정렬하도록 fmt 프로그램을 수정하라. (해답: fmt.just)

☑ **연습 문제 6-17** fmt 프로그램의 기능을 개선하여 마크다운 언어가 기본으로 제공하는 타이틀 (title), 헤딩(heading), 목록(list) 등을 인식하여 문서 포맷을 적절하게 추론하도록 하라. 포매팅 대신 troff, LaTex[7], HTML로 후속 포매팅을 수행하는 명령어를 생성할 수도 있다.

문서 파일의 상호 참조 관리

문서를 작성할 때 참고 문헌 인용, 그림, 표, 예제 등의 항목에 일관된 이름이나 번호를 붙이는 작업은 흔한 골칫거리다. 텍스트 포매터의 도움을 약간 받을 수는 있으나, 대부분은 사용자가 직접 작성해야 한다. 이번에는 상호 참조(cross-refer-

---

6 일반 텍스트 기반의 경량 마크업 언어다. 일반 텍스트로 서식이 있는 문서를 작성하는 데 사용되며, 일반 마크업 언어에 비해 문법이 쉽고 간단한 것이 특징이다. (출처: 위키피디아)
7 문서 조판에 사용되는 프로그램이다. 도널드 커누스가 만든 TeX을 쉽게 사용하기 위해 1984년에 레슬리 램포트가 만든 매크로다. (출처: 위키피디아)

ence)에 번호를 매기는 프로그램을 만들어 보자. 기술 논문이나 전문 서적을 편집할 때 유용하다.

저자는 문서를 작성하면서 나중에 상호 참조할 여러 항목에 심볼명(symbolic name)을 붙인다. 말 그대로 심볼이라서 기존 이름은 바꾸지 않아도 얼마든지 항목을 추가, 삭제, 재배치할 수 있다. 지금부터 살펴볼 두 프로그램을 실행하면 심볼명이 적절한 숫자로 치환된 버전이 생성된다. 다음은 참고 문헌 인용 3개와 그림 1개를 가리키는 심볼명이 포함된 샘플 문서다.

```
                                                            xref.data
.#Fig _quotes_
Figure _quotes_ gives three brief quotations from famous books.

                        Figure _quotes_:

.#Bib _alice_
  "... 'and what is the use of a book,' thought Alice,
  'without pictures or conversations?'" [_alice_]

.#Bib _huck_
  "... if I'd a knowed what a trouble it was to make a book
  I wouldn't a tackled it and ain't agoing to no more." [_huck_]

.#Bib _bible_
  "... of making many books there is no end; and much study
  is a weariness of the flesh." [_bible_]


[_alice_] Carroll, L., Alice's Adventures in Wonderland,
    Macmillan, 1865.
[_huck_] Twain, M., Adventures of Huckleberry Finn,
    Webster & Co., 1885.
[_bible_] King James Bible, Ecclesiastes 12:12.
```

각 심볼명은 다음 형식으로 정의한다.

```
.#카테고리 _심볼명_
```

이런 식으로 원하는 만큼 다양한 카테고리를 만들어 문서 곳곳에 넣는다. 각 항목은 문서 전체를 통틀어 심볼명으로 참조된다. 우리는 심볼명을 언더스코어로 시작해 언더스코어로 끝나도록 정했지만, 다른 텍스트와 구분되는 이름이면 어떤 것이라도 좋다. (카테고리가 달라도 항목명은 반드시 고유해야 한다. 그래야 코드를 간소화할 수 있다.) 상호 참조를 해석하지(resolve) 않고 문서를 출력하면 .#Fig, .#Bib처럼 마침표로 시작하는 이름은 troff 포매터가 무시할 것이다. 다른 포매터를 사용한다면 다른 규칙이 필요할 수 있다.

변환하면 심볼명이 숫자로 치환된 새로운 문서가 생성된다. 카테고리 번호는 1부터 시작해 원본 문서에서 해당 카테고리 정의가 나타나는 순서대로 증가한다.

이 변환은 두 프로그램을 거치면서 이루어진다. 첫 번째 프로그램이 남은 작업을 진행할 두 번째 프로그램을 생성한다. 이러한 분업 체계는 일반적으로 많이 쓰이는 강력한 프로그래밍 기법 중 하나다. 여기서는 첫 번째 프로그램 xref가 문서를 스캔하고, 실제 변환을 수행할 두 번째 프로그램 xref.conv를 만든다.

원고의 원본이 document 파일에 있다면 숫자 참조가 포함된 버전은 다음과 같이 타이핑해서 생성한다.

```
$ awk -f xref document >xref.conv
$ awk -f xref.conv document
```

두 번째 프로그램의 출력은 프린터나 텍스트 포매터로 보내면 된다. 다음은 샘플 문서에 대해 위 프로그램을 실행한 결과다.

```
Figure 1 gives three brief quotations from famous books.


                            Figure 1:

"... 'and what is the use of a book,' thought Alice,
'without pictures or conversations?'" [1]

"... if I'd a knowed what a trouble it was to make a book
I wouldn't a tackled it and ain't agoing to no more." [2]

"... of making many books there is no end; and much study
is a weariness of the flesh." [3]

[1] Carroll, L., Alice's Adventures in Wonderland,
    Macmillan, 1865.
[2] Twain, M., Adventures of Huckleberry Finn,
    Webster & Co., 1885.
[3] King James Bible, Ecclesiastes 12:12.
```

xref 프로그램은 '.#'으로 시작하는 라인을 문서에서 찾아 그때마다 해당 카테고리 항목을 가리키는 배열 카운터를 하나씩 늘리고 gsub 문을 출력한다.

```
# xref - 심볼명의 수치 값을 생성
#    입력: 심볼명이 포함된 텍스트
#    출력: 심볼명을 숫자로 치환하는 Awk 프로그램

/^\.#/ { printf("{ gsub(/%s/, \"%d\") }\n", $2, ++count[$1]) }
END    { printf("!/^[.]#/\n") }
```

xref 프로그램의 출력이 곧 두 번째 프로그램 xref.conv이다.

```
{ gsub(/_quotes_/, "1") }
{ gsub(/_alice_/, "1") }
{ gsub(/_huck_/, "2") }
{ gsub(/_bible_/, "3") }
!/^[.]#/
```

gsub 함수는 문서 전체에서 심볼명을 찾아 숫자로 치환한다. 마지막 문장에서 .#으로 시작하는 라인을 출력하지 않으면 자연스럽게 심볼명이 삭제될 것이다.

☑ 연습 문제 6-18 심볼명 뒤에 있는 언더스코어를 생략하면 어떻게 될까?

☑ 연습 문제 6-19 다중 정의된 심볼명을 감지하도록 xref 프로그램을 수정하라. (해답: xref.ans)

☑ 연습 문제 6-20 Awk 명령어 대신, 여러분이 즐겨 쓰는 텍스트/스트림 편집기(예: sed) 명령어를 생성하도록 xref 프로그램을 수정하라. 이렇게 수정하면 성능에 어떤 효과가 있을까?

☑ 연습 문제 6-21 입력을 싱글 패스로 처리하려면 xref를 어떻게 고쳐야 할까? 그렇게 바꾸면 심볼명을 배치하는 위치에 어떤 제약이 따르게 될까? (해답: xref1.ans)

KWIC 인덱스

KWIC(Key Word In Context) 인덱스는 각 단어를 그 단어가 발견된 라인의 문맥으로 나타낸 인덱스다. 순열 인덱스(permuted index), 용어 인덱스(concordance)라고도 한다. 다음 세 문장을 보자.

```
                                                          say.in.kwic
All's well that ends well.
Nature abhors a vacuum.
```

```
Every man has a price.
```

이들 문장의 KWIC 인덱스는 다음과 같다.

```
      Every man has  a price.
      Nature abhors  a vacuum.
            Nature  abhors a vacuum.
                    All's well that ends well.
    All's well that  ends well.
                    Every man has a price.
        Every man  has a price.
            Every  man has a price.
                    Nature abhors a vacuum.
    Every man has a  price.
        All's well  that ends well.
    Nature abhors a  vacuum.
              All's  well that ends well.
  All's well that ends  well.
```

KWIC 인덱스를 구축하는 문제는 소프트웨어 공학 분야에서 흥미로운 역사적 배경이 있다. 이 문제는 1972년 컴퓨터 과학자인 데이비드 파나스(David Parnas)가 설계 연습 문제로 제안한 것이다. 그는 단일 프로그램 기반의 솔루션을 제시했다. 동일한 작업을 거의 같은 방식으로 수행하는 유닉스 명령어 ptx는 C 코드로 약 500라인이다.

유닉스에서는 파이프라인의 장점을 살려 세 단계로 처리할 수 있다. 첫 번째 프로그램이 각 입력 라인을 회전시켜(rotate) 각 단어가 차례대로 앞에 나오게 하고, 두 번째 프로그램이 이를 순서대로 정렬하고, 마지막으로 세 번째 프로그램이 각 입력 라인을 회전시킨 것을 원래 형태로 복구한다(unrotate).

Awk를 사용하면 이런 작업을 더 쉽게 구현할 수 있다. 짧은 두 Awk 프로그램 사이에 sort를 넣으면 간단히 해결된다.

```
# kwic - KWIC 인덱스 생성

awk '
{   print $0
    for (i = length($0); i > 0; i--) {   # 길이는 한 번만 계산한다.
        if (substr($0,i,1) == " ")
            # 접두어 공백 접미어 ==> 접미어 탭 접두어
            print substr($0,i+1) "\t" substr($0,1,i-1)
    }
```

```
} ' $* |
sort -f |
awk '
BEGIN { FS = "\t"; WID = 30 }
    { printf("%*s  %s\n", WID, substr($2,length($2)-WID+1),
          substr($1,1,WID))
} '
```

첫 번째 프로그램은 각 입력 라인의 사본을 출력한다. 또한 각 입력 라인에 있는 모든 공백에 대해 출력 라인을 출력한다. 출력은 공백 뒤에 오는 입력 라인, 탭, 그리고 공백 앞에 오는 입력 라인으로 구성된다.

모든 출력 라인을 유닉스 명령어 sort -f로 파이프하여 정렬하는데, 이렇게 하면 대문자와 소문자를 함께 취급(fold)[8]하게 된다. 예를 들어 Jack과 jack은 연이어 나타나게 된다. (경우에 따라 -d 옵션을 사용하는 것도 좋다. '사전(dictionary)' 순서는 정렬 시 문자가 아닌 글자를 무시하기 때문이다.)

두 번째 Awk 프로그램은 sort 명령어의 출력을 받아 입력 라인을 적절한 포맷으로 재구성한다. 그리고 탭 뒷부분, 공백 2개, 탭 앞부분을 출력하는데, 이때 키워드는 줄을 맞춰 배치한다.

%*s 포맷 변환에 주목하자. printf의 첫 번째 인수 WID의 값이 *를 치환함으로써 필드 너비가 결정된다.

KWIC 또는 순열 인덱스는 철자 오류 등 문서에서 비정상적인 부분을 찾아내는 데 요긴하게 쓰인다. 접두어는 같지만 나머지 부분은 다른 단어들을 한데 모아 주기 때문이다. 데이터세트의 컬럼을 상대로 작동하는 버전도 효과는 동일하다.

- ☑ **연습 문제 6-22** a, the처럼 키워드로 사용할 수 없는 '중지 단어' 목록을 kwic에 추가하라. (해답: kwic.ans)
- ☑ **연습 문제 6-23** 끝부분을 잘라내지 않고 감싸서 가능한 한 많은 라인을 표시하도록 kwic 프로그램을 수정하라.
- ☑ **연습 문제 6-24** KWIC 인덱스 대신 중요한 단어마다 그 단어가 포함된 모든 문장이나 구를 표시하는 용어 인덱스를 생성하는 프로그램을 작성하라.

---

8 즉, 대소문자 구분 없이 정렬하도록, 다시 말해 a와 A를 똑같이 취급하도록 말 그대로 포갠다(fold).

6.4 인덱스 만들기

일반적으로 책이나 매뉴얼 뒷부분에는 인덱스(색인)가 있다. 인덱싱 작업은 크게 세 부분으로 구성된다. 첫째, 인덱싱할 용어를 결정한다. 아주 지적인 작업이라서 기계화(mechanize)하기 어렵다. 둘째, 텍스트를 포매팅하면서 페이지 번호를 캡처하기 위해 텍스트에 인덱싱할 용어를 삽입한다. 셋째, 이 책의 인덱스처럼 인덱스 용어와 페이지 번호 목록에서 알파벳순으로 적절히 포매팅한 인덱스를 만든다.

이 절의 나머지 부분에서는 Awk와 sort 명령어로 인덱서(indexer)의 핵심을 구축하는 방법을 소개하겠다. (이 책의 인덱스를 만든 인덱서는 이 절의 예제보다는 규모가 약간 더 크다.)

기본 아이디어는 존 벤틀리의 것으로, 분할 정복이라는 점에서 KWIC 인덱스 프로그램과 비슷하다. 모든 작업은 각각 sort 명령어나 짧은 Awk 프로그램 형태의 쉬운 코드 조각들로 나누어져 있으며 아주 작고 분리되어 있으므로 더 복잡한 인덱싱 요건을 충족시키기 위해 쉽게 조정하거나 보강할 수 있다.

이들 프로그램에는 이 책의 조판에 사용된 troff 포매터에 특화된 세부 로직이 구현되어 있다. 만약 LaTeX 같은 다른 포매터와 함께 사용하면 코드 변경이 불가피하겠지만, 기본 구조는 동일하다. 어쨌든 세세한 부분은 무시해도 좋다.

우리는 포매팅 명령어를 텍스트에 삽입하는 방식으로 이 책을 인덱싱했다. 텍스트가 troff를 통과할 때 포매팅 명령어를 실행하면 인덱스 용어와 페이지 번호가 파일로 수집된다. 그러면 다음과 같은 라인 시퀀스가 생성되는데, 이들이 인덱스 준비 프로그램의 원재료가 된다. (인덱스 용어와 번호는 탭 하나로 구분된다.)

```
[FS] variable              35
[FS] variable              36
arithmetic operators       36
coercion rules             44
string comparison          44
numeric comparison         44
arithmetic operators       44
coercion~to number         45
coercion~to string         45
[if]-[else] statement      47
control-flow statements    48
[FS] variable              52
...
```

목표는 다음과 같은 인덱스 용어를

```
string comparison        44
```

아래처럼 두 가지 형식으로 표시하는 것이다.

```
string comparison 44
comparison, string 44
```

보통 인덱스 용어는 용어 내 공백을 기준으로 분할하고 회전시킨다. 나뉘면 안 되는 공백은 물결표(~)로 표시한다.

```
coercion~to number       45
```

따라서 물결표 이하는 인덱스로 만들지 않는다.

두 가지 가욋일이 필요하다. 우리는 troff를 사용하므로 크기와 폰트를 바꾸는 일부 명령어를 인식해서 정렬 중에 적절히 무시하게 해야 한다. 또한 인덱스에서 글꼴 변경이 자주 발생하므로, 고정폭 폰트로 표시할 내용은 대괄호 [...]를 사용한다.

```
[if]-[else] statement
```

예를 들어 위 문장은 아래와 같이 인덱싱된다.

```
if-else 문장 47
문장, if-else 47
```

인덱싱 프로세스는 다음 6개 명령어로 구성된다.

- ix.sort1   입력 쌍을 인덱스 용어 순으로 정렬한 후 페이지 번호 순으로 정렬한다.
- ix.collapse 동일한 용어를 가리키는 번호 목록을 결합한다.
- ix.rotate   인덱스 용어를 회전시킨다.
- ix.genkey   반드시 올바른 순서로 정렬되도록 정렬 키를 생성한다.

- ix.sort2   정렬 키를 기준으로 정렬한다.
- ix.format   최종 결과를 낸다.

이 명령어들은 인덱스 용어와 페이지 번호 쌍을 점점 최종적인 인덱스 포맷으로 천천히 다듬어 나가며, 결국 이 책의 나머지 부분과 함께 조판된다. 지금부터 이 6개 명령어를 하나씩 살펴보겠다.

먼저, 초기 정렬은 인덱스 용어와 페이지 번호 쌍을 입력 받아 같은 용어를 페이지 번호 순으로 가져온다.

```
# ix.sort1 - 인덱스 용어 순으로 정렬한 다음, 페이지 번호 순으로 정렬한다.
#      입력/출력: 문자열 탭 번호 형식의 라인
#      문자열 순으로 정렬한 다음, 페이지 번호로 정렬하며, 중복은 제거한다.

sort -t'tab' -k1 -k2n -u
```

sort 명령어에 전달한 인수를 보자. -t'tab'은 필드 구분자를 탭으로 설정한다. -k1은 필드 1이 알파벳순으로 정렬할 첫 번째 정렬 키, -k2n은 필드 2가 숫자 오름차순으로 정렬할 두 번째 정렬 키임을 나타낸다. -u는 중복을 버리겠다는 뜻이다. (7.3절에서 이런 인수를 만들어 주는 정렬 생성기 프로그램을 설명한다.) 다음은 앞서 예시한 데이터를 ix.sort1 프로그램에 입력해서 실행한 결과다.

```
                                                                    ix.raw
[FS] variable              35
[FS] variable              36
[FS] variable              52
[if]-[else] statement      47
arithmetic operators       36
arithmetic operators       44
coercion rules             44
coercion~to number         45
coercion~to string         45
control-flow statements    48
numeric comparison         44
string comparison          44
```

이 출력이 다음 프로그램의 입력이 된다. ix.collapse는 같은 용어의 페이지 번호를 한 라인에 배치하는, 평범한 제어 중단(control-break) 프로그램을 조금 고친 프로그램이다.

```
# ix.collapse - 동일한 용어를 가리키는 숫자 목록 결합
#   입력: 문자열 탭 번호 \n 문자열 탭 번호 ...
#   출력: 문자열 탭 번호 번호 ...

BEGIN { FS = OFS = "\t" }
$1 != prev {
    if (NR > 1)
        printf("\n")
    prev = $1
    printf("%s\t%s", $1, $2)
    next
}
    { printf(" %s", $2) }
END { if (NR > 1) printf("\n") }
```

ix.collapse를 실행하면 다음과 같이 출력된다.

```
[FS] variable            35 36 52
[if]-[else] statement    47
arithmetic operators     36 44
coercion rules           44
coercion~to number       45
coercion~to string       45
control-flow statements  48
numeric comparison        44
string comparison        44
```

다음 프로그램은 이 출력에서 인덱스 용어를 회전시키는 ix.rotate 프로그램이다.
예를 들어 'string comparison'에서 'comparison, string'을 생성한다. KWIC 인덱스
에 있는 것과 동일한 계산이지만 우리는 코드를 다르게 작성했다. for 루프의 할당
표현식을 눈여겨보자.

```
# ix.rotate - 인덱스 용어를 회전시킨다.
#   입력: 문자열 탭 번호 번호 ...
#   출력: 문자열 탭 번호 번호를 회전시킨 결과 ...

BEGIN {
    FS = "\t"
    OFS = "\t"
}

{   print $1, $2      # 회전되지 않은 형식
    for (i = 1; (j = index(substr($1, i+1), " ")) > 0; ) {
```

```
        i += j       # 공란을 찾아 그 주위로 회전시킨다.
        printf("%s, %s\t%s\n",
            substr($1, i+1), substr($1, 1, i-1), $2)
    }
}
```

ix.rotate를 실행하면 다음과 같이 출력된다.

```
[FS] variable            35 36 52
variable, [FS]           35 36 52
[if]-[else] statement    47
statement, [if]-[else]   47
arithmetic operators     36 44
operators, arithmetic    36 44
coercion rules           44
rules, coercion          44
coercion~to number       45
number, coercion~to      45
coercion~to string       45
string, coercion~to      45
control-flow statements  48
statements, control-flow 48
numeric comparison       44
comparison, numeric      44
string comparison        44
comparison, string       44
...
```

다음 할 일은 회전된 인덱스 용어를 정렬하는 것이다. [...]처럼 정렬 순서에 간섭을 일으키는 포매팅 정보가 삽입되어 있을지 알 수 없으므로 직접 정렬하면 문제가 될 수 있다. 그래서 각 라인마다 올바른 순서를 보장하는 정렬 키를 앞에 붙인다. 물론, 이 정렬 키는 나중에 제거할 것이다.

ix.genkey 프로그램은 글자 크기와 글꼴을 변경하는 troff 명령어(예: \s+n, \s-n, \f$x$, \f(xx))를 제거함으로써 인덱스 용어로부터 키를 만든 다음, 물결표(~)를 공백으로 바꾸고 공백을 제외한 영숫자가 아닌 문자를 모두 정렬 키에서 제거한다.

```
# ix.genkey - 올바르게 정렬하기 위해 정렬 키를 생성한다.
#   입력: 문자열 탭 번호 번호 ...
#   출력: 정렬 키 탭 문자열 탭 번호 번호 ...

BEGIN { FS = OFS = "\t" }
```

```
{   gsub(/~/, " ", $1)          # 물결표가 이제 공백이 된다.
    key = $1
    # 키에서 troff 크기 및 글꼴을 변경하는 명령어를 제거한다.
    gsub(/\\f.|\\f\(..|\\s[-+][0-9]/, "", key)
    # 공백, 쉼표, 글자, 숫자만 유지한다.
    gsub(/[^a-zA-Z0-9, ]+/, "", key)
    if (key ~ /^[^a-zA-Z]/)     # 알파벳이 아닌 문자에
        key = " " key           # 앞에 공백을 붙여 제일 먼저 정렬한다.
    print key, $1, $2
}
```

실행 결과는 다음과 같다.

```
FS variable              [FS] variable              35 36 52
variable, FS             variable, [FS]             35 36 52
ifelse statement         [if]-[else] statement      47
statement, ifelse        statement, [if]-[else]     47
arithmetic operators     arithmetic operators       36 44
operators, arithmetic    operators, arithmetic      36 44
coercion rules           coercion rules             44
rules, coercion          rules, coercion            44
coercion to number       coercion to number         45
...
```

처음 몇 라인을 보니 정렬 키와 실제 데이터가 명확하게 구분되어 있다.

이제 두 번째 정렬에서 용어를 알파벳 순으로 정렬한다. 여기서도 -f는 대소문자를 함께 폴드하고, -d는 사전 순으로 정렬한다.

```
# ix.sort2 - 정렬 키 순으로 정렬
# 입력/출력: 정렬 키 탭 문자열 번호 번호 ...

sort -f -d
```

비로소 인덱스 용어가 최종 순서에 맞게 가지런히 정렬된다.

```
arithmetic operators     arithmetic operators       36 44
coercion rules           coercion rules             44
coercion to number       coercion to number         45
coercion to string       coercion to string         45
comparison, numeric      comparison, numeric        44
comparison, string       comparison, string         44
```

```
controlflow statements    control-flow statements  48
FS variable               [FS] variable            35 36 52
ifelse statement          [if]-[else] statement    47
number, coercion to       number, coercion to      45
...
```

마지막 단계는 ix.format이다. 이 프로그램은 정렬 키를 제거하고 모든 [...]을 글꼴 변경 명령어로 확장시킨다. 그런 다음, 텍스트 포매터가 크기, 위치 등을 제어할 수 있도록 각 용어 앞에 포매팅 명령어 .XX를 붙인다. (실제 명령어 순서는 troff에만 해당되는 내용이므로 세세한 부분은 무시해도 좋다.)

```
# ix.format - 키 제거, 크기 및 글꼴 명령어 복원
#    입력: 정렬 키 탭 문자열 탭 번호 번호 ...
#    출력: 바로 출력 가능한 troff 포맷

BEGIN { FS = "\t" }

{   gsub(/ /, ", ", $3)          # 페이지 번호 사이에 쉼표
    gsub(/\[/, "\\f(CW", $2)     # 고정 너비 글꼴 설정
    gsub(/\]/, "\\fP", $2)       # 이전 글꼴 복원
    print ".XX"                  # 사용자 정의가 가능한 명령어
    printf("%s %s\n", $2, $3) # 실제 인덱스 엔트리
}
```

최종 결과는 다음과 같다.

```
.XX
arithmetic operators  36, 44
.XX
coercion rules  44
.XX
coercion to number  45
...
```

끝으로 다시 정리하면 인덱싱 프로세스는 여섯 가지 명령어의 파이프라인으로 구성된다.

```
sh ix.sort1 |
awk -f ix.collapse |
awk -f ix.rotate |
awk -f ix.genkey |
```

```
sh ix.sort2 |
awk -f ix.format
```

예제 인덱스 용어와 페이지 번호 쌍 목록을 입력하고 포매팅한 결과는 다음과
같다.

```
arithmetic operators 36, 44
coercion rules 44
coercion to number 45
coercion to string 45
comparison, numeric 44
comparison, string 44
control-flow statements 48
FS variable 35, 36, 52
if-else statement 47
number, coercion to 45
numeric comparison 44
operators, arithmetic 36, 44
rules, coercion 44
statement, if-else 47
statements, control-flow 48
string, coercion to 45
string comparison 44
variable, FS 35, 36, 52
```

이 프로그램은 여러모로 개선하고 변형할 여지가 많으며, 그중 가장 쓸모 있는 몇
가지는 여러분의 연습 문제로 남겨 둔다. 이 절에서 중요한 교훈은, 작업을 여러 작
은 프로그램으로 나누면 전체 작업이 더 간단해지고 새로운 요구사항에 더 쉽게 대
응할 수 있다는 사실이다.

☑ **연습 문제 6-25** 계층형 인덱스, 참조 용어, 로마 숫자 페이지 번호 인덱싱 기능도 추가하라.

☑ **연습 문제 6-26** 인덱스 용어에 [,], ~, % 문자도 쓸 수 있도록 프로그램을 수정하라.

☑ **연습 문제 6-27** 단어, 구 등의 목록을 준비하는 도구를 만들어 자동으로 인덱스를 생성하는 문
제를 해결하라. wordfreq로 만든 단어 빈도 목록이 인덱스 용어나 주제를 얼마나 잘 제안하
는가?

6.5 정리하기

Awk 프로그램은 C나 자바 같은 언어에서 숫자를 조작하는 것만큼이나 쉽게 텍스트를 조작할 수 있다. 저장소 관리는 자동으로 이뤄지며 내장 연산자나 함수는 필요한 서비스를 풍성하게 제공한다. 그래서 Awk는 주로 프로토타이핑에 적합하며, 때로는 프로덕션 용도로도 충분히 적합하다. 인덱싱 프로그램이 좋은 예로, 우리는 이 책의 인덱스도 Awk를 사용해서 만들었다.

7장

작은 언어

Awk는 특수한 애플리케이션 전용 언어, 즉 '작은 언어'의 번역기를 개발하는 도구로도 쓰인다. 언어 프로세서의 작동 원리를 배우는 데 번역기만큼 훌륭한 도구도 없다. 이 장의 첫 번째 예제는 20라인 내외로 작성한 어셈블러(assembler)로, 어셈블리 프로세스의 핵심을 보여 준다. 어셈블된 프로그램을 실행하는 인터프리터도 등장한다. 이 둘의 조합은 어셈블리 언어와 컴퓨터 아키텍처의 근간을 형성한다. 그리고 몇몇 계산기의 기본 동작 및 Awk 자체의 부분집합을 위한 재귀 하향 번역기에 관한 예제도 살펴보겠다.

많은 시간과 노력을 들여 구현 작업에 착수하기 전에 특수한 목적을 지닌 언어의 구문이나 시맨틱을 실험해 보고 싶을 수도 있다. 여기서는 그래프를 그리고 sort 명령어를 지정하는 언어를 예로 들어 설명할 것이다.

아마 여러분도 이 장에서 소개한 계산기처럼 실용적인 용도로 사용할 언어를 직접 만들어 보고 싶을 것이다.

다음은 언어 프로세서가 동작하는 개념 모델을 나타낸 것이다.

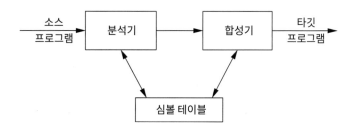

프런트엔드인 분석기(analyzer)는 소스 프로그램을 읽어 연산자, 피연산자 등의 어휘 단위로 쪼갠다. 소스 프로그램을 파싱해서 문법적으로 올바른지 확인하고, 그렇지 않으면 적절한 에러 메시지를 표시한다. 그리고 소스 프로그램을 중간 표현 (intermediate representation)으로 변환하면 백엔드의 합성기(synthesizer)가 타깃 프로그램을 생성한다. 심볼 테이블(symbol table)은 분석기가 소스 프로그램에서 수집한 정보를, 코드를 생성하는 동안 이 정보를 필요로 하는 합성기에게 전달하는 징검다리 역할을 한다. 우리는 언어가 처리되는 과정을 명확하게 구분되는 단계로 기술했지만, 실제로는 단계 사이의 경계가 모호하거나 합칠 수 있는 경우도 있다.

Awk는 기본적인 기능만으로도 언어 번역에 관련된 작업을 많이 지원하므로 실험용 언어의 프로세서를 만드는 데 유용하다. 단순한 구문 분석은 필드 분할 및 정규 표현식 패턴 매치로 처리하고, 심볼 테이블은 연관 배열로 관리할 수 있으며, 코드 생성은 printf 문으로 출력하면 된다.

이 장에서는 이러한 요점을 설명하기 위해 몇 가지 번역기를 개발하고자 한다. 요점을 전달하거나 여러분을 교육하는 데 필요한 최소한의 내용만 다루고, 더 멋지게 다듬고 꾸미는 작업은 연습 문제로 남겨 둔다.

7.1 어셈블러와 인터프리터

첫 번째 언어 프로세서 예제는 컴퓨터 아키텍처 또는 시스템 프로그래밍 입문 과정에서 흔히 볼 수 있는 가상의 컴퓨터용 어셈블러다. 초창기 미니컴퓨터와 대략 비슷한 구조로, 초기 구현체 및 기본 개념 모두 존 벤틀리로부터 영감을 받아 만든 것이다. 이 컴퓨터에는 하나의 누산기(accumulator)와 10개의 명령어(instruction), 1000개의 워드에 주소를 지정할 수 있는 메모리가 있다. 이 컴퓨터 메모리의 '워드 (word)'는 5자리 10진수로 구성된다고 가정한다. 워드가 명령어이면 처음 두 자리는 연산을 인코딩하고, 나머지 세 자리는 주소를 적는다. 표 7-1은 어셈블리 언어의 명령어 목록이다.

옵코드	명령어	의미
01	get	입력에서 숫자를 읽어 누산기에 넣는다.
02	put	누산기의 내용을 출력한다.
03	ld M	메모리 M의 내용을 누산기에 채운다.
04	st M	누산기의 내용을 메모리 M에 채운다.
05	add M	누산기에 메모리 M의 내용을 추가한다.
06	sub M	누산기에서 메모리 M의 내용을 제거한다.
07	jpos M	누산기가 양수이면 메모리 M으로 이동한다.
08	jz M	누산기가 0이면 메모리 M으로 이동한다.
09	j M	메모리 M으로 이동한다.
10	halt	실행을 멈춘다.
	const C	어셈블러 의사 연산(pseudo-operation)으로 상수 C를 정의한다.

표 7-1 어셈블리 언어 명령어

어셈블리 언어 프로그램은 레이블, 연산자, 피연산자, 세 필드로 이루어진 문장이다. 각 필드는 비워 둘 수 있고, 레이블은 반드시 첫 번째 컬럼에서 시작해야 한다. Awk 프로그램처럼 주석도 넣을 수 있다. 어셈블러는 이런 문장들을 다음 그림처럼 컴퓨터의 네이티브 포맷의 명령어로 변환한다.

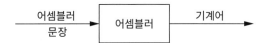

다음은 정수 시퀀스를 입력 받아 합계를 계산하는 어셈블리 언어 프로그램이다. 입력 끝은 0으로 표시한다.

```
# 입력 숫자의 합계 출력(0을 입력하면 종료된다.)

        ld    zero   # sum을 zero로 초기화한다.
        st    sum
loop get                # 숫자를 읽는다.
        jz    done   # 숫자가 zero이면 더 이상 입력을 처리하지 않는다.
        add   sum    # sum에 더한다.
        st    sum    # 새 값을 sum에 다시 저장한다.
        j     loop   # 처음으로 돌아가 다른 숫자를 읽는다.

done ld    sum    # sum을 출력한다.
        put
        halt
```

```
zero const 0
sum  const
```

이 프로그램을 기계어로 번역하면 다음과 같이 타깃 프로그램이 실행될 때 메모리에 채워질 정수들로 변환될 것이다.

```
 0:   03010       ld   zero   # sum을 zero로 초기화한다.
 1:   04011       st   sum
 2:   01000   loop get        # 숫자를 읽는다.
 3:   08007       jz   done   # 숫자가 zero이면 더 이상 입력을 처리하지 않는다.
 4:   05011       add  sum    # sum에 더한다.
 5:   04011       st   sum    # 새 값을 sum에 다시 저장한다.
 6:   09002       j    loop   # 처음으로 돌아가 다른 숫자를 읽는다.
 7:   03011   done ld   sum    # sum을 출력한다.
 8:   02000       put
 9:   10000       halt
10:   00000   zero const 0
11:   00000   sum  const
```

첫 번째 필드는 메모리 위치이고, 두 번째 필드는 인코딩된 명령어다. 메모리 위치 0에 이 어셈블리 언어 프로그램의 첫 번째 명령어인 ld zero의 번역(03010)이 포함된다.

어셈블러는 번역을 두 패스로 나누어 한다. 패스 1은 필드를 나누어 어휘 및 구문 분석을 수행한다. 어셈블리 언어 프로그램을 읽고, 주석을 삭제하고, 각 레이블에 메모리 위치를 할당하고, 연산 및 피연산자의 중간 표현을 임시 파일에 쓰는 작업을 한다. 패스 2는 임시 파일을 읽고, 심볼 피연산자(symbolic operands)를 패스 1에서 계산한 메모리 위치로 변환하고, 연산과 피연산자를 인코딩한 다음, 그 결과 생성된 기계어 프로그램을 배열 mem에 넣는다.

이제 남은 절반의 작업은, 기계어 프로그램에서 컴퓨터 동작을 시뮬레이션하는 인터프리터를 구축하는 것이다. 인터프리터는 고전적인 '가져오고, 해석하고, 실행하는(fetch-decode-execute)' 사이클을 구현한다. 즉, mem에서 명령어를 하나씩 가져와 연산자/피연산자로 디코딩한 후 명령어를 시뮬레이션한다. 프로그램 카운터는 PC 변수에 보관한다.

```
# asm - 간단한 컴퓨터용 어셈블러와 인터프리터
#   사용법: awk -f asm 프로그램_파일 데이터_파일...
```

```
BEGIN {
    srcfile = ARGV[1]
    ARGV[1] = ""      # 나머지는 데이터 파일이다.
    tempfile = "asm.temp"
    n = split("const get put ld st add sub jpos jz j halt", x)
    for (i = 1; i <= n; i++)     # 옵코드 테이블을 생성한다.
        op[x[i]] = i-1

# 어셈블러 패스 1
    FS = "[ \t]+"     # 구분자는 여러 공백 또는 탭이다.
    while (getline <srcfile > 0) {
        sub(/#.*/, "")               # 주석 제거
        symtab[$1] = nextmem         # 레이블 위치 기억
        if ($2 != "") {              # 옵코드 저장(주소가 있을 경우)
            print $2 "\t" $3 >tempfile
            nextmem++
        }
    }
    close(tempfile)

# 어셈블러 패스 2
    nextmem = 0
    while (getline <tempfile > 0) {
        if ($2 !~ /^[0-9]*$/)    # 심볼 주소면
            $2 = symtab[$2]      # 수치 값으로 치환한다.
        mem[nextmem++] = 1000 * op[$1] + $2   # 워드 크기로 채운다.
    }

# 인터프리터
    for (pc = 0; pc >= 0; ) {
        addr = mem[pc] % 1000
        code = int(mem[pc++] / 1000)  # 다음 명령어를 가리키도록 pc를 전진시킨다.
        if (code == op["get"])       { getline acc }
        else if (code == op["put"])  { print acc }
        else if (code == op["st"])   { mem[addr] = acc }
        else if (code == op["ld"])   { acc = mem[addr] }
        else if (code == op["add"])  { acc += mem[addr] }
        else if (code == op["sub"])  { acc -= mem[addr] }
        else if (code == op["jpos"]) { if (acc > 0) pc = addr }
        else if (code == op["jz"])   { if (acc == 0) pc = addr }
        else if (code == op["j"])    { pc = addr }
        else if (code == op["halt"]) { pc = -1 }
        else                         { pc = -1 }   # 프로그램 중지
    }
}
```

레이블의 메모리 위치는 연관 배열 symtab에 기록한다. 입력 라인에 레이블이 없으면 symtab[""]으로 설정한다.

레이블은 첫 번째 컬럼에서 시작된다. 연산자는 앞에 공백이 나온다. 패스 1은 필드 구분자 변수 FS를 정규 표현식 [\t]+로 설정한다. 그 결과 현재 입력 라인에서 가장 흔한 공백과 탭이 필드 구분자가 된다. 특히 선행 공백이 필드 구분자로 취급되므로 항상 $1은 레이블, $2는 연산자가 된다.

const의 옵코드는 0이므로 다음 할당문 하나로 패스 2에서 상수와 명령어를 모두 저장할 수 있다.

```
mem[nextmem++] = 1000 * op[$1] + $2    # 워드 크기로 채운다.
```

- ☑ 연습 문제 7-1 메모리와 프로그램 목록을 출력하도록 asm을 수정하라.

- ☑ 연습 문제 7-2 명령어가 실행되면서 트레이스(trace)를 출력하는 기능을 인터프리터에 추가하라.

- ☑ 연습 문제 7-3 향후 확장을 고려하여 에러 처리 코드를 추가하고 조건부 점프 같은 풍성한 기능을 구현하라. 어떻게 하면 사용자가 강제로 one이라는 셀을 만들지 않게 하면서 add=1 같은 리터럴 피연산자를 처리할 수 있을까?

- ☑ 연습 문제 7-4 원시 메모리 덤프를 어셈블리 언어로 변환하는 디스어셈블러(disassembler)를 작성하라.

7.2 그래프 드로잉 언어

이 어셈블리 언어는 어휘적, 구문적으로도 단순하기 때문에 필드를 나누어 분석하기가 용이하다. 이러한 단순함은 일부 고급 언어에서도 찾아볼 수 있다. 두 번째 예제는 데이터의 그래프를 플로팅하는 graph라는 프로토타입 언어 프로세서다. 입력은 그래프를 나타내는 데이터 포인트와 좌표축 레이블이다. 데이터 포인트는 x–y 쌍, 또는 1, 2, 3, ... 식으로 나열된 x 값에 대한 y 값들이다. 레이블 정보는 다음과 같이 키워드와 매개변숫값으로 지정한다.

```
title  caption
xlabel caption
ylabel caption
```

이런 라인은 모두 옵션이며 순서는 상관없다. 단, 데이터 앞에 나와야 한다.

프로세서는 데이터를 읽고 올바른 포맷의 데이터를 포함한 임시 파일과 파이썬 프로그램을 함께 생성한다. 그리고 파이썬 프로그램을 실행하면 멋진 그래프가 펼쳐지는 것이다. 꽤 합리적인 분업인 것 같다. Awk는 단순 처리에 적합하고, Matplotlib 같은 파이썬 플로팅 라이브러리는 정보를 화면에 표시하는 일에 제격이다.

```
                                                                  traffic.2022
title US Traffic Deaths by Year
xlabel Year
ylabel Traffic deaths
1900 36
1901 54
1902 79
1903 117
1904 172
...
2017 37473
2018 36835
2019 36355
2020 38824
2021 42915
```

예를 들어 위 데이터를 입력하면 그림 7-1 같은 그래프가 그려진다.

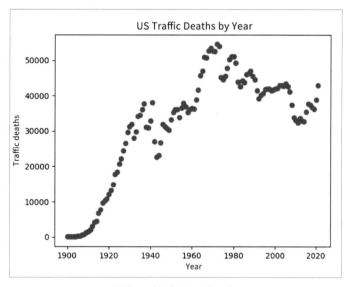

그림 7-1 파이썬으로 그린 그래프

graph 프로세서는 두 단계로 작동된다. 첫 단계 BEGIN 블록은 틀에 박힌 파이썬 명령어를 생성한 다음, 데이터 파일의 각 라인을 읽어 올바른 포맷으로 변환한다. 이

때 다양한 포맷의 문장을 인식하는 패턴을 적용한다. 두 번째 단계인 END 블록은 그
래프를 그리는 show 문을 생성한다.

```
# graph.awk - 그래프를 그리는 파이썬 프로그램 생성

awk '
BEGIN {
  print "import matplotlib.pyplot as plt"
  print "import pandas as pd"
  print "df = pd.read_csv(\"temp\", sep=\" \")"
  print "plt.scatter(df[\"col1\"],df[\"col2\"])"
  print "col1 col2" >"temp"
}
/xlabel|ylabel|title/ {
  label = $1; $1 = ""
  printf("plt.%s(\"%s\")\n", label, $0)
  next
}
NF == 1 { print ++n, $1 >"temp" }
NF == 2 { print $1, $2 >"temp" }
END { print "plt.show()" }
' $*
```

graph 언어는 Awk가 지원하는 패턴 지향 계산 모델에 자연스럽게 맞아떨어진다.
스펙 문장이 값이 있는 키워드로 구성된다는 점에서 그렇다. 이 스타일은 어떤 언
어 설계의 좋은 출발점으로, 사람들이 사용하기 쉽고 확실히 처리하기도 쉽다.

　graph는 존 벤틀리와 브라이언 커니핸이 만든 그래프 플로팅 언어이자, 그림을
그리는 언어인 pic의 전처리기(preprocessor)인 grap을 엄청나게 단순화한 버전이
다. 그림 7-2는 방금 전 예제 데이터를 grap, pic, troff로 그린 그래프다.

　Awk는 작은 언어를 설계하고 테스트하는 용도로 훌륭하다. 설계가 적합하다고
판단되면 프로덕션 버전은 C나 파이썬처럼 더 효율적인 언어로 다시 코딩하면 된
다. 프로토타입 버전 자체만으로도 프로덕션에 적합한 경우도 있는데, 이럴 때는
보통 기존 도구를 슈가코팅(sugar-coating)[1]하거나 특수화한다.

　구체적인 예로 산점도 행렬(scatter-plot matrix), 도트차트(dotchart, 히스토그램
형식), 박스플롯, 파이차트(pie-chart) 같은 특수한 그래프가 있다. 과거에는 간단한

---

[1] 입에 쓴 약에 당의(糖衣)를 입히는 것을 뜻하는 말로, 대상을 최대한 매력적으로 느껴지도록 약간 과대포
장하는 행위를 말한다.

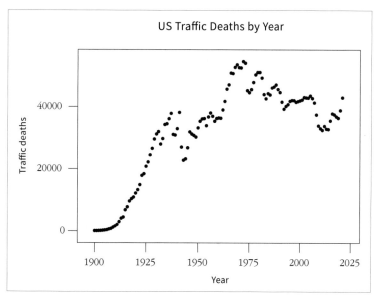

그림 7-2 grap으로 그린 그래프

언어를 grap 명령어로 번역하기 위해 Awk 프로그램을 사용했지만, 요즘은 방금 전 예시한 것처럼 파이썬 코드를 생성하는 데 자주 쓴다.

7.3 정렬 생성기

sort는 사용법을 알고 있다면 여러모로 유용한 유닉스 명령어이지만, 모든 옵션을 일일이 다 기억하긴 어렵다. 그래서 이 절에서는 작은 언어 설계를 연습할 겸, 영어에 더 가까운 스펙으로 sort 명령어를 생성하는 sortgen 언어를 개발하겠다. sortgen은 sort 명령어를 만들기만 할 뿐 실행은 하지 않는다. 생성된 sort 명령어를 실행할지 말지는 사용자가 판단할 몫이다.

　sortgen의 입력은 그 자체로 작은 언어다. 즉, 필드 구분자, 정렬 키, 비교 로직 같은 정렬 옵션을 나타낸 일련의 단어와 구문(phrase)이다. 목표는 관대한 문법(forgiving syntax)으로 흔히 발생하는 케이스를 처리하는 것이다. 예를 들어 다음과 같이 입력하면

```
descending numeric order
```

이렇게 출력되는 식이다.

```
sort -rn
```

조금 더 복잡한 예제를 보자.

```
field separator is ,
primary key is field 1
    increasing alphabetic
secondary key is field 5
    reverse numeric
```

이런 입력이라면 sortgen은 5장의 첫 번째 명령어와 동일한 sort 명령어를 출력할 것이다.

```
sort -t',' -k1 -k5rn
```

sortgen의 핵심은 정렬 옵션을 나타내는 단어와 구문을 sort 명령어의 해당 플래그로 각각 변환하는 규칙 집합이다. 이 규칙은 패턴-액션 문장으로 구현한다. 패턴은 정렬 옵션을 기술한 문구에 매치되는 정규 표현식이고, 액션은 sort 명령어에 적합한 플래그를 계산한다. 예를 들어 'unique'나 'discard identical' 같은 단어가 나오면 중복 항목을 삭제하는 -u 옵션 요청으로 해석한다. 마찬가지로 필드 구분자는 탭 또는 'separate'라는 단어가 포함된 라인에 쓰인 단일 문자라고 가정한다.

가장 까다로운 부분이 정렬 키가 여럿인 경우다. 이때 매직 워드는 'key'다. 입력에 'key'가 있으면 그 다음 숫자가 정렬 키다. (이 키의 끝을 식별하는 두 번째 숫자가 존재할 가능성은 일단 무시하자.) 'key'가 나올 때마다 새로운 키에 해당하는 옵션들이 시작된다. 키별 옵션에는 공백 무시(-b), 사전 순서(-d), 대소문자 무시(folding)(-f), 숫자 순서(-n), 역순(-r) 등이 있다.

```
# sortgen - sort 명령어 생성
#    입력: 정렬 옵션을 설명하는 라인들
#    출력: 적절한 인수가 포함된 유닉스 sort 명령어

BEGIN { key = 0 }

/no |not |n't / {
    print "error: can't do negatives:", $0 >"/dev/stderr"
}
```

```
# 전역 옵션 규칙

{ ok = 0 }
/uniq|discard.*(iden|dupl)/ { uniq = " -u"; ok = 1 }
/key/ { key++; dokey(); ok = 1 }   # 새 키. 순서가 맞아야 한다.
/separ.*tab ltab.*sep/            { sep = "t'\t'"; ok = 1 }
/separ/ { for (i = 1; i <= NF; i++)
              if (length($i) == 1)
                  sep = "t'" $i "'"
          ok = 1
        }

# 키별 규칙

/dict/                            { dict[key] = "d"; ok = 1 }
/ignore.*(space lblank)/          { blank[key] = "b"; ok = 1 }
/fold lcase/                      { fold[key] = "f"; ok = 1 }
/num/                             { num[key] = "n"; ok = 1 }
/rev|descend|decreas|down|oppos/  { rev[key] = "r"; ok = 1 }
/forward|ascend|increas|up|alpha/ { next }  # 기본 정렬 옵션
!ok { printf("error: can't understand: %s\n", $0) >"/dev/stderr" }

END {                           # 키별 print 플래그
    cmd = "sort" uniq
    flag = dict[0] blank[0] fold[0] rev[0] num[0] sep
    for (i = 1; i <= key; i++)
       if (pos[i] != "") {
          flag = pos[i] dict[i] blank[i] fold[i] rev[i] num[i]
          if (flag) cmd = cmd " -k" flag
       }
    print cmd
}

function dokey(i) {             # 키 위치 결정
    for (i = 1; i <= NF; i++)
       if ($i ~ /^[0-9]+$/) {
          pos[key] = $i       # 정렬 키는 1 - origin
          break
       }
    if (pos[key] == "")
       printf("error: invalid key spec: %s\n", $0) > "/dev/stderr"
}
```

'don't discard duplicates(중복 제거 금지)'나 'no numeric data(수치 데이터 없음)'
같은 입력은 처리하지 않기 위해 sortgen의 첫 번째 패턴은 부정문으로 기재된 라

인을 거부한다. 이후 규칙들은 전역 옵션을 처리한 다음에 현재 키에만 적용되는 옵션을 처리한다. 이해할 수 없는 라인이 나오면 사용자에게 알린다.

물론 이 프로그램은 바보가 되기 쉽지만, 에러를 일으키는 것이 아니라 올바른 답을 얻고자 한다면 꽤 쓸 만한 프로그램이다.

☑ 연습 문제 7-5 여러분의 시스템에서 sort 명령어의 모든 기능에 접근할 수 있는 sortgen 버전을 작성하라. 숫자 순서와 사전 순서를 동시에 정렬하라는 식의 일관성 없는 요청을 감지하라.

☑ 연습 문제 7-6 입력 언어를 문법이나 규칙을 더 엄격하게 하지 않으면서 sortgen을 얼마나 더 정확하게 만들 수 있을까?

☑ 연습 문제 7-7 sort 명령어를 영어 문장으로 번역하는 프로그램을 작성하라. 출력을 sortgen의 입력으로 넣어서 실행해 보라.

7.4 역폴란드 계산기

이번에는 다양한 접근 방식과 Awk 기법을 보여 주기 위해 몇 가지 간단한 계산기 프로그램을 작성해 보겠다.

수표책을 결산하거나 산술 표현식을 평가할 수 있는 계산기 프로그램이 필요하다고 하자. 프로그램이 바뀔 때마다 재실행해야 하는 단점이 있지만 이런 계산은 Awk가 안성맞춤이다. 입력하는 대로 표현식을 읽고 평가하는 프로그램이면 충분하다.

파서는 작성하기 어렵기 때문에 여기서는 사용자가 역폴란드 표기법(reverse-Polish notation)으로 표현식을 작성하도록 요구하겠다. (폴란드(Polish)의 논리학자 얀 우카시에비치(Jan Łukasiewicz)가 1924년경 고안한 표기법으로, 연산자가 피연산자 뒤에 나오므로 역폴란드 표기법이라고 부른다.) 다음과 같은 평범한 '중위(infix)' 표기법을

```
(1 + 2) * (3 - 4) / 5
```

역폴란드 표기법으로 바꾸면 이렇게 된다.

```
1 2 + 3 4 - * 5 /
```

괄호는 필요 없다. 각 연산자가 취하는 피연산자 수가 정해져 있으므로 표현식이 명확하기 때문이다. 역폴란드 표현식은 스택을 사용하여 파싱하고 평가하기 쉬운 까닭에 포스(Forth), 포스트스크립트(Postscript) 등의 프로그래밍 언어와 일부 초기 휴대용 계산기에서 이 표기법을 사용했다.

첫 번째 계산기 calc1은 역폴란드 표기법으로 작성된 산술 표현식을 평가하며, 모든 연산자와 피연산자가 공백으로 구분되어 있다.

```
# calc1 - 역폴란드 계산기(버전 1)
#   입력: 역폴란드 표기법으로 나타낸 산술 표현식
#   출력: 표현식의 값들

{   for (i = 1; i <= NF; i++) {
        if ($i ~ /^[+-]?([0-9]+[.]?[0-9]*|[.][0-9]+)$/) {
            stack[++top] = $i
        } else if ($i == "+" && top > 1) {
            stack[top-1] += stack[top]; top--
        } else if ($i == "-" && top > 1) {
            stack[top-1] -= stack[top]; top--
        } else if ($i == "*" && top > 1) {
            stack[top-1] *= stack[top]; top--
        } else if ($i == "/" && top > 1) {
            stack[top-1] /= stack[top]; top--
        } else if ($i == "^" && top > 1) {
            stack[top-1] ^= stack[top]; top--
        } else {
            printf("error: cannot evaluate %s\n", $i)
            top = 0
            next
        }
    }
    if (top == 1) {
        printf("\t%.8g\n", stack[top--])
    } else if (top > 1) {
        printf("error: too many operands\n")
        top = 0
    }
}
```

필드가 숫자이면 스택에 푸시(push)하고, 연산자이면 스택 맨 위의 피연산자와 연산한다. 각 입력 라인 끝부분에서 스택 맨 위 값이 팝(pop)하여 출력된다.

calc1 프로그램에 다음 숫자를 입력하면

```
1 2 + 3 4 - * 5 /
```

정답 -0.6이 출력된다.

두 번째 역폴란드 계산기는 사용자 정의 변수와 몇 가지 산술 함수를 제공한다. 사용자 정의 변수명은 문자로 시작하고 그 뒤에는 문자나 숫자가 올 수 있다. *var*=은 스택 맨 위 값을 꺼내 변수 *var*에 할당하는 특수 문장이다. 입력 라인이 할당으로 끝나면 아무 값도 출력되지 않는다. 전형적인 쓰임새는 다음과 같다. (프로그램이 출력한 텍스트는 들여쓰기했다.)

```
0 -1 atan2 pi=
Pi
    3.1415927
355 113 / x= x
    3.1415929
x pi /
    1.0000001
2 sqrt
    1.4142136
```

다음 calc2는 calc1을 단순히 확장시킨 버전이다.

```
# calc2 - 역폴란드 계산기(버전 2)
#     입력: 역폴란드 표기법으로 나타낸 산술 표현식
#     출력: 표현식 값들
{ for (i = 1; i <= NF; i++) {
    if ($i ~ /^[+-]?([0-9]+[.]?[0-9]*|[.][0-9]+)$/) {
        stack[++top] = $i
    } else if ($i == "+" && top > 1) {
        stack[top-1] += stack[top]; top--
    } else if ($i == "-" && top > 1) {
        stack[top-1] -= stack[top]; top--
    } else if ($i == "*" && top > 1) {
        stack[top-1] *= stack[top]; top--
    } else if ($i == "/" && top > 1) {
        stack[top-1] /= stack[top]; top--
    } else if ($i == "^" && top > 1) {
        stack[top-1] ^= stack[top]; top--
    } else if ($i == "sin" && top > 0) {
        stack[top] = sin(stack[top])
    } else if ($i == "cos" && top > 0) {
        stack[top] = cos(stack[top])
    } else if ($i == "atan2" && top > 1) {
```

```
            stack[top-1] = atan2(stack[top-1],stack[top]); top--
        } else if ($i == "log" && top > 0) {
            stack[top] = log(stack[top])
        } else if ($i == "exp" && top > 0) {
            stack[top] = exp(stack[top])
        } else if ($i == "sqrt" && top > 0) {
            stack[top] = sqrt(stack[top])
        } else if ($i == "int" && top > 0) {
            stack[top] = int(stack[top])
        } else if ($i in vars) {
            stack[++top] = vars[$i]
        } else if ($i ~ /^[a-zA-Z][a-zA-Z0-9]*=$/ && top > 0) {
            vars[substr($i, 1, length($i)-1)] = stack[top--]
        } else {
            printf("error: cannot evaluate %s\n", $i)
            top = 0
            next
        }
    }

    if (top == 1 && $NF !~ /=$/) {
        printf("\t%.8g\n", stack[top--])
    } else if (top > 1) {
        printf("error: too many operands\n")
        top = 0
    }
}
```

☑ 연습 문제 7-8 calc2에 π와 *e*처럼 표준 값을 가리키는 내장 변수를 추가하라. 또한 마지막 입력 라인의 결과를 보관할 내장 변수를 추가하라. 스택 맨 위 값을 복제한 뒤 맨 위 두 항목을 교환하는(swap) 스택 조작 연산자를 추가하라.

7.5 또 다른 접근 방식

계산기를 작성하는 또 다른 접근 방식은 Awk가 이미 모든 유형의 표현식을 평가하는 데 매우 유용하고, 그 동작이 명확하고 일관되게 정의되어 있으며, 문서화가 잘 되어 있어 다른 언어를 배울 필요가 없다는 점을 활용하는 것이다. 파서를 처음부터 직접 작성하는 대신, 명령어를 Awk 인스턴스로 파이프하여 계산하면 된다. 이 버전은 존 벤틀리의 hawk에서 영감을 얻었다. hawk는 커니핸과 파이크가 함께 쓴 《The Unix Programming Environment》(Prentice-Hall, 1983)의 hoc 계산기를 응용한 프로그램이다.

hawk 프로그램은 한 번에 한 라인씩 읽어 이전 라인에 덧붙이고, 모든 라인을 파일에 넣은 뒤, 해당 파일을 입력으로 Awk를 실행한다. 말하자면 프로그램을 작성하는 프로그램이다.

다음 예제는 Awk 내장 함수를 사용법을 설명하고 있다.

```
$ awk -f hawk
pi = 2 * atan2(1,0)
pi
    3.14159
cos(pi)
    -1
sin(2*pi)
    -2.44929e-16
sin(pi)^2 + cos(pi)^2
    1
```

다음은 hawk를 구현한 소스 코드다.

```
# hawk

/./ {  # 빈 라인은 무시한다.
  f = "hawk.temp"
  hist[++n] = "prev = " $0
  print "BEGIN {" >f
  for (i = 1; i <= n; i++)
    print hist[i] >f
  if ($0 !~ "=")
    print "print \" \" prev" >f
  print "}" >f
  close(f)
  system("awk -f " f)
}
```

이 접근 방식은 Awk의 모든 표현식 평가 기능을 대화형으로 접근하게 해 준다. 반면에 몇 가지 단점도 있다. 가장 심각한 문제는 입력에 에러가 있으면 작동하지 않는 코드 블록이 기록에 남아서 이후의 계산이 작동하지 않을 수도 있다는 것이다. 이 문제를 해결하는 방안은 여러분의 연습 문제로 남긴다.

또 다른 단점은 새로운 계산을 실행할 때마다 이전의 모든 계산을 다시 실행하여 평가할 표현식의 수가 늘어날수록 평가 시간이 기하급수적으로 증가한다는 점이다. 이론적으로는 문제가 되지만 실제로는 그렇지 않을 것이다. 계산 시간이 매우 중요한 작업에 이런 방식을 적용할 사람은 없을 것이기 때문이다.

여담이지만 파이썬 같은 언어는 읽기-평가-출력 루프(read-evaluate-print loop), 즉 REPL 기능을 제공하므로 사용자가 입력하자마자 내용을 해석한다. Awk는 이 기능을 지원하지 않지만 hawk는 그 방향으로 나아가는 단계다.

- ☑ 연습 문제 7-9 에러 발생 시 정상적인 작동으로 복구하도록 hawk를 수정하라.
- ☑ 연습 문제 7-10 임시 파일을 사용해서 표현식을 재계산하는 대신 Awk로 파이프하도록 hawk를 수정하라.

7.6 산술 표현식용 재귀 하향 파서

지금까지 7장에서 다룬 모든 언어는 문법이 분석하기 쉬웠다. 그러나 대부분의 고급 언어에는 우선순위가 제각각인 연산자, 괄호와 if-then-else 문장 같은 중첩 구조, 그리고 더 강력한 파싱 기술이 필요한 필드 분할이나 정규 표현식 패턴 매칭 같은 구조가 있다. 다른 언어에서처럼 모든 기능을 갖춘 파서를 작성한다면 Awk에서도 이런 언어를 처리할 수 있다. 이 절에서는 익숙한 중위 표기법으로 산술 표현식을 평가하는 프로그램을 만들 텐데, 이는 7.7절에서 훨씬 더 큰 파서를 작성하기 위한 유용한 예비 과정이다.

재귀 하향 파서(recursive-descent parser)의 핵심 요소는 일련의 재귀 파싱 루틴으로, 각 루틴은 입력에서 문법의 넌터미널로 생성된 문자열을 식별하는 일을 담당한다. 각 루틴은 터미널 레벨에 도달할 때까지 다른 루틴을 차례로 호출하여 작업을 돕고, 이 시점에서 실제 입력 토큰을 읽고 분류한다. 이러한 파싱 방법의 재귀적, 하향식 특징 때문에 '재귀 하향'이라는 명칭이 생겼다.

파싱 루틴의 구조와 언어의 문법 구조는 구조적으로 매우 유사하다. 문법을 파서로 기계적으로 변환할 수도 있지만, 그렇게 하려면 문법이 그에 맞는 형식이어야 한다. 야크(Yacc) 같은 컴파일러 생성기 프로그램이 이 작업을 여러분 대신 해준다. 자세한 내용은 앨프리드 에이호와 제프리 울먼(Jeffrey D. Ullman), 라비 세티(Ravi Sethi)의 《Compilers: Principles, Techniques, and Tools, second edition》(Addison Wesley, 2006)의 4.4절을 참조하라.

+, -, *, / 연산자가 등장하는 산술 표현식은 6.1절에서 사용했던 것과 같은 스타일의 문법으로 기술할 수 있다.

```
expr    →   term
            expr + term
            expr - term
term    →   factor
            term * factor
            term / factor
factor  →   number
            ( expr )
```

이 문법은 산술 표현식의 형식은 물론, 연산자 우선순위와 결합 법칙까지 나타낸다. 예를 들어 *expr*은 *term*의 합 또는 차이지만, *term*은 *factor*로 구성되므로 덧셈/뺄셈보다 곱셈/나눗셈이 먼저 처리되는 것이다.

파싱은 문장을 다이어그램화하는 과정으로, 6장에서 설명한 생성 프로세스와 정반대다. 예를 들면 표현식 1 + 2 * 3을 파싱한 결과는 다음 그림과 같다.

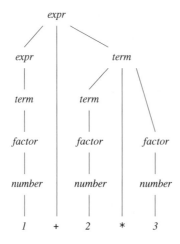

중위 평가기를 만들려면 표현식 파서가 필요하다. 문법만 있으면 별로 힘들이지 않고 파서를 구축하고 프로그램도 구성할 수 있다. 문법에 정의된 각 넌터미널을 처리하도록 함수를 작성하면 된다. + 또는 –로 구분된 *term*을 처리하는 expr 함수, * 또는 /로 구분된 *factor*를 처리하는 term 함수, 숫자를 인식하고 괄호로 감싼 *expr*을 처리하는 factor 함수를 사용하는 프로그램을 작성한다.

calc3는 각 입력 라인을 단일 표현식으로 간주하여 평가 및 출력을 수행한다. 중위 표기법에서는 연산자와 괄호 주위에 공백을 넣어야 하는 번거로움 때문에 gsub가 대신 공백을 삽입하도록 구현했다. 입력 라인을 편집한 다음 op 배열로 쪼갠다.

f는 다음에 검사할 op의 필드, 즉 다음 연산자 또는 피연산자를 가리키는 변수다.

```
# calc3 - 중위 계산기
#       입력: 표준 중위 표기법으로 나타낸 표현식
#       출력: 표현식 값

NF > 0 {
    gsub(/[+\-*\/()]/, " & ")    # 연산자 및 괄호 주변에 공백을 삽입한다.
    nf = split($0, op)
    f = 1
    e = expr()
    if (f <= nf)
        printf("error at %s\n", op[f])
    else
        printf("\t%.8g\n", e)
}

function expr(   e) {              # term | term [+-] term
    e = term()
    while (op[f] == "+" || op[f] == "-")
        e = op[f++] == "+" ? e + term() : e - term()
    return e
}

function term(   e) {              # factor | factor [*/] factor
    e = factor()
    while (op[f] == "*" || op[f] == "/")
        e = op[f++] == "*" ? e * factor() : e / factor()
    return e
}

function factor(   e) {            # number | (expr)
    if (op[f] ~ /^[+-]?([0-9]+[.]?[0-9]*|[.][0-9]+)$/) {
        return op[f++]
    } else if (op[f] == "(") {
        f++
        e = expr()
        if (op[f++] != ")")
            printf("error: missing ) at %s\n", op[f])
        return e
    } else {
        printf("error: expected number or ( at %s\n", op[f])
        return 0
    }
}
```

정규 표현식 /[+\-*\/()]/는 문자 두 개를 이스케이프하느라 평소보다 조금 지저분하다. 보통 –는 문자의 범위, /는 정규 표현식의 끝을 나타내는 문자라서 반드시 이 스케이프를 해야 한다.

- ☑ **연습 문제 7-11** 입력 세트를 만들어 calc3을 철저하게 테스트하라.

- ☑ **연습 문제 7-12** 중위 계산기 calc3에 지수, 내장 함수, 변수 기능을 추가하라. 구현한 코드는 역 폴란드 버전과 어떻게 다른가?

- ☑ **연습 문제 7-13** calc3의 에러 처리 성능을 개선하라.

7.7 Awk 부분집합을 위한 재귀 하향 파서

이 절에서는 Awk로 작성된 Awk의 소규모 부분집합을 위한 재귀 하향 파서를 작성한다. 산술 표현식을 취급하는 부분은 7.6절과 거의 똑같다. 연습을 좀 더 실감나게 하기 위해 우리는 Awk의 연산자를 함수 호출로 대체하는 C 코드를 타깃 프로그램으로 생성하기로 했다. 여러분에게 구문 지향 번역(syntax-directed translation)의 원리를 알기 쉽게 설명하고, 더 빠르고 확장하기 쉬운 Awk의 'C 버전'을 만드는 방법을 제시하기 위함이다.

일반적인 접근 방식은 모든 산술 연산자를 함수 호출로 치환하는 것이다. 예를 들어 x=y는 assign(x,y)로, x+y는 eval("+",x,y)로 바꾼다. 메인 입력 루프는 각 입력 라인을 읽고 여러 필드로 분할하는 getrec 함수를 호출하는 while 문으로 표현된다. 따라서 다음 코드는

```
BEGIN   { x = 0; y = 1 }

$1 > x  { if (x == y+1) {
              x = 1
              y = x * 2
          } else
              print x, z[x]
        }

NR > 1  { print $1 }

END     { print NR }
```

이렇게 C 코드로 번역된다.

```
assign(x, num((double)0));
assign(y, num((double)1));
while (getrec()) {
    if (eval(">", field(num((double)1)), x)) {
        if (eval("==", x, eval("+", y, num((double)1)))) {
            assign(x, num((double)1));
            assign(y, eval("*", x, num((double)2)));
        } else {
            print(x, array(z, x));
        }
    }
    if (eval(">", NR, num((double)1))) {
        print(field(num((double)1)));
    }
}
print(NR);
```

프로세서의 프런트엔드를 설계하려면 먼저 입력 언어의 문법부터 작성해야 한다. 6.1절에서 배운 표기법을 이용하면 Awk의 부분집합을 다음과 같이 정의할 수 있다. 여기서 ""는 널 문자열을 나타내고, |는 대안 항목을 구분한다.

program	→	*opt-begin pa-stats opt-end*
opt-begin	→	**BEGIN** *statlist* | ""
opt-end	→	**END** *statlist* | ""
pa-stats	→	*statlist* | *pattern* | *pattern statlist*
pattern	→	*expr*
statlist	→	{ *stats* }
stats	→	*stat stats* | ""
stat	→	**print** *exprlist* |
		if (*expr*) *stat opt-else* |
		while (*expr*) *stat* |
		statlist |
		ident = *expr*
opt-else	→	**else** *stat* ""
exprlist	→	*expr* | *expr* , *exprlist*
expr	→	*number* | *ident* | $*expr* | (*expr*) |
		expr < *expr* | *expr* <= *expr* | ... | *expr* > *expr* |
		expr + *expr* | *expr* - *expr* |
		expr * *expr* | *expr* / *expr* | *expr* % *expr*
ident	→	*name* | *name*[*expr*] | *name*(*exprlist*)

예를 들어 program을 위한 함수는 BEGIN 액션(옵션), 패턴-액션 문장의 목록, END 액션(옵션)을 찾는다.

```
# awk.parser - Awk 부분집합을 위한 재귀 하향 번역기
#   입력: Awk 프로그램 (매우 제한적인 부분집합)
#   출력: Awk 프로그램을 구현한 C 코드

BEGIN { program() }

function advance() {        # 어휘 분석기; 다음 토큰을 반환한다.
    if (tok == "(eof)") return "(eof)"
    while (length(line) == 0)
        if (getline line == 0)
            return tok = "(eof)"
    sub(/^[ \t]+/, "", line)    # 앞에 있는 공백 제거
    if (match(line, /^[A-Za-z_][A-Za-z_0-9]*/) ||        # 식별자
        match(line, /^-?([0-9]+\.?[0-9]*|\.[0-9]+)/) ||  # 숫자
        match(line, /^(<|<=|==|!=|>=|>)/) ||             # 논리 연산자
        match(line, /^./)) {                             # 기타
            tok = substr(line, 1, RLENGTH)
            line = substr(line, RLENGTH+1)
            return tok
    }
    error("line " NR " incomprehensible at " line)
}
function gen(s) {      # nt 탭 그리고 s를 출력한다.
    printf("%.*s%s\n", nt, "\t\t\t\t\t\t\t\t", s)
}
function eat(s) {      # s == tok이면 다음 토큰을 읽는다.
    if (tok != s) error("line " NR ": saw " tok ", expected " s)
    advance()
}
function nl() {        # 새줄 문자와 세미콜론을 흡수한다.
    while (tok == "\n" || tok == ";")
        advance()
}
function error(s) { print "Error: " s > "/dev/stderr"; exit 1 }

function program() {
    advance()
    if (tok == "BEGIN") { eat("BEGIN"); statlist() }
    pastats()
    if (tok == "END") { eat("END"); statlist() }
    if (tok != "(eof)") error("program continues after END")
}
function pastats() {
    gen("while (getrec()) {"); nt++
    while (tok != "END" && tok != "(eof)") pastat()
    nt--; gen("}")
}
```

```
function pastat() {          # 패턴-액션 구문
    if (tok == "{")          # 액션만 있는 경우
        statlist()
    else {                   # 패턴-액션
        gen("if (" pattern() ") {"); nt++
        if (tok == "{") statlist()
        else             # 기본 동작은 $0를 출력한다.
            gen("print(field(0));")
        nt--; gen("}")
    }
}
function pattern() { return expr() }
function statlist() {
    eat("{"); nl(); while (tok != "}") stat(); eat("}"); nl()
}
function stat() {
    if (tok == "print") { eat("print"); gen("print(" exprlist() ");") }
    else if (tok == "if") ifstat()
    else if (tok == "while") whilestat()
    else if (tok == "{") statlist()
    else gen(simplestat() ";")
    nl()
}

function ifstat() {
    eat("if"); eat("("); gen("if (" expr() ") {"); eat(")"); nl(); nt++
    stat()
    if (tok == "else") {     # else는 옵션
        eat("else")
        nl(); nt--; gen("} else {"); nt++
        stat()
    }
    nt--; gen("}")
}

function whilestat() {
    eat("while"); eat("("); gen("while (" expr() ") {"); eat(")"); nl()
    nt++; stat(); nt--; gen("}")
}

function simplestat(   lhs) { # ident = expr | name(exprlist)
    lhs = ident()
    if (tok == "=") {
        eat("=")
        return "assign(" lhs ", " expr() ")"
    } else return lhs
}
```

```
function exprlist(   n, e) {  # expr , expr , ...
    e = expr()                # 적어도 하나는 있어야 한다.
    for (n = 1; tok == ","; n++) {
        advance()
        e = e ", " expr()
    }
    return e
}

function expr(   e) {         # rel | rel relop rel
    e = rel()
    while (tok ~ /<|<=|==|!=|>=|>/) {
        op = tok
        advance()
        e = sprintf("eval(\"%s\", %s, %s)", op, e, rel())
    }
    return e
}

function rel(   op, e) {      # term | term [+-] term
    e = term()
    while (tok == "+" || tok == "-") {
        op = tok
        advance()
        e = sprintf("eval(\"%s\", %s, %s)", op, e, term())
    }
    return e
}

function term(   op, e) {     # fact | fact [*/%] fact
    e = fact()
    while (tok == "*" || tok == "/" || tok == "%") {
        op = tok
        advance()
        e = sprintf("eval(\"%s\", %s, %s)", op, e, fact())
    }
    return e
}

function fact(   e) {         # (expr) | $fact | ident | number
    if (tok == "(") {
        eat("("); e = expr(); eat(")")
        return "(" e ")"
    } else if (tok == "$") {
        eat("$")
        return "field(" fact() ")"
    } else if (tok ~ /^[A-Za-z_][A-Za-z-z_0-9]*/) {
        return ident()
```

```
    } else if (tok ~ /^-?([0-9]+\.?[0-9]*|\.[0-9]+)/) {
        e = tok
        advance()
        return "num((double)" e ")"
    } else {
        error("unexpected " tok " at line " NR)
    }
}

function ident(    id, e) {    # name | name[expr] | name(exprlist)
    if (!match(tok, /^[A-Za-z_][A-Za-z_0-9]*/))
        error("unexpected " tok " at line " NR)
    id = tok
    advance()
    if (tok == "[") {           # 배열
        eat("["); e = expr(); eat("]")
        return "array(" id ", " e ")"
    } else if (tok == "(") {  # 함수 호출
        eat("(")
        if (tok != ")") {
            e = exprlist()
            eat(")")
        } else eat(")")
        return id "(" e ")"     # 호출은 문장이다.
    } else {
        return id                # 변수
    }
}
```

이 재귀 하향 파서에서 어휘 분석(lexical analysis)은 그 다음 토큰을 찾아 tok 변수에 할당하는 advance라는 루틴에서 이루어진다. *stat*이 나올 때마다 출력이 생성되며, 하위 수준 루틴은 더 큰 단위로 결합된 문자열을 반환한다. 출력 가독성을 높이고자 탭을 삽입했고, 적절한 중첩 수준은 nt 변수에서 유지된다. 파서는 표준 출력 /dev/stdout과는 별도의 출력 스트림인 /dev/stderr 에러 메시지를 출력한다.

이 프로그램은 약 170 라인으로 상당히 길어 네 페이지에 걸쳐 있다. 당연히 완벽한 프로그램은 아니다. 모든 Awk를 파싱하는 것도 아니고, 이 부분집합에 필요한 C 코드를 전부 다 생성하는 것도 아니다. 게다가 전혀 견고하지도 않은 프로그램이다. 하지만 전반적으로 작업이 어떻게 이루어지는지 이해할 수 있고, 진짜 언어의 작은 한 귀퉁이에서 재귀 하향 파서가 어떻게 작동하는지 엿볼 수 있는 좋은 예제다.

실제로 Awk를 다른 언어로 옮긴 사례가 진짜 있다. 크리스 래밍(Chris Ramming)이 개발한 awkcc는 지금도 사용 가능한, Awk를 C 언어로 (앞서 설명한 함수 호출 스타일로) 옮기는 프로그램이다. 브라이언 커니핸은 C++로 옮기는 번역기를 개발했는데, Awk처럼 문자열도 첨자로 사용할 수 있도록 오버로드했고 Awk 변수를 프로그램의 일급 시민(first-class citizen)으로 만드는 등 중요한 표기상의 편의성을 제공했다. 그러나 대단히 유용한 기능이라기보단 개념 증명(proof of concept)[2]에 더 가까웠던 것 같다.

☑ 연습 문제 7-14 C 이외의 다른 언어(예: 파이썬)를 생성하도록 Awk 파서를 수정하라.

7.8 정리하기

유닉스는 어느 한 영역의 계산을 쉽게 표현할 수 있는 다양한 특화된 언어를 제공한다. 가장 대표적인 예로 정규 표현식이 그렇다. 정규 표현식은 grep, sed, awk 같은 핵심 도구에서도 쓰이는, 텍스트 패턴을 지정하는 표기법이다. 구문은 다르지만 파일명을 매치시키는 셸 와일드카드(wild-card, *) 패턴도 비슷하다.

셸 자체(종류에 상관없이)도 사용자가 프로그램을 쉽게 실행하도록 하는 특화된 언어이기도 하다.

troff 같은 문서 준비 도구, eqn, tbl 같은 전처리기 역시 모두 언어이며, 전처리기는 분명히 언어로 구성되었다.

특수 언어를 만드는 것은 프로그래밍 작업에 대한 생산적인 접근 방식이 될 수 있다. Awk는 필드 분할과 정규 표현식 패턴 매칭을 통해 어휘 분석 및 파싱을 할 수 있는 언어를 번역할 때 편리하다. 연관 배열은 심볼 테이블 정보를 저장하는 용도로 제격이며, 패턴-액션 구조는 패턴 지향형 언어와 잘 어울린다.

남들이 가 보지 않은 새로운 분야에서 새로운 애플리케이션 언어를 설계할 때 어느 정도 실험을 거치지 않고서는 결정을 내리기 어렵다. Awk에서는 타당성을 실험하기 위한 프로토타입을 쉽게 만들 수 있다. 구현에 대규모 투자를 단행하기 전에 초기 설계를 어떻게 수정하면 좋을지 이 결과를 바탕으로 제안할 수 있다. 이런 프로토타입 프로세서가 성공적으로 잘 만들어지면 yacc, lex 같은 컴파일러 도구와 C나 파이썬 같은 프로그래밍 언어를 사용하여 프로토타입을 프로덕션 모델로 변환하는 것은 비교적 수월하다.

2 기존에 없던 새로운 개념이나 기술을 도입/적용하기 전에 검증하는 과정이다.

8장

알고리즘 실험

작동 원리를 깨치는 가장 좋은 방법은 작은 버전을 만들어 실험해 보는 것이다. 특히, 알고리즘이 그렇다. 코드를 직접 작성하면 의사 코드만으로는 쉽게 간과할 수 있는 문제를 명확하게 파악할 수 있다. 또한 이렇게 작성한 프로그램은 의도한 대로 작동하는지 테스트할 수 있지만, 의사 코드는 그럴 수 없다.

Awk는 이런 종류의 실험에 딱 맞는 도구다. 프로그램을 Awk로 작성하면 언어의 세부 사항 대신 알고리즘에 집중하기가 더 쉽다. 이 알고리즘이 더 큰 프로그램의 일부가 된다면, 조금이라도 빨리 프로토타입을 독립적으로 작동시켜 보는 것이 생산적일 수 있다. 또한 알고리즘을 어떤 언어로 구현하더라도 일단 작은 Awk 프로그램은 디버깅, 테스팅, 성능 평가 등의 스캐폴드(scaffold)[1]를 구축하는 용도로 유용하다.

이 장에서는 알고리즘 실험에 관해 설명하겠다. 전반부에서는 알고리즘 초보 코스에 꼭 등장하는 세 가지 정렬 방법을 설명하면서, 이를 테스트하고, 성능을 측정하며, 프로파일링하는 Awk 프로그램을 작성한다. 후반부에서는 유닉스 파일 업데이트 유틸리티 make의 진면목이라 할 만한 몇 가지 위상 정렬 알고리즘을 소개한다.

---

1 건축 현장에서 사람이나 장비를 올려 놓고 작업할 수 있도록 임시로 설치한 가시설물을 말하며, 여기서는 어떤 작업을 반복적으로 수행하기 위해 필요한 뼈대나 틀을 의미한다.

8.1 정렬

이 절에서는 잘 알려져 있고 유용한 삽입 정렬(insertion sort), 퀵 정렬(quick sort), 힙 정렬(heap sort)에 대해 설명한다. 삽입 정렬은 짧고 간단하지만 적은 수의 요소를 정렬하는 경우에만 효율적이며, 퀵 정렬은 최고의 범용 정렬 테크닉이고, 힙 정렬은 최악의 성능을 최적화한다. 세 알고리즘에 대해 각각 기본 아이디어를 설명하고, 코드로 구현해 보고, 테스트 루틴을 제시하고, 성능을 평가해 보겠다. 스캐폴딩 프로그램과 프로파일링 프로그램에서 영감을 받은 것처럼 여기도 대부분의 원본 코드는 존 벤틀리가 만든 것이다.

삽입 정렬

기본 아이디어: 삽입 정렬은 말하자면 카드를 한 번에 하나씩 손으로 집어 들어 각각 적절한 위치에 삽입하여 정렬하는 방법이다.

구현: 다음 코드는 배열 A[1], ..., A[n]을 오름차순으로 정렬한다. (엄밀히 따지면 중복된 요소가 있을 수도 있으므로 '비내림차순(non-decreasing order)'이라고 해야 더 정확하겠지만 너무 시시콜콜 따지는 듯하다.) 첫 번째 액션은 입력을 한 번에 한 라인씩 배열로 읽는다. END 액션은 isort를 호출한 결과를 출력한다.

```
# isort.awk - 삽입 정렬

    { A[NR] = $0 }

END { isort(A, NR)
      for (i = 1; i <= NR; i++)
          print A[i]
    }

# A[1..n]를 삽입 정렬한다.

function isort(A,n,    i,j,t) {
    for (i = 2; i <= n; i++) {
        for (j = i; j > 1 && A[j-1] > A[j]; j--) {
            # A[j-1]와 A[j]를 서로 바꾼다.
            t = A[j-1]; A[j-1] = A[j]; A[j] = t
        }
    }
}
```

배열 A의 1부터 i-1번째 요소는 isort의 바깥 루프 시작점에서 원래 입력된 순서를 유지한다. 안쪽 루프는 현재 i번째 위치에 있는 요소를 배열 시작점으로 옮기면서 자신보다 더 큰 요소를 지나가게 한다. 바깥쪽 루프가 끝나면 n개의 모든 요소가 정렬된다.

이 프로그램은 숫자나 문자열 모두 문제없이 정렬한다. 다만 혼합 입력(mixed input)을 하면 강제 변환(coercion) 때문에 비교 결과가 예상을 벗어날 수 있으므로 주의해야 한다. 예를 들어 숫자로는 2가 10 앞이지만 문자열 "2"는 문자열 "10" 뒤다.

만약 배열 A에 정수가 8개 있다면

```
8 1 6 3 5 2 4 7
```

다음 과정을 거쳐 정렬될 것이다.

```
8|1 6 3 5 2 4 7
1 8|6 3 5 2 4 7
1 6 8|3 5 2 4 7
1 3 6 8|5 2 4 7
1 3 5 6 8|2 4 7
1 2 3 5 6 8|4 7
1 2 3 4 5 6 8|7
1 2 3 4 5 6 7 8|
```

배열에서 정렬된 부분과 아직 정렬되지 않은 요소는 |로 구분했다.

테스트: isort는 어떻게 테스트할까? 첫째, 그냥 타이핑해서 결과를 확인한다. 처음에는 이렇게 테스트를 해 보겠지만, 규모가 큰 프로그램을 신중하게 테스트하는 방법으로는 적합하지 않다. 둘째, 대량으로 난수를 생성해 출력 결과를 확인한다. 첫 번째보다는 분명히 개선된 방법이지만, 코드가 잘못된 길로 빠지기 쉬운 부분, 즉 어떤 수치상의 경계와 특수한 경우를 체계적으로 공략하는 소규모 테스트 세트로도 좋은 결과를 얻을 수 있다. 예를 들어 정렬 루틴에서는 다음과 같은 항목이 해당된다.

- 길이가 0인 입력(빈 입력)
- 길이가 1인 입력(하나의 숫자)

- 임의로 뽑은 n개의 숫자

- 정렬된 n개의 숫자

- 역순으로 정렬된 n개의 숫자

- 동일한 n개의 숫자

이 장의 목표 중 하나는 Awk를 사용해서 알고리즘 프로그램의 테스트와 평가를 수행하는 방법을 보여 주는 것이었다. 각 정렬 루틴에 대한 테스트를 생성하고 결과를 평가하는 작업을 자동화하는 예를 통해 이를 설명해 보겠다.

서로 다른 두 가지 접근 방식이 있으며, 각각 고유한 장점이 있다. 첫 번째 접근 방식은 '배치 모드(batch mode)'라고 부를 수 있다. 사전에 계획된 테스트 세트를 실행하는 프로그램을 작성해, 앞에서 설명한 정렬 기능을 테스트하는 것이다. 다음은 데이터를 생성하고 결과를 확인하는 루틴이다. isort 외에도 다양한 유형의 배열을 생성하고 배열이 정렬되었는지 확인하는 함수가 보인다.

```
# ptest.awk - 정렬 루틴의 배치 테스트

BEGIN {
    print " 0 elements"
    isort(A, 0); check(A, 0)
    print " 1 element"
    genid(A, 1); isort(A, 1); check(A, 1)

    n = 10
    print " " n " random integers"
    genrand(A, n); isort(A, n); check(A, n)

    print " " n " sorted integers"
    gensort(A, n); isort(A, n); check(A, n)

    print " " n " reverse-sorted integers"
    genrev(A, n); isort(A, n); check(A, n)

    print " " n " identical integers"
    genid(A, n); isort(A, n); check(A, n)
}

function isort(A,n,    i,j,t) {
    for (i = 2; i <= n; i++) {
        for (j = i; j > 1 && A[j-1] > A[j]; j--) {
            # A[j-1]와 A[j]를 서로 바꾼다.
            t = A[j-1]; A[j-1] = A[j]; A[j] = t
```

```
            }
        }
    }

# 테스트 생성 및 정렬 루틴

function check(A,n,    i) {
    for (i = 1; i < n; i++) {
        if (A[i] > A[i+1])
            printf("array is not sorted, element %d\n", i)
    }
}

function genrand(A,n,    i) {  # 무작위 숫자 n개를 A에 넣는다.
    for (i = 1; i <= n; i++)
        A[i] = int(n*rand())
}

function gensort(A,n,    i) {  # 정렬된 정수 n개를 A에 넣는다.
    for (i = 1; i <= n; i++)
        A[i] = i
}

function genrev(A,n,    i) {  # 역순으로 정렬된 정수 n개를 A에 넣는다.
    for (i = 1; i <= n; i++)
        A[i] = n+1-i
}

function genid(A,n,    i) {  # 동일한 정수 n개를 A에 넣는다.
    for (i = 1; i <= n; i++)
        A[i] = 1
}
```

두 번째 접근 방식은 다소 덜 전통적인 방법이지만, Awk에 특히 잘 맞는다. 이 아이디어는 테스트를 대화형으로 쉽게 실행할 수 있는 프레임워크 또는 스캐폴딩을 구축하는 것이다. 이 스타일은 배치 테스트를 보완할 수 있는 좋은 수단이며, 특히 정렬처럼 알고리즘이 잘 이해되지 않을 때 유용하다. 대화형이라 그때그때 테스트를 쉽게 만들어 낼 수 있어 디버깅 작업을 할 때도 편리하다.

구체적으로 테스트 데이터와 연산을 생성하는 작은 언어를 하나 설계해 보자. 뭔가 대단한 일을 하거나 많은 사용자를 처리할 필요가 없으므로 복잡할 이유는 없다. 또한 필요하다면 코드를 폐기하고 다시 시작하기도 쉽다.

우리의 언어는 특정 유형의 n개 요소로 구성된 배열을 자동으로 생성하고, 사용자가 원하는 값으로 데이터 배열을 직접 지정할 수 있으며, 이 장 후반부에서 실행할 정렬 알고리즘의 이름을 지정할 수 있다. 네이밍 기능을 제공한다. 이전 예제와 동일한 정렬 및 데이터 생성 루틴은 생략하겠다.

프로그램의 기본 구조는 입력을 스캔하여 데이터 유형과 사용할 알고리즘 유형을 결정하는 일련의 정규 표현식으로 이루어져 있다. 이들 패턴 중 입력과 일치하는 게 하나도 없으면 올바른 사용 방법을 제안하는 에러 메시지를 내보낸다. 단순히 잘못된 입력이라고 알리는 것보단 훨씬 더 유용할 것이다.

```
# scaff.awk - 대화형 정렬 루틴 테스트 프레임워크

/^[0-9]+.*rand/ { n = $1; genrand(A, n); dump(A, n); next }
/^[0-9]+.*id/   { n = $1; genid(A, n); dump(A, n); next }
/^[0-9]+.*sort/ { n = $1; gensort(A, n); dump(A, n); next }
/^[0-9]+.*rev/  { n = $1; genrev(A, n); dump(A, n); next }
/^data/ {        # 이 라인부터 데이터를 직접 사용한다.
    delete A  # 배열을 정리하고 처음부터 시작한다.
    for (i = 2; i <= NF; i++)
        A[i-1] = $i
    n = NF - 1
    next
}
/q.*sort/ { qsort(A, 1, n); check(A, n); dump(A, n); next }
/h.*sort/ { hsort(A, n); check(A, n); dump(A, n); next }
/i.*sort/ { isort(A, n); check(A, n); dump(A, n); next }
/./  { print "data ... | N [rand|id|sort|rev]; [qhi]sort" }

function dump(A, n) {     # A[1]..A[n]를 출력한다.
    for (i = 1; i <= n; i++)
        printf(" %s", A[i])
    printf("\n")
}

# 테스트 생성 및 정렬 루틴
...
```

정규 표현식을 보니 직관적이다. qsort는 퀵 정렬, hsort는 힙 정렬을 수행하는 식이다. 자동 생성을 하지 않고 직접 데이터를 입력하는 것도 가능하므로 숫자는 물론 텍스트에 대해서도 알고리즘 테스트를 할 수 있다. 다음은 이 코드를 실행하여 대화형으로 입력한 예다.

```
10 random
 6 4 7 6 6 3 0 2 8 0
isort
 0 0 2 3 4 6 6 6 7 8
10 reverse
 10 9 8 7 6 5 4 3 2 1
qsort
 1 2 3 4 5 6 7 8 9 10
data now is the time for all good men
hsort
 all for good is men now the time
```

성능: isort의 연산 횟수는 정렬할 요소 개수 n과 현재 정렬된 상태에 따라 달라진다. 최악의 경우 삽입 정렬은 시간 복잡도가 $O(n^2)$인 알고리즘으로 실행 시간이 정렬할 요소 개수의 제곱에 비례한다. 즉, 요소가 2배 늘어나면 정렬 시간은 약 4배 증가한다. 그러나 요소가 이미 거의 정렬된 상태이고 각 요소가 평균적으로 몇 번만 위치를 바꾸면 되는 경우 작업량이 확 줄어들어 실행 시간은 선형적으로, 즉 요소 개수에 비례해서 증가한다.

다음은 역순 정렬, 무작위, 동일 요소 시퀀스의 세 가지 입력을 정렬할 때 정렬할 요소 개수에 따른 isort의 성능을 나타낸 그래프다. 정렬할 때 필요한 작업량을 객관적으로 정량화하기 위해 요소의 비교와 교환 횟수를 셌다. 보다시피 isort 성능은 역순 정렬된 시퀀스에서 무작위 시퀀스보다 더 나쁘고, 두 시퀀스 모두 동일 요소 시퀀스보다 훨씬 나쁜 성능을 보인다. 그래프에는 없지만 정렬이 완료된 시퀀스의 성능은 동일 요소 시퀀스의 성능과 비슷하다.

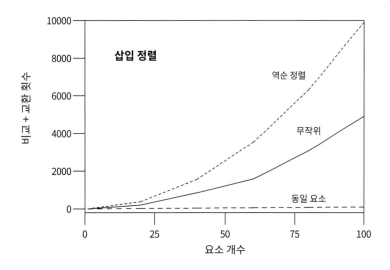

요약하면 삽입 정렬은 적은 수의 요소를 정렬할 때는 좋은 편이지만, 입력이 대부분 정렬된 상태에 가까운 게 아니라면 요소 개수가 늘어날수록 성능이 크게 저하된다.

우리는 이 그래프와 이 장에 있는 다른 그래프를 그리고자 각 정렬 함수에 두 가지 카운터를 추가했다. 하나는 비교 횟수, 또 하나는 교환 횟수를 센다. 다음은 카운터가 있는 isort 버전이다.

```
function isort(A,n,   i,j,t) {   # 카운터 기능을 추가한 삽입 정렬
    for (i = 2; i <= n; i++) {
        for (j = i; j > 1 && ++comp &&
          A[j-1] > A[j] && ++exch; j--) {
            # A[j-1]와 A[j]를 서로 바꾼다.
            t = A[j-1]; A[j-1] = A[j]; A[j] = t
        }
    }
}
```

모든 개수 세기는 내부 for 루프의 표현식에서 이루어진다. 테스트는 &&로 연결되어 있어서 왼쪽에서 오른쪽으로 평가되며, 조건이 false가 될 때까지 진행된다. ++comp는 항상 참이므로 (여기서 전위 증가는 필수다.) comp는 배열 요소를 비교하기 직전에 정확히 한 번 증가한다. 이와 달리 exch는 정렬이 안 맞을 때만 증가한다.

다음은 우리가 테스트를 구성하고 그래프 데이터를 얻으려고 사용했던 프로그램이다. 다시 말하건대, 이 프로그램은 매개변수를 지정한 일종의 작은 언어다.

```
# frame.awk - 정렬 성능 평가용 테스트 프레임워크
#   입력: 정렬 알고리즘 명칭, 데이터 타입, 크기 등
#   출력: 명칭, 타입, 크기, 비교, 교환, 비교 + 교환

{   for (i = 3; i <= NF; i++)
        test($1, $2, $i)
}

function test(sort, data, n) {
    comp = exch = 0
    if (data ~ /rand/)
        genrand(A, n)
    else if (data ~ /id/)
        genid(A, n)
```

```
    else if (data ~ /rev/)
        genrev(A, n)
    else
        print "illegal type of data in", $0
    if (sort ~ /q.*sort/)
        qsort(A, 1, n)
    else if (sort ~ /h.*sort/)
        hsort(A, n)
    else if (sort ~ /i.*sort/)
        isort(A, n)
    else
        print "illegal type of sort in", $0
    print sort, data, n, comp, exch, comp+exch
}

# 테스트 생성 및 정렬 루틴
...
```

다음과 같은 라인 시퀀스를 입력하면

```
isort random 0 20 40 60 80 100
isort ident 0 20 40 60 80 100
```

명칭, 타입, 크기, 그리고 크기별 횟수 정보가 포함된 라인이 출력된다. 이 출력은 7.2절에서 설명한 그래프 드로잉 프로그램 중 하나로 입력된다.

- ☑ **연습 문제 8-1** 출력이 입력의 순열(permutation)인지 확인하는 테스트가 누락됐다. 추가하라.

- ☑ **연습 문제 8-2** check 함수는 철저한 테스트가 아니다. 이 함수는 어떤 종류의 에러를 감지하지 못할까? 더 꼼꼼하게 검사하려면 어떻게 구현해야 할까?

- ☑ **연습 문제 8-3** 우리의 테스트는 대부분 정수 정렬을 전제로 한다. isort는 다른 종류의 입력에 어떻게 동작할까? 보다 범용적인 데이터를 처리하려면 테스트 프레임워크를 어떻게 고쳐야할까?

- ☑ **연습 문제 8-4** 우리는 각각의 기본 연산마다 일정한 시간이 걸린다고 암묵적으로 가정했다. 다시 말해, 배열 요소에 접근하고, 두 값을 비교하고, 더하고, 할당하는 등의 작업 소요 시간이 고정됐다고 본 것이다. 이러한 가정이 Awk 프로그램에서도 합리적일까? 대량 데이터를 처리하는 프로그램을 작성해서 테스트해 보라.

퀵 정렬

기본 아이디어: 퀵 정렬은 1960년대 초반 토니 호어(Tony Hoare)가 고안한 분할 정복 기법으로, 가장 효율적인 범용 정렬 알고리즘이다. 요소 시퀀스를 2개의 하위 시퀀스로 나누고 각 하위 시퀀스를 다시 재귀적으로 정렬한다. 분할 단계에서는 시퀀스 중 한 요소를 분할 요소(partition element)[2]로 선택한 다음, 이를 기준으로 나머지 요소들을 더 작은 요소와 더 크거나 같은 요소의 두 그룹으로 나눈다. 이 두 그룹을 상대로 또 다시 퀵 정렬을 재귀 호출해서 정렬한다. 시퀀스에 두 개 미만의 요소가 있으면 정렬이 끝난 것으로 간주하고 아무 작업도 하지 않는다.

구현: 퀵 정렬 알고리즘은 분할 단계를 어떻게 처리하는가에 따라 구현 방법이 달라진다. 우리가 이 책에서 사용한 방법이 단순해서 이해하기는 쉽지만 가장 **빠른** 방법은 아니다. 이 알고리즘은 재귀 호출되므로 분할 단계는 하위 배열(subarray) A[left], A[left + 1], ..., A[right]에 적용되는 것으로 설명하겠다.

먼저, 분할 요소를 선택하기 위해 [left, right] 범위에서 임의의 숫자 r을 고른다. 즉, 배열에서 r 위치에 있는 요소 p가 분할 요소가 된다. 그런 다음 A[left]와 A[r]을 교환한다. 분할 단계에서 배열은 A[left]에 요소 p를 포함하고, 그 다음에 p보다 작은 요소들, p보다 크거나 같은 요소들, 그리고 아직 처리되지 않은 요소 순서로 나열된다.

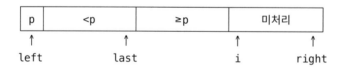

last는 p보다 작은 요소 중 가장 뒤쪽에 위치한 요소를 가리키는 인덱스이고, i는 아직 처리하지 않은 다음 요소를 가리키는 인덱스다. 처음에는 last와 left가 같고 i는 left+1과 같다.

분할 루프에서는 요소 A[i]를 p와 비교한다. A[i] ≥ p이면 i를 증가시킨다. A[i] < p이면 last를 증가시키고 A[last]와 A[i]를 교환한 후 i를 증가시킨다. 이런 식으로 배열의 모든 요소를 처리한 후 A[left]를 A[last]와 교환한다.

이제 분할 단계가 완료되었고, 배열은 다음과 같은 모습이 된다.

---

2 알고리즘 책에서는 보통 피벗(pivot)이라는 용어를 더 많이 쓰지만, 이 책에서는 저자가 사용한 분할 요소로 옮긴다.

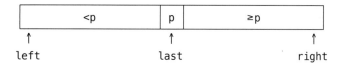

이제 같은 과정을 왼쪽, 오른쪽 하위 배열에 적용한다.

8개 요소로 구성된 배열을 퀵 정렬로 정렬한다고 가정해 보자.

```
8 1 6 3 5 2 4 7
```

우리는 첫 번째 단계에서 4를 분할 요소로 선택했다. 분할 단계에서 배열은 이 요소를 중심으로 다음과 같이 재배열될 것이다.

```
2 1 3|4|5 6 8 7
```

이제 왼쪽 하위 배열 2 1 3과 오른쪽 하위 배열 5 6 7 8을 재귀 정렬한다. 하위 배열의 요소가 두 개 미만이면 재귀가 중지된다.

다음 코드는 퀵 정렬을 구현한 qsort 함수다. 테스트 루틴은 삽입 정렬을 설명할 때 썼던 것과 같다.

```awk
# qsort.awk - 퀵 정렬

    { A[NR] = $0 }

END { qsort(A, 1, NR)
      for (i = 1; i <= NR; i++)
          print A[i]
    }

# qsort - A[left..right]를 퀵 정렬한다.

function qsort(A,left,right,    i,last) {
    if (left >= right)    # 배열 요소가 2개 미만이면
        return            # 아무것도 안 한다.
    swap(A, left, left + int((right-left+1)*rand()))
    last = left    # 이제 A[left]가 분할 요소다.
    for (i = left+1; i <= right; i++)
        if (A[i] < A[left])
            swap(A, ++last, i)
    swap(A, left, last)
```

```
    qsort(A, left, last-1)
    qsort(A, last+1, right)
}

function swap(A,i,j, t) {
    t = A[i]; A[i] = A[j]; A[j] = t
}
```

성능: qsort의 연산 횟수는 분할 요소가 각 단계에서 배열을 얼마나 균등하게 나누느냐에 따라 달라진다. 배열이 항상 균등하게 분할된다면 실행 시간은 $O(n \log n)$에 비례하므로 요소 개수가 2배 늘어도 2배 남짓한 시간만 소요된다.

최악의 경우에는 모든 분할 단계마다 두 하위 배열 중 하나가 빈 상태가 될 것이다. 모든 요소가 같으면 이런 일이 일어나는데, 이때 퀵 정렬의 성능은 $O(n^2)$이다. 아래 그래프를 통해 삽입 정렬 시 사용했던 세 가지 시퀀스(역순 정렬, 무작위, 동일 요소)에 대해 qsort가 얼마나 빠른지 알 수 있다. 보다시피 동일 요소 시퀀스일 때 다른 두 시퀀스보다 연산 횟수가 훨씬 가파르게 증가한다.

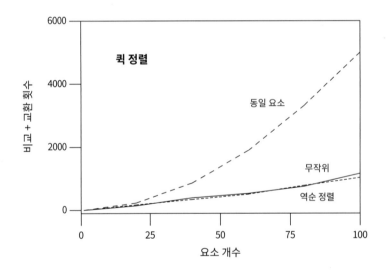

☑ **연습 문제 8-5** 비교 횟수, 교환 횟수를 세는 코드를 qsort에 추가하라. 우리와 비슷한 결과 데이터가 나오는가?

☑ **연습 문제 8-6** 연산 횟수를 세는 대신 프로그램의 실행 시간을 측정하라. 그래프가 비슷한가? 데이터를 더 많이 입력해 보라. 그래도 그래프가 같은 모양인가?

힙 정렬

기본 아이디어: 우선순위 큐(priority queue)는 요소를 저장하고 검색하기 위한 자료 구조다. 새 요소를 큐에 삽입하거나 큐에서 가장 큰 요소를 추출하는 두 가지 작업이 있는데, 이러한 특성을 지닌 우선순위 큐를 정렬에도 사용할 수 있다. 먼저 모든 요소를 큐에 넣은 뒤 한 번에 하나씩 제거한다. 단계마다 남은 요소 중 가장 큰 것이 제거되므로 요소들은 자연스레 내림차순으로 추출된다. 이것이 바로 1960년대 초 존 윌리엄스(J. W. J. Williams)와 로버트 플로이드(R. W. Floyd)가 고안한 힙 정렬의 기반 기술이다.

힙 정렬은 **힙**(heap)이라는 자료 구조를 사용하여 우선순위 큐를 유지한다. 힙은 다음 두 가지 속성을 지닌 이진 트리(binary tree)다.

1. 균형 이진 트리(balanced binary tree): 잎(leaf)은 최대 2개의 서로 다른 레벨에서 나타나고, 맨 아래 (루트에서 가장 멀리 떨어진) 레벨의 잎은 가장 왼쪽에 온다.
2. 부분 정렬(partially ordered): 각 노드에 저장된 요소는 자기 자식 노드의 요소보다 크거나 같다.

다음 그림은 요소 10개로 구성된 힙이다.

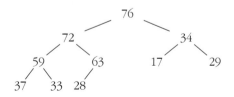

힙에서 주목해야 할 특징은 두 가지다. 첫째, n개의 노드가 있는 경우, 루트에서 잎까지의 어떤 경로도 $\log_2 n$보다 길지 않다. 둘째, 가장 큰 요소는 항상 루트(힙의 맨 위)에 위치한다.

이진 트리의 노드에 있는 요소가 '너비 우선(breadth-first)' 순서로 나타나는 배열 A로 힙을 시뮬레이션하면 명시적인 이진 트리는 필요 없다. 다시 말해, 루트 요소는 A[1]에 나타나고 그 자식은 A[2]와 A[3]에 나타난다. 일반적으로 노드가 A[i]에 있다면 그 자식들은 A[2i]와 A[2i + 1]에 있으며, 자식이 하나만 있다면 A[2i]에만 위치한다. 따라서 방금 전 배열 A는 다음과 같이 채워질 것이다.

A[1]	A[2]	A[3]	A[4]	A[5]	A[6]	A[7]	A[8]	A[9]	A[10]
76	72	34	59	63	17	29	37	33	28

힙에서 요소가 부분적으로 정렬되는 속성이라 함은, A[i]가 A[$2i$]와 A[$2i+1$]에 있는 자식보다 크거나 같고, 자식이 하나라면 A[$2i$]에 있는 자식보다 크거나 같다는 말이다. 배열의 요소들이 이 조건을 충족하면 '힙 속성(heap property)'을 가진다고 말한다.

구현: 힙 정렬은 힙을 만들고 요소를 순서대로 추출하는 두 단계로 진행된다. 두 단계 모두 heapify(A,i,j)라는 함수로 요소를 적절한 수준까지 걸러내고, A[i], A[i+1], ..., A[j]가 이미 속성을 갖고 있다고 가정해서 하위 배열 A[i], A[i+1], ..., A[j]에 힙 속성을 부여한다. heapify의 기본 임무는 A[i]와 그 자식을 비교하는 일이다. 만약 A[i]가 자식이 없거나 자식보다 크면 그냥 반환한다. 그렇지 않으면 A[i]를 가장 큰 자식과 교환하고 해당 자식에서 연산을 반복한다.

첫 번째 단계에서 i가 $n/2$에서 1까지 내려가는 동안 힙 정렬은 heapify(A,i,n)를 호출하여 배열을 힙으로 변환한다.

두 번째 단계가 시작될 때 i를 n으로 설정한다. 그런 다음 세 가지 단계가 반복적으로 실행된다. 첫째, 힙에서 가장 큰 요소인 A[1]과 힙에서 가장 오른쪽에 있는 요소 A[i]를 교환한다. 둘째, i를 1만큼 감소시켜 힙의 크기를 줄인다. 이 두 단계가 끝나면 힙에서 가장 큰 요소가 제거되고, 그 결과 배열의 마지막 $n - i + 1$개 요소는 순서대로 정렬된다. 셋째, heapify(A,l,$i-1$)를 호출해서 배열 A의 처음 $i-1$개 요소에 힙 속성을 복원한다.

이 세 단계는 힙에 가장 작은 요소가 하나만 남을 때까지 반복된다. 배열의 남은 요소들은 오름차순으로 정렬되므로 전체 배열은 이제 정렬된 상태다. 이 과정 중에 배열은 다음과 같은 모습이다.

힙	정렬 완료
↑ ↑	↑
1 i	n

1부터 i 번째까지 요소는 힙 속성을 가진다. 한편, $i+1$부터 n번째까지 요소는 오름차순으로 정렬된, 가장 큰 $n - i$개 요소들이다. 이 '정렬된' 요소는 모두 '힙'에 있는 요소보다 크거나 같다. 초기에는 $i = n$이므로 정렬된 부분이 없다.

앞서 예로 든 배열 요소를 보자. 이들은 이미 힙 속성을 갖고 있다. 첫 번째 단계에서 76과 28을 교환한다.

```
28 72 34 59 63 17 29 37 33 | 76
```

두 번째 단계에서 힙 크기를 9로 줄인다. 그런 다음 세 번째 하위 단계에서 일련의 교환을 통해 28은 적절한 위치로 옮기고 처음 9개 요소에 힙 속성을 부여한다.

```
72 63 34 59 28 17 29 37 33 | 76
```

이 과정은 모든 자식이 28보다 작거나 같은 노드로 이동할 때까지 28을 이진 트리의 루트에서 잎 방향으로 이동시키는 것과 같다.

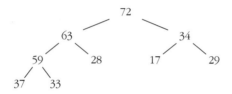

다음 반복의 첫 번째 단계에서 72와 33을 교환한다.

```
33 63 34 59 28 17 29 37 | 72 76
```

두 번째 단계에서 i는 8로 감소시키고, 세 번째 단계에서 33을 적절한 위치로 옮긴다.

```
63 59 34 37 28 17 29 33 | 72 76
```

또 다음 반복은 63과 33의 교환으로 시작되어 결국 다음과 같은 모습이 된다.

```
59 37 34 33 28 17 29 | 63 72 76
```

배열이 정렬될 때까지 이와 같은 과정이 계속된다.

다음 프로그램은 지금까지 설명한 절차에 따라 입력을 오름차순으로 정렬한다.

대부분의 단일 표현식 문장을 중괄호로 감싼 이유는 다음 절에서 프로파일링을 배울 때 알게 될 것이다.

```
# heapsort - 힙 정렬

    { A[NR] = $0 }
END { hsort(A, NR)
    for (i = 1; i <= NR; i++)
        { print A[i] }
    }

function hsort(A,n,    i) {
    for (i = int(n/2); i >= 1; i--)    # 1단계
        { heapify(A, i, n) }
    for (i = n; i > 1; i--) {           # 2단계
        { swap(A, 1, i) }
        { heapify(A, 1, i-1) }
    }
}

function heapify(A,left,right,    p,c) {
    for (p = left; (c = 2*p) <= right; p = c) {
        if (c < right && A[c+1] > A[c])
            { c++ }
        if (A[p] < A[c])
            { swap(A, c, p) }
    }
}
function swap(A,i,j,    t) {
    t = A[i]; A[i] = A[j]; A[j] = t
}
```

성능: heapify의 실행 시간은 $O(\log n)$이므로 최악의 경우에도 hsort의 총 연산 횟수는 $O(n \log n)$이다. 다음 그림은 삽입 정렬과 퀵 정렬에 사용했던 같은 입력 시퀀스를 힙 정렬한 경우의 연산 횟수를 비교한 것이다. 보다시피 동일 요소를 입력한 경우 퀵 정렬보다 성능이 더 낫다.

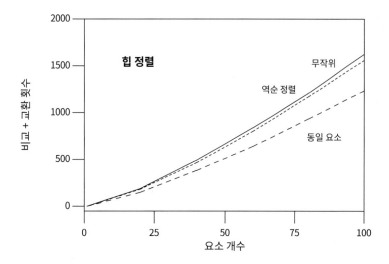

같은 무작위 데이터에 대해 지금까지 소개한 세 가지 정렬 알고리즘의 성능을 비교한 그래프다.

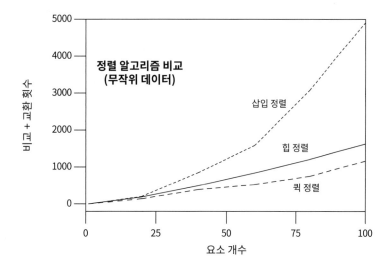

무작위 데이터에서 isort의 성능은 $O(n^2)$인 반면, hsort와 qsort의 성능은 $O(n \log n)$이라는 사실에 주목하자. 이 그래프만 봐도 좋은 알고리즘이 얼마나 중요한지 실감이 난다. 요소 개수가 증가할수록 $O(n^2)$과 $O(n \log n)$ 프로그램의 성능은 급격히 벌어진다.

☑ **연습 문제 8-7** check 함수를 실행하면 isort의 출력은 항상 정렬된 것으로 나온다. qsort와 hsort도 그럴까? 입력에 숫자만 있거나 숫자처럼 보이지 않는 문자열인 경우에도 그럴까?

8.2 프로파일링

앞 절에서는 특정 연산이 일어난 횟수를 세는 방식으로 정렬 프로그램의 성능을 평가했다. 프로그램의 성능을 평가하는 또 다른 방법은 프로파일링(profiling), 즉 각 문장의 실행 횟수를 세는 것이다. 대부분의 프로그래밍 환경에는 **프로파일러**라는 도구가 탑재되어 있어서 각 문장 또는 함수의 실행 횟수를 출력하는 프로그램을 만들 수 있다.

Awk용 프로파일러는 없지만, 이 절에서 짧은 두 프로그램을 만들어 프로파일러를 한번 흉내내 보자. 첫 번째 프로그램 makeprof는 프로그램에 개수 세기 및 출력 문장을 삽입하여 프로파일링 버전의 Awk 프로그램을 만든다. 프로파일링 프로그램이 어떤 입력을 받아 실행되면 문장별 실행 횟수를 세고 prof.cnts 파일에 횟수를 저장한다. 두 번째 프로그램 printprof는 이 prof.cnts 파일에 있는 문장 수를 원래 프로그램에 덧붙인다.

여기서는 편의상 프로그램 실행 도중 왼쪽 중괄호가 '실행된' 횟수만 세어 보자. 모든 액션과 복합문은 중괄호로 감싸므로 이 정도면 충분하다. 그러나 어떤 문장이라도 중괄호로 감쌀 수 있으므로 가급적 많은 문장을 중괄호로 감싸면 더 정확한 실행 횟수를 얻을 수 있다.

makeprof는 평범한 Awk 프로그램을 프로파일링 버전으로 변환하는 프로그램이다. 이 프로그램은 *i*번째 입력 라인에서 제일 처음 나온 중괄호 바로 뒤에 다음과 같은 개수 세기 문장을 삽입한다.

```
_LBcnt[i]++;
```

그리고 입력 라인당 하나씩 prof.cnts에 카운터 값을 출력하는 새로운 **END** 액션을 추가한다.

```
# makeprof - Awk 프로그램의 프로파일링 버전 준비
#    사용법: awk -f makeprof awkprog >awkprog.p
#        awk -f awkprog.p data를 실행하면
#        awkprog의 문장 실행 횟수가 기록된 prof.cnts 파일이 생성된다.

    { sub(/{/, "{ _LBcnt[" ++_numLB "]++; ")
      print
    }
```

```
END { printf("END { for (i = 1; i <= %d; i++)\n", _numLB)
      printf("\t\t print _LBcnt[i] > \"prof.cnts\"\n}\n")
    }
```

프로파일링 버전의 프로그램에 데이터를 입력하여 실행한 후에는 다음 printprof
를 사용해서 prof.cnts 파일의 문장 개수를 원래 프로그램에 덧붙인다.

```
# printprof - 프로파일링 카운트를 출력한다.
#     사용법: awk -f printprof awkprog
#     prof.cnts에 있는 문장 실행 횟수를 출력한다.

BEGIN { while (getline < "prof.cnts" > 0) cnt[++i] = $1 }

/{/    { printf("%5d", cnt[++j]) }

       { printf("\t%s\n", $0) }
```

그럼 8.1절에서 배운 heapsort 프로그램을 프로파일링해 보자. 프로파일링 버전의
프로그램은 다음 명령줄로 생성한다.

```
awk -f makeprof heapsort >heapsort.p
```

heapsort.p 프로그램이 생성될 것이다.

```
# heapsort.p - 힙 정렬

    { _LBcnt[3]++; A[NR] = $0 }

END { _LBcnt[5]++; hsort(A, NR)
      for (i = 1; i <= NR; i++)
          { _LBcnt[7]++; print A[i] }
    }

function hsort(A,n,    i) { _LBcnt[10]++;
    for (i = int(n/2); i >= 1; i--)              # 1단계
        { _LBcnt[12]++; heapify(A, i, n) }
    for (i = n; i > 1; i--) { _LBcnt[13]++;      # 2단계
        { _LBcnt[14]++; swap(A, 1, i) }
        { _LBcnt[15]++; heapify(A, 1, i-1) }
    }
}
function heapify(A,left,right,    p,c) { _LBcnt[18]++;
```

```
    for (p = left; (c = 2*p) <= right; p = c) { _LBcnt[19]++;
        if (c < right && A[c+1] > A[c])
            { _LBcnt[21]++; c++ }
        if (A[p] < A[c])
            { _LBcnt[23]++; swap(A, c, p) }
    }
}
function swap(A,i,j,    t) { _LBcnt[26]++;
    t = A[i]; A[i] = A[j]; A[j] = t
}
END { for (i = 1; i <= 28; i++)
    print _LBcnt[i] > "prof.cnts"
}
```

개수 세기 문장 13개가 원래 프로그램에 삽입되었고, 실행 횟수를 prof.cnts 파일
에 기록하는 두 번째 END 절도 추가되었다. 여러 BEGIN과 END 액션은 등장 순서에
따라 하나로 결합된 것처럼 취급된다.

　자, 정수 난수 100개를 heapsort.p에 넣어 실행해 보자. 다음 명령을 입력하면 문
장 실행 횟수가 포함된 원래 프로그램의 목록을 얻을 수 있다.

```
awk -f printprof heapsort
```

실행 결과는 다음과 같다.

```
        # 힙 정렬

100         { A[NR] = $0 }
  1     END { hsort(A, NR)
            for (i = 1; i <= NR; i++)
100             { print A[i] }
        }

  1     function hsort(A,n,    i) {
            for (i = int(n/2); i >= 1; i--)    # 1단계
 50             { heapify(A, i, n) }
 99         for (i = n; i > 1; i--) {          # 2단계
 99             { swap(A, 1, i) }
 99             { heapify(A, 1, i-1) }
        }
    }
149     function heapify(A,left,right,    p,c) {
521         for (p = left; (c = 2*p) <= right; p = c) {
```

```
            if (c < right && A[c+1] > A[c])
232
                { c++ }
            if (A[p] < A[c])
485
                { swap(A, c, p) }
        }
    }
584 function swap(A,i,j,   t) {
        t = A[i]; A[i] = A[j]; A[j] = t
    }
```

단순함, 이 구현의 가장 큰 강점이자 동시에 가장 큰 약점이다. makeprof 프로그램은 각 라인에서 처음 보이는 왼쪽 중괄호 바로 뒤에 무조건 개수 세기 문장을 삽입하는데, 완성도를 높이려면 문자열 상수, 정규 표현식, 주석에 개수 세기 문장을 넣지 말아야 한다. 실행 횟수와 더불어 소요 시간도 나오면 좋겠지만, 이 프로그램에서는 불가능하다.

☑ **연습 문제 8-8** 문자열 상수, 정규 표현식, 주석에 개수 세기 문장이 삽입되지 않게 프로파일러를 수정하라. 이렇게 프로파일러를 수정하면 자기 스스로를 프로파일링할 수 있을까?

☑ **연습 문제 8-9** END 액션에 exit 문이 있으면 프로파일러가 작동하지 않는다. 왜 그럴까? 문제가 없도록 조치하라.

8.3 위상 정렬

건설 현장에서 어떤 작업은 다른 작업을 시작하기 전에 반드시 완료해야 한다. 각 작업이 그 이후에 해야 할 작업보다 먼저 나오도록 나열하고 싶다고 하자. 프로그램 라이브러리에서 a 프로그램은 h 프로그램을 호출할 수 있고, h 프로그램은 d 프로그램과 e 프로그램을 호출하는 식이다. 어떤 프로그램이 호출하는 모든 프로그램보다 먼저 나타나도록 순서를 정렬하고 싶다. 이런 부류의 문제를 해결하는 방법이 바로 **위상 정렬**(topological sorting)이다. 'x가 y보다 먼저 와야 한다.'는 형태의 제약조건을 충족하도록 정렬하는 문제다. 위상 정렬에서는 제약조건으로 표현된 부분 순서(partial order)를 따르기만 하면 어떤 선형 순서라도 사용할 수 있다.

제약조건은 노드에 레이블을 붙인 그래프로 나타낸다. x가 y보다 먼저 와야 하면 노드 x에서 노드 y 방향으로 간선(edge)을 연결한다.

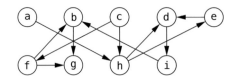

x에서 y로 가는 간선이 있으면 x는 y의 **선행자**(predecessor), y는 x의 **후행자**(successor)다. 위 그래프에서 각 입력 라인에 x에서 y로 가는 간선을 나타내는 x, y가 있고, 각각 선행자-후행자 쌍 형태의 제약조건이 있다고 하자.

x에서 y로 가는 간선이면 출력에서 x는 y보다 앞서야 한다. 위와 같은 입력이면 다음과 같이 출력될 수 있다.

```
a c f h e d i b g
```

그 밖에도 다음과 같이 그래프에 표시된 부분 순서를 포함한 많은 선형 정렬이 존재할 것이다.

```
c a h e d i f b g
```

위상 정렬은 모든 선행자가 후행자 앞에 나오도록 그래프의 노드를 정렬하는 문제다. 이런 순서는 한 노드에서 시작하여 다시 그 노드로 돌아오는 간선, 즉 **순환**(cycle)이 없는 그래프에서만 가능하다. 입력 그래프에 순환이 있으면 위상 정렬 프로그램은 이를 표시하고 선형 순서가 존재하지 않는다고 알려야 한다.

너비 우선 위상 정렬

그래프를 위상 정렬하는 알고리즘은 다양한데, 그중 반복할 때마다 선행자가 없는 노드를 그래프에서 제거하는 알고리즘이 가장 단순할 것이다. 이런 식으로 모든 노드가 그래프에서 제거되면 노드가 제거되는 순서가 곧 그래프의 위상 정렬이다. 앞서 본 예제 그래프에서는 노드 a와 그로부터 나오는 간선을 제거함으로써 시작할 수 있다. 그리고 나서 노드 c를 제거하고, 다시 노드 f와 노드 h를 차례로 제거하면 된다.

우리의 구현에서는 선행자가 없는 노드를 '너비 우선(breadth-first)' 방식에 따라 처리하기 위해 큐(queue)라는 선입선출(FIFO) 자료 구조를 사용한다. 모든 데이터를 읽은 다음, 첫 번째 루프에서 노드 수를 세고 선행자가 없는 모든 노드를 큐에 넣는다. 그리고 두 번째 루프에서 큐의 맨 앞에 있는 노드를 제거하고, 노드 이름을 출력하고, 그 후행 노드의 선행자 수를 1만큼 감소시킨다. 어떤 후행자의 선행자 수가 0이 되면 해당 후행자는 큐 뒤쪽으로 보낸다. 큐의 앞과 뒤가 만나고 노드가 전부 처리되면 모든 작업이 끝난다. 그러나 큐에 들어간 적이 한 번도 없는 노드가 있다면 순환이 발생한 것이다. 이런 경우에 위상 정렬은 불가능하다. 순환이 없으면 이렇게 출력된 시퀀스가 바로 위상 정렬의 결과다.

tsort의 처음 세 문장은 입력으로부터 선행자-후행자 쌍을 읽고 다음과 같이 후행자-리스트 자료 구조를 구성한다.

node	pcnt	scnt	slist
a	0	1	h
b	2	1	g
c	0	2	f, h
d	2	1	i
e	1	1	d
f	1	2	b, g
g	2	0	
h	2	2	d, e
i	1	1	b

pcnt, scnt 두 배열에는 각각 노드별 선행자 수와 후행자 수를 보관한다. slist[x ,i]는 노드 x의 i 번째 후행자에 해당하는 노드를 가리킨다. 첫 번째 라인은 pcnt의 요소가 없으면 이를 생성한다.

```
# tsort.awk - 그래프를 위상 정렬한다.
#    입력: 선행자-후행자 쌍
#    출력: 선형 순서, 선행자 우선

    { if (!($1 in pcnt))
        pcnt[$1] = 0                  # $1을 pcnt에 넣는다.
      pcnt[$2]++                      # $2의 선행자 수를 센다.
      slist[$1, ++scnt[$1]] = $2 # $2를 $1의 후행자에 추가한다.
    }

END { for (node in pcnt) {
        nodecnt++
        if (pcnt[node] == 0)    # 선행자가 하나도 없으면
            q[++back] = node    # 노드를 큐에 넣는다.
      }
      for (front = 1; front <= back; front++) {
          printf(" %s", node = q[front])
          for (i = 1; i <= scnt[node]; i++) {
              if (--pcnt[slist[node, i]] == 0)
                  # 선행자가 더 없으면 s를 큐에 넣는다.
                  q[++back] = slist[node, i]
          }
      }
      if (back != nodecnt)
          print "\nerror: input contains a cycle"
      printf("\n")
    }
```

Awk로 큐를 구현하기는 아주 쉽다. 앞쪽에 하나, 뒤쪽에 하나 이렇게 첨자가 2개
인 배열이 큐다.

☑ 연습 문제 8-10 그래프에서 고립된(isolated) 노드를 찾아내 알리도록 tsort를 수정하라.

깊이 우선 탐색

우리는 깊이 우선 탐색(depth-first search)이라는 중요한 기법을 설명하기 위해 위
상 정렬 프로그램을 하나 더 작성해 보려 한다. 이 기법은 유닉스 유틸리티 make에
서 발생하는 문제를 비롯해 수많은 그래프 관련 문제를 해결하는 데 사용할 수 있
으며, 이에 대해서는 다음 절에서 살펴볼 것이다. 또한 깊이 우선 탐색은 순환이 있
는 노드가 있는 그래프를 체계적으로 방문할 수 있는 또 다른 방법이다. 깊이 우선
탐색은 가장 기본적인 형태의 재귀적인 절차일 뿐이다.

```
dfs(node):
    방문한 node를 표시
    해당 node에서 모든 미방문 후행자 s에 대해 do
        dfs(s)
```

이 기법이 깊이 우선 탐색이라고 불리는 이유는 하나의 노드에서 시작해서 그 노드의 미방문 후행자(unvisited successor) 노드를 방문하고, 다시 그 후행자 노드의 미방문 후행자 노드를 방문하는 식으로, 가능한 한 신속하게 그래프의 깊은 곳까지 빠르게 내려가기 때문이다. 노드에 미방문 후행자가 하나도 없으면 해당 노드의 선행자 노드로 되돌아가 다른 미방문 후행자 노드를 깊이 우선 탐색 방식으로 방문한다.

다음 그래프를 보자. 깊이 우선 탐색을 노드 1에서 시작한다면 노드 1, 2, 3, 4 순서로 방문하게 될 것이다. 여기서 다른 미방문 노드인 5에서 시작하면 노드 5, 6, 7 순서로 방문하게 된다. 즉, 처음 탐색하는 지점이 달라지면 방문 순서 역시 달라진다.

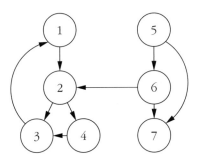

깊이 우선 탐색은 순환을 찾는 데 유용하다. (3,1)처럼 한 노드에서 이미 방문한 조상(ancestor) 노드로 연결된 간선을 **역행 간선**(back edge)이라고 한다. 역행 간선은 곧 순환을 나타내므로 순환을 찾으려면 역행 간선을 찾으면 된다. 다음 dfs 함수는 tsort처럼 후행자-리스트 데이터 형태로 저장된 그래프의 노드에서 도달 가능한 순환이 있는지 테스트한다.

```
# dfs.awk - 깊이 우선 탐색으로 순환(cycle)을 찾아낸다.

function dfs(node,    i, s) {
    visited[node] = 1
    for (i = 1; i <= scnt[node]; i++)
```

```
        if (visited[s = slist[node, i]] == 0)
            dfs(s)
        else if (visited[s] == 1)
            printf("cycle with back edge (%s, %s)\n", node, s)
    visited[node] = 2
}
```

이 함수는 노드의 방문 여부를 visited 배열을 보고 판단한다. 처음에는 모든 노드에서 visited[*x*]가 0이다. 노드 *x*에 처음 진입하면 dfs는 visited[*x*]를 1로 설정하고, 마지막에 *x*를 나가면 visited[*x*]를 2로 설정한다. 탐색하는 동안 dfs는 이 visited 배열을 보고 노드 *y*가 현재 노드의 조상인지(즉, 이미 방문한 노드인지) 판단한다. 만약 그렇다면 visited[*y*]가 1이 되고, 노드 *y*를 이전에 방문한 적이 있다면 visited[*y*]는 2가 된다.

깊이 우선 위상 정렬

dfs 함수는 쉽게 위상 정렬 절차로 전환할 수 있다. 순환이 없는 그래프라는 전제하에 노드에서의 탐색이 완료될 때마다 각 노드의 이름을 출력하면 역위상(reverse topological) 정렬된 노드 목록이 생성된다. rtsort 프로그램은 선행자-후행자 쌍의 시퀀스를 입력으로 받아서 그래프의 역위상 정렬을 출력한다. 또한 선행자 없는 모든 노드에 깊이 우선 탐색을 한다. 자료 구조는 tsort와 동일하다.

```
# rtsort.awk - 역순 위상 정렬
#   입력: 선행자-후행자 쌍
#   출력: 선형 정렬, 후행자 우선

    { if (!($1 in pcnt))
          pcnt[$1] = 0            # $1를 pcnt에 넣는다.
      pcnt[$2]++                  # $2의 선행자 수를 센다.
      slist[$1, ++scnt[$1]] = $2  # $2를 $1의 후행자에 추가한다.
    }

END { for (node in pcnt) {
          nodecnt++
          if (pcnt[node] == 0)
              rtsort(node)
      }
      if (pncnt != nodecnt)
          print "error: input contains a cycle"
      printf("\n")
```

ठणडजन

जजनजजनजॐॐॐ।।

```
    }

function rtsort(node,    i, s) {
    visited[node] = 1
    for (i = 1; i <= scnt[node]; i++) {
        if (visited[s = slist[node, i]] == 0)
            rtsort(s)
        else if (visited[s] == 1)
            printf("error: nodes %s and %s are in a cycle\n",
                s, node)
    }
    visited[node] = 2
    printf(" %s", node)
    pncnt++      # 출력된 노드 수를 센다.
}
```

이 절을 시작할 때 예시한 선행자-후행자 쌍에 적용하면 다음과 같이 출력된다.

```
g b i d e h a f c
```

이 알고리즘은 다음 그래프에서 보다시피 역행 간선을 찾아 명시적으로 감지되는 순환이 있는 반면, 모든 노드를 출력하지 못해 암묵적으로만 감지되는 순환도 있음을 알아 두자.

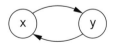

☑ 연습 문제 8-11 평범한 순서, 즉 선행자가 먼저 출력되도록 rtsort 프로그램을 수정하라. 이 프로그램을 수정하지 않아도 같은 효과를 얻을 수는 없을까?

8.4 Make: 파일 업데이트 프로그램

대규모 프로그램은 많은 개별 파일에 저장된 각종 선언 및 하위 프로그램으로 구성되며, 실행 버전을 생성하기 위해 복잡한 처리 단계를 거치는 경우가 많다. 예를 들어 복잡한 문서(8장처럼)는 여러 파일에 저장된 프로그램, 입력, 출력, 그래프, 다이어그램, 프로그램 실행 및 테스트, 그 밖에 인쇄본을 만드는 데 필요한 상호 의존적인 작업들로 이루어져 있다. 자동 업데이트 기능은 인간과 컴퓨터의 시간을 최소한

ज

으로 사용하면서 이런 파일 체계를 처리하기 위해 더없이 소중한 도구다. 이 절에서는 앞서 설명한 깊이 우선 탐색 기법을 기반으로 유닉스의 make 명령어를 모방한 기본적인 업데이트 프로그램을 개발하겠다.

업데이트 프로그램을 사용하려면 시스템에 어떤 컴포넌트가 있고 이들이 서로 어떻게 의존하는지, 그리고 이들을 구성하려면 어떤 명령어가 필요한지 등의 정보를 명시적으로 기술해야 한다. 지금부터는 이러한 의존성과 명령어들이 다음과 같은 형식의 규칙으로 구성된 makefile 파일에 저장된다고 가정하겠다.

$name$: t_1 t_2 ... t_n
          commands

규칙의 첫 번째 라인은 의존 관계를 나타내며, 프로그램 또는 파일명이 대상 t_1, t_2, ..., t_n에 의존한다는 것을 나타낸다. 여기서 t_i는 파일 이름이 될 수도 있고 다른 이름이 될 수도 있다. 각 의존 관계 다음에는 이름(*name*)을 생성하는 데 필요한 명령어(*command*)가 나열된 하나 이상의 명령줄이 나온다. 다음은 a.c, b.c라는 C 파일 2개와 yacc 문법 파일인 c.y로 이루어진 작은 프로그램을 위한 makefile이다. 이는 전형적인 프로그램 개발용 애플리케이션이다.

```
                                                           makefile
prog:     a.o b.o c.o
          gcc a.o b.o c.o -ly -o prog
a.o:      prog.h a.c
          gcc -c prog.h a.c
b.o:      prog.h b.c
          gcc -c prog.h b.c
c.o:      c.c
          gcc -c c.c
c.c:      c.y
          yacc c.y
          mv y.tab.c c.c
print:
          pr prog.h a.c b.c c.y
```

첫 번째 라인은 prog가 대상 파일 a.o, b.o, c.o에 의존함을 명시한다. 두 번째 라인은 prog가 C 컴파일러 명령어 gcc로 a.o, b.o, c.o와 yacc 라이브러리 y를 prog 파일에 링크하여 생성한다고 명시한다. 다음 규칙(세 번째 라인)을 보니 a.o는 prog.h, a.c에 의존하며, 이 대상들을 컴파일해야 생성됨을 알 수 있다. b.o도 마찬가지다. 또한 c.o는 c.c에 의존하며 c.c는 다시 c.y에 의존하는데, c.y는 yacc 파서 생성기로 처리해야 한다. 끝으로 print는 어느 대상에도 의존하지 않는다. 보통 이렇게 대상이 없는 이름에 대해 make는 항상 연관된 작업을 수행하는데, 여기서는 pr 명령어로 모든 소스 파일을 출력한다.

makefile에 정의된 의존 관계는 그래프로 표현할 수 있다. x는 왼쪽에 있고 y는 오른쪽의 대상들 중 하나를 가리키는 의존성 규칙이 있을 때마다 노드 x에서 노드 y로의 간선을 생성한다. 대상이 없는 규칙은 왼쪽에 이름만 있고 후행자가 없는 노드로 생성한다. 앞서 본 makefile의 의존성 그래프는 다음과 같다.

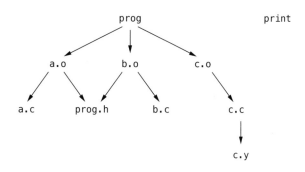

x가 마지막으로 변경된 후 y가 변경되었다면 x가 y보다 **오래됐다**고 한다. 경과 시간(age)을 추적하기 위해 각 x에 정수 age$[x]$를 부여하여 x가 마지막으로 수정된 시점으로부터 얼마나 오래되었는지 나타낼 것이다. age$[x]$ 값이 클수록 해당 파일이 더 오래됐다는 뜻이다. 즉, age$[x] \geq$ age$[y]$이면 x는 y보다 오래된 것이다.

다음과 같은 의존 관계가 있다면 n을 최신 상태로 만들기 위해 먼저 a, b, c를 업데이트해야 하며, 이 과정에서 각각 차례대로 또 다른 업데이트가 필요할 수 있다.

```
n: a b c
```

대상 중에 makefile에 있는 이름도 아니고 기존 파일도 아닌 것이 있으면 에러를 알리고 종료한다. 그 밖의 경우에는 대상의 경과 시간을 조사해서 적어도 하나의 대상이 n보다 최신이면(다시 말해, n이 의존하는 대상보다 오래됐다면) 이 의존 관계와 연관된 명령어를 실행한다. 명령어를 실행한 후에는 모든 오브젝트의 경과 시간을 재계산한다. 다음과 같은 의존 관계, 즉 대상이 없는 의존 관계는 항상 이 규칙과 연관된 명령어를 실행하고 모든 경과 시간을 다시 계산한다.

```
print:
        pr prog.h a.c b.c c.y
```

make 프로그램은 이름을 인수로 받아 다음 알고리즘으로 이름을 업데이트한다.

1. makefile에서 이름에 관한 규칙을 찾아 그 이름의 의존 관계의 오른쪽에 위치한 t_1, t_2, ..., t_n 대상을 재귀적으로 업데이트한다. 만약 어떤 i에 대해 t_i가 이름이 아니고 t_i 파일이 존재하지 않으면 make는 업데이트를 중단한다.
2. 모든 t_i를 업데이트한 다음, 이름의 현재 버전이 하나 이상의 t_i보다 오래됐거나 이름 자체에 대상이 없으면, make는 이름의 의존 관계에 해당하는 명령줄을 실행한다.

앞 절에서 설명한 것과 같은 방식으로 makefile에 있는 의존 관계로부터 make가 의존성 그래프를 구성한다. make는 유닉스 명령어 ls를 사용하여 최종 변경 시간을 기준으로 (최신 파일이 먼저 나오도록) 파일을 정렬할 수 있다.

```
ls -t
```

각 파일명은 age 배열에 입력되고 이 순서에 따른 순위에 해당하는 시간을 받는다. 즉, 가장 오래된 파일이 가장 순위가 높다. 이름이 현재 디렉터리에 있는 파일이 아닌 경우, make는 시간을 아주 큰 값으로 설정하여 정말 오래된 파일로 만든다.

마지막으로 make는 8.3절에서 배운 깊이 우선 탐색 방식으로 의존성 그래프를 순회한다. 노드 n에서 make는 n의 후행자를 탐색하는데, 만약 후행자가 n의 현재 경과 시간보다 최신이면 make는 n에 해당하는 명령어를 실행하고 새로운 나이 세트를 계산한다. make가 이름에 대한 의존 관계에서 순환을 감지한 경우에는 즉시 이 사실을 사용자에게 알리고 업데이트를 중지시킨다.

make가 어떻게 작동하는지 알아보기 위해 다음 명령어를 실행해 보자.

```
$ make prog
```

이 명령어를 처음 실행한다면 make는 다음 명령어를 차례로 실행할 것이다.

```
gcc -c prog.h a.c
gcc -c prog.h b.c
yacc c.y
mv y.tab.c c.c
gcc -c c.c
gcc a.o b.o c.o -ly -o prog
```

b.c 파일을 변경하고 다음 명령어를 실행하면

```
$ make prog
```

다음 명령어만 실행할 것이다.

```
gcc -c prog.h b.c
gcc a.o b.o c.o -ly -o prog
```

다른 파일들은 prog가 최종 생성된 이후 변경되지 않았으므로 make가 처리하지 않는 것이다. 마지막으로 명령어를 다시 실행하면

```
$ make prog
```

아무것도 실행하지 않고 그냥 이렇게 출력된다.

```
prog is up to date
```

할 일이 없기 때문이다.

```
# make.awk - 의존성 관리

BEGIN {
    while (getline <"makefile" > 0) {
        if ($0 ~ /^[A-Za-z]/) {          # $1: $2 $3 ...
            sub(/:/, "")
            if (++names[nm = $1] > 1)
                error(nm " is multiply defined")
            for (i = 2; i <= NF; i++) # 대상을 기억한다.
                slist[nm, ++scnt[nm]] = $i
        } else if ($0 ~ /^\t/) {         # 현재 이름의 cmd를 기억한다.
            cmd[nm] = cmd[nm] $0 "\n"
```

```
        } else if (NF > 0) {
            error("illegal line in makefile: " $0)
        }
    }

    ages()      # 초기 경과 시간을 계산한다.

    if (ARGV[1] in names) {
        if (update(ARGV[1]) == 0)
            print ARGV[1] " is up to date"
    } else {
        error(ARGV[1] " is not in makefile")
    }
}

function ages(      f,n,t) {
    for (t = 1; ("ls -t" | getline f) > 0; t++)
        age[f] = t          # 모든 기존 파일에 경과 시간을 부여한다.
    close("ls -t")

    for (n in names)
        if (!(n in age))    # n이 한 번도 생성된 적이 없으면
            age[n] = 9999   # n을 가장 오래된 것으로 설정한다.
}

function update(n,    changed,i,s) {
    if (!(n in age))
        error(n " does not exist")
    if (!(n in names))
        return 0
    changed = 0
    visited[n] = 1
    for (i = 1; i <= scnt[n]; i++) {
        if (visited[s = slist[n, i]] == 0)
            update(s)
        else if (visited[s] == 1)
            error(s " and " n " are circularly defined")
        if (age[s] <= age[n])
            changed++
    }
    visited[n] = 2
    if (changed || scnt[n] == 0) {
        printf("%s", cmd[n])
        system(cmd[n])  # n에 해당하는 cmd를 실행하고
        ages()          # 전체 경과 시간을 다시 계산한 다음
        age[n] = 0      # n을 가장 최신 상태로 설정한다.
        return 1
    }
    return 0
}
```

```
}

function error(s) { print "error: " s; exit }
```

☑ 연습 문제 8-12 이 예제에서 ages 함수는 몇 번 실행되었는가?

☑ 연습 문제 8-13 규칙을 쉽게 변경할 수 있도록 매개변수 또는 매크로로 치환하는 메커니즘을 추가하라.

☑ 연습 문제 8-14 일반적인 업데이트 작업에 관한 암시적인 규칙을 추가하라. 예를 들어 .c 파일은 gcc로 컴파일해서 .o 파일을 생성한다. 이러한 암시적 규칙을 사용자가 변경할 수 있게 하려면 규칙을 어떻게 표현해야 할까?

8.5 정리하기

이 장은 Awk 자체의 설명보다는 알고리즘 기초 과정의 성격이 더 강하다. 하지만 알고리즘을 제대로 알아 두는 것은 매우 유용하므로 여러분이 Awk를 써서 프로그램을 테스트하는 방법을 조금이나마 알게 되었길 바란다. 우리가 사용한 퀵 정렬, 힙 정렬, 토폴로지 정렬 예제는 존 벤틀리의 프로그램을 참고한 것이다.

스캐폴딩(scaffolding)에 대해 잘 알아 두기 바란다. 테스트나 디버깅을 만들고 제어하는 작은 프로그램을 작성하는 일이 하나의 테스트를 수행하는 것보다 더 많은 시간이 걸리진 않겠지만, 스캐폴딩을 계속 반복해서 쓰고 또 쓰다 보면 훨씬 더 철저하게 테스트할 수 있다. 스캐폴딩에 접근하는 방식 또한 존 벤틀리의 책에서 차용했다. 그가 쓴 《생각하는 프로그래밍(Programming Pearls, Second Edition)》(인사이트, 2014), 《More Programming Pearls》(Addison-Wesley, 1988) 역시 한번쯤 읽어 볼 만한 명저다.

다른 부분은 좀 더 전통적이지만 반복할 만한 가치가 있다. Awk는 어떤 프로그램의 출력에서 데이터를 추출하고 다른 프로그램에 메시지를 보내는 일을 잘하는데, 예를 들면 우리도 이런 방법으로 손쉽게 정렬 측정값을 grap 입력으로 변환하고 문장 수를 프로파일링할 수 있었다.

에필로그

이제 여러분은 어느 정도 익숙한 Awk 사용자가 되었거나, 적어도 서툴렀던 초보자는 벗어났을 것이다. 여러분은 이 책의 예제를 살펴보고 직접 코드를 짜 보면서 Awk 프로그램은 왜 이런 식으로 만들었을까 생각하며 더 개선하고 싶은 의욕을 불태웠을지도 모르겠다.

마지막 장은 크게 두 부분으로 나누어 정리하겠다. 전반부에서는 약간의 역사 이야기와 함께 프로그래밍 언어로서 Awk의 장단점을 언급한다. 후반부에서는 Awk 프로그램의 성능을 살펴보고, 하나의 프로그램으로 처리하기에는 너무 큰 문제를 재구성하는 몇 가지 방법을 제시한다.

9.1 언어로서의 Awk

우리는 1977년에 Awk 개발을 시작했다. 그 당시 텍스트 파일을 검색하는 유닉스 프로그램(grep과 sed)은 정규 표현식 패턴만 있었고, 선택한 라인을 출력하거나 (sed로) 텍스트를 치환하는 작업만 가능했다. 필드나 숫자 연산 같은 건 없었다. 당시 우리 목표는 필드를 이해하는 패턴 스캐닝 언어, 즉 필드를 매치시키는 패턴과 필드를 조작하는 액션이 있는 언어를 개발하는 것이었다. 처음에는 단지 데이터를 변환하거나 프로그램의 입력이 올바른지 검사하고, 리포트를 채울 출력 데이터를 처리하거나 다른 프로그램의 입력으로 넣을 수 있게 재배치하는 정도의 기능만을 생각했다.

1977년 버전에는 얼마 안 되는 내장 변수와 사전 정의된 함수가 전부였다. 이 버전은 1장에서 다룬 것과 같은 짧은 프로그램을 작성하기 위해 설계되었다. 또한, 최소한의 설명으로도 동료들이 쉽게 사용할 수 있도록 설계했기 때문에 정규 표현식은 앨프리드 에이호가 작성한 egrep의 익숙한 표기법을 사용했고, 마이클 레스크(Michael Lesk)가 만든 lex는 egrep을 기반으로 했다. 다른 표현식과 문장에는 C 언어의 문법을 사용했다.

우리가 구상한 모델은 한두 라인으로 된 명령어를 입력하고 바로 사용하는 것이었다. 이러한 스타일에 맞춰 기본값이 선택되었다. 특히 공백을 기본 필드 구분자로 사용하고, 암묵적으로 초기화하며, 변수 타입 선언을 없앤 것도 한 라인짜리 코드를 작성하려고 선택한 결과였다. 우리는 이 언어를 어떻게 사용해야 하는지 잘 알고 있었으므로 한 라인짜리 프로그램만 작성했다.

Awk는 빠르게 다른 그룹에 퍼졌고 사용자들은 이 언어를 적극적으로 활용했다. 우리는 Awk가 범용 프로그래밍 언어로 빠르게 인기를 얻게 된 것을 지켜보면서 놀랐다. 한 페이지도 안 되는 분량의 프로그램을 처음 본 이들의 반응은 충격과 경이로움 그 자체였다. 이런 일이 발생한 이유는 많은 사람들이 컴퓨터 사용을 셸(명령어 언어)과 Awk로 국한했기 때문이다. '진짜' 프로그래밍 언어로 작성하는 것보다 자신들이 편리하다고 생각하는 도구들을, 즉 셸과 Awk를 최대한 확장해서 사용하려고 했기 때문이었다.

각 변수가 값의 문자열 표현과 숫자 표현을 모두 유지하면서 상황에 적합한 형태로 사용하자는 아이디어는 하나의 실험이었다. 우리의 목표는 단 하나의 연산자 세트만으로 짧은 프로그램을 작성하되, 문자열과 숫자 사이에 모호함이 있을 때도 올바르게 작동하게 하는 것이었다. 이 목표는 대체로 달성했지만, 주의하지 않으면 가끔 놀랄 만한 결과가 발생할 수 있다. 참조 매뉴얼에서 모호한 경우를 해결하려는 규칙은 이러한 사용자 경험에 따라 발전해 왔다.

연관 배열은 스노볼4(SNOBOL4) 테이블에서 영감을 얻었지만, 일반적이라고 보기는 어렵다. Awk는 메모리 용량이 적고 느린 컴퓨터에서 탄생한 도구로, 배열의 속성은 이러한 환경의 산물이다. 첨자를 문자열로 제한한 것과 1차원 배열로 제한한 것(부분적으로는 다차원을 시뮬레이션하기 위한 문법 설탕(syntactic sugar)을 사용하더라도)이 그 예이다. 구현을 좀 더 일반화했다면 다차원 배열을 허용하고 배열을 다른 배열의 요소로 사용하는 것도 허용했을 것이다. (Gawk는 그렇게 구현됐다.)

1985년에 Awk에 새로운 기능이 대거 추가되었는데, 이는 주로 사용자 요구에 의

한 것이었다. 추가된 기능에는 동적 정규 표현식, 새로운 내장 변수와 함수, 다중 입력 스트림, 그리고 가장 중요한 사용자 정의 함수가 포함되었다.

치환 함수들, match, 동적 정규 표현식은 사용자에게 유용한 기능을 제공하면서도 복잡도를 거의 증가시키지 않았다.

getline 이전에는 패턴-액션 문장에서 암묵적으로 사용된 암묵적인 입력 루프가 유일한 입력 방법이었다. 이는 너무 제한적이었다. 초기 Awk에서는 입력 소스가 둘 이상인 폼-레터 생성기 같은 프로그램을 사용하려면 플래그 변수 설정이나 몇 가지 꼼수를 써서 소스를 읽어야 했지만, 새로운 버전부터는 BEGIN 절의 getline 함수로 여러 입력을 자연스럽게 읽을 수 있게 됐다. 반면에 getline은 여러 가지 버전으로 오버로드되어 있으며, 이 문법은 다른 표현식과 매치되지 않는다. 문제의 일부는 자신이 읽은 데이터를 반환해야 하고, 성공/실패 여부도 함께 알려 줘야 한다는 점이다.

사용자 정의 함수를 구현하기로 한 결정은 타협의 산물이었다. 주요 어려움은 Awk의 초기 설계에서 비롯되었다. 우리는 Awk 언어에 선언문을 두지 않았고 그리고 싶지도 않았다. 그 결과 지역 변수를 부가적인 형식 매개변수로 선언하는 독특한 방식이 탄생했으며, 이는 이상해 보일 뿐만 아니라 에러도 발생하기 쉽다. 게다가 짧은 프로그램에 강점이라 할 만한, 명시적인 연결 연산자가 없다 보니 함수 호출을 시작하는 첫 괄호는 중간에 공백 없이 함수명 바로 뒤에 와야 한다. 그럼에도 불구하고 어쨌든 새로운 기능 덕분에 Awk는 더 큰 애플리케이션에도 꽤 적합한 도구로 발전했다.

Awk가 10대 초반에서 중년이 되는 동안, 언어 자체의 변화는 거의 없었다. 점잖은 방치일 수도 있고, 비대화에 대한 혐오감 내지는 안정성을 향한 열망 등이 복합적으로 작용한 결과였다. 그러는 사이 다른 언어들, 특히 펄(Perl)이 인기를 얻고 있었다. 펄은 Awk가 할 수 있는 것보다 훨씬 더 많은 기능을 제공했으며, 실행 속도도 훨씬 빨랐다. Awk 또는 Awk 계열의 프로그램을 쉽게 처리할 수 있는 옵션도 제공했다.

1991년에 펄보다 몇 년 늦게 등장한 파이썬은 스크립트 언어의 틈새 시장을 장악했고, 지금은 가장 널리 쓰이는 언어다. 파이썬은 배우기 쉽고, 표현력이 뛰어나고, 효율적이며, 상상할 수 있는 거의 모든 프로그래밍 작업에 사용할 수 있는 방대한 라이브러리를 갖추었다. 현실적으로 프로그래밍 언어를 하나만 배워야 한다면 파이썬이 정답이다.

그러나 명령줄에서 타이핑하는 작은 프로그램에서는 Awk를 능가하기 어렵다. 어느 정도 더 큰 프로그램에도 Awk는 적합하다. Gawk, 즉 GNU 버전은 소스 파일 인클루드, 동적 라이브러리 링크(C 코드를 호출해서 확장 가능), 그 외에도 더 많은 유용한 기능을 제공한다.

9.2 성능

어떤 면에서는 Awk가 매력적이다. 원하는 일을 수행하는 작은 프로그램을 손쉽게 작성할 수 있고 적당한 양의 데이터를 처리할 때는 충분히 빠르며, 특히 프로그램 자체를 계속 고치는 중일 때 더 유용하다.

그러나 Awk 프로그램이 처리해야 할 파일이 점점 커질수록 점점 느려진다. 이론적으로는 당연한 일이지만, 결과를 기다리는 시간이 인내심의 한계를 넘어갈지도 모른다. 더 빠른 하드웨어를 구매하는 것 말고는 간단한 해결책이 없겠지만, 이 절에는 여러분에게 도움이 될 만한 몇 가지 방안을 제시하고자 한다.

프로그램의 실행 시간이 너무 길 때, 그냥 꾹 참는 것 외에도 고려해 볼 수 있는 몇 가지 방법이 있다. 첫째, 더 나은 알고리즘을 사용하거나 자주 실행되는 값비싼 코드를 더 저렴한 코드로 대체함으로써 프로그램을 더 빠르게 만들 수 있다. 이미 8장에서 데이터가 증가할수록 $O(n)$ 알고리즘과 $O(n^2)$ 알고리즘의 성능이 얼마나 극적으로 차이가 나는지 배웠다. 둘째, 다른 프로그램을 Awk와 함께 사용함으로써 Awk의 역할을 줄인다. 셋째, 전체 프로그램을 상황에 더 적합한 다른 언어로 다시 작성한다.

프로그램의 동작을 개선하려면 먼저 어디서 시간이 소모되는지 파악해야 한다. 연산 하나하나가 하드웨어와 가까운 언어조차도 시간이 어디서 얼마나 걸리는지 사람들이 처음 추정한 자료는 미덥지 못하기로 유명하다. 가뜩이나 Awk에서 이러한 추정이 더욱 까다로운 이유는 많은 연산이 전통적인 기계 연산에 해당하지 않기 때문이다. 배열 인덱싱, 패턴 매치, 필드 분할, 문자열 연결, 치환 등의 연산이 그렇다. 이러한 연산을 구현하기 위해 Awk가 실행하는 명령어는 컴퓨터마다, 구현체마다 제각각이며, 그로 인해 Awk 프로그램에서 소요되는 비용도 상대적으로 달라진다.

Awk에는 시간을 측정하는 내장 도구가 없다. 따라서 로컬 환경에서 무엇이 비싸고 무엇이 저렴한지 파악하는 것은 사용자의 몫이다. 가장 쉬운 방법은 다양한 구성 요소(construct)의 차이를 측정하는 것이다. 예를 들어 한 라인을 읽거나 변수를 1만큼 늘리려면 비용이 얼마나 들까? 1987년에 실제로 우리는 당시 PC(AT&T 6300)부터 메인프레임(VAX 8550)에 이르기까지 다양한 컴퓨터에서 측정을 해 보았다. 10,000라인(500,000자)에 달하는 입력 파일에 세 가지 프로그램을 실행하고 유닉스 명령어 wc를 실행했다. 모든 시간은 초 단위로 측정했다.

프로그램	AT&T 6300+	DEC VAX 11-750	AT&T 3B2/600	SUN-3	DECVAX 8550
END { print NR }	30	17.4	5.9	4.6	1.6
{n++}; END {print n}	45	24.4	8.4	6.5	2.4
{ i = NF }	59	34.8	12.5	9.3	3.3
wc 명령어	30	8.2	2.9	3.3	1.0

물론, 이 컴퓨터들은 이미 오래 전에 자취를 감췄다. 지금은 일반 소비자용 컴퓨터도 이보다 훨씬 빠르고 성능 차이도 이렇게 크지 않다. 우리는 데이터 크기를 100배(1,000,000라인, 50MB)로 늘리고 2015년형 맥북 에어 한 대에서만 Awk와 Gawk로 실험을 다시 했다.

프로그램	Awk	Gawk
END { print NR }	2.5	0.13
{n++}; END {print n}	2.6	0.16
{ i = NF }	2.8	0.51
$1 == "abc"	2.8	0.25
$1 ~ /abc/	3.1	0.27
wc 명령어	0.27	
grep ^abc	0.80	

보다시피 구현체에 따라서도 성능 차이가 정말 크다는 사실을 알 수 있다.

$1 == "abc" 같은 문자열 비교는 $1 ~ /abc/ 같은 정규 표현식 매치와 비용이 거의 같다. 정규 표현식을 매치하는 비용은 어느 정도 그 복잡도와 독립적인 반면, 복합 비교는 내용이 복잡해질수록 더 많은 비용이 든다. 동적 정규 표현식은 테스트마다 인식기를 다시 만들어야 해서 비용이 더 많이 들 수 있다.

많은 문자열을 연결하는 것은 더 많은 비용이 든다.

```
print $1 " " $2 " " $3 " " $4 " " $5
```

위 코드는 Awk에서 4.4초가 걸리지만, 아래 코드는 3.8초가 걸린다.

```
print $1, $2, $3, $4, $5
```

극단적인 예를 하나 들자면 1,000,000라인짜리 파일의 모든 라인을 문자열 하나로 결합하길 원하는 사용자에게 그의 시도가 실패할 것이라는 조언을 한 적이 있다. 그가 작성한 프로그램이다.

```
{ s = s $0 }
```

문제는 Awk 구현체가 (의도적으로) 최적화되지 않았다는 점이다. 새 문자열을 만들기 위해 새 공간을 할당하고, 기존 문자열을 복사한 후 그 뒤에 새 입력을 연결하는데, 이 모든 작업은 $O(n^2)$이다. 다행히 이 사람의 문제는 입력을 한 번에 한 라인씩 처리하는 방식으로 간단히 해결되었다.

  앞서 잠깐 귀띔했듯이 배열의 동작은 복잡하다. 요소에 접근하는 평균 시간은 대체로 일정하지만, 이는 전체 소요 시간을 전체 요소에 고루 분포시킨 관점에서 바라본 것이다. 배열의 요소 수가 증가함에 따라 내부 표현(연결 리스트의 배열)은 상수 시간 접근을 유지하기 위해 재구성된다.

  3.4절의 charfreq 프로그램도 복잡한 배열 동작의 일례다. 실제로 입력 라인을 개별 문자로 분할하는 작업이 substr로 개별 문자를 분리하는 것보다 느렸다.

  또 다른 공략법은 작업 중 일부를 다른 프로그램이 수행하도록 계산을 재구성하는 것이다. 예를 들어 이 책에서 우리는 Awk가 정렬을 직접 작성하는 대신 유닉스 명령어 sort를 자주 사용했다. 큰 파일에서 얼마 안 되는 데이터를 찾아 분리한다면 검색은 grep이나 egrep에 맡기고 Awk는 뒤처리만 시키는 게 아무래도 더 효율적이다. 치환이 많다면(예: 6.3절의 상호 참조 프로그램) sed 같은 스트림 편집기를 사용하면 된다. 다시 말해 원하는 작업을 여러 조각으로 나누고, 조각마다 가장 적합한 도구를 사용하는 것이다.

  최후의 방법은 문제를 일으키는 프로그램을 다른 언어로 재작성하는 것이다. 기본 원칙은 이렇다. Awk의 유용한 내장 기능은 서브루틴으로 대체하고, 나머지는 원래 프로그램의 구조를 그대로 유지하는 것이다. Awk가 하는 일을 정확하게 시뮬레이션하려고 하지 말자. 당면한 문제에 필요한 정도만 구현하면 된다. 필드 분할, 연관 배열, 정규 표현식 매치 기능을 제공하는 작은 라이브러리를 연습 삼아 작성하는 것이다. 또한, 동적 문자열을 제공하지 않는 C 같은 언어에서는 문자열을 빠르게 할당하고 해제하는 루틴이 필요할 것이다. 이런 라이브러리를 갖추면 Awk 프로그램을 더 빠르게 실행할 수 있는 다른 언어로 쉽게 변환할 수 있을 것이다.

Awk는 패턴 매치, 필드 분할, 연관 배열 등의 기능을 제공함으로써 기존 언어에서는 어려운 수많은 작업을 간소화한다. 이러한 기능을 사용한 Awk 프로그램은 작성하기 쉽지만, 같은 작업을 수행하는 세심하게 작성된 C 프로그램만큼 효율적이지는 않다는 패널티가 있다. 다행히 효율성이 크게 중요하지 않은 경우도 많으므로 Awk는 충분히 편리하고 빠르다는 점을 강조하고 싶다.

Awk가 충분히 빠르지 않을 때는 작업을 구성하는 각 부분을 측정하여 시간이 어디에서 소요되는지 확인해야 한다. 다양한 연산의 상대적 비용은 머신마다 다르겠지만, 측정 기법은 어느 컴퓨터에서든 사용할 수 있다. 끝으로 저수준 언어로 프로그래밍하는 것이 덜 편리하더라도 동일한 시간 측정과 분석 원칙을 적용해야 하며, 그렇지 않으면 새 프로그램을 작성하기도 어려워지고 효율성도 낮아질 수 있다.

6.3절에서 작성한 포매터에 한 가지 재미난 실험을 해 보았다.

```
# fmt - 텍스트를 60자 라인으로 포매팅

/./  { for (i = 1; i <= NF; i++) addword($i) }
/^$/ { printline(); print "" }
END  { printline() }

function addword(w) {
    if (length(line) + length(w) > 60)
        printline()
    line = line space w
    space = " "
}

function printline() {
    if (length(line) > 0)
        print line
    line = space = ""   # 다음 라인을 위한 재설정
}
```

이 프로그램을 20개 정도의 다른 언어로 옮겨 Gawk, Mawk, BBAwk와 실행 시간을 비교했다. 입력 데이터는 770,000라인(110MB)의 (킹 제임스판 성경 25권 분량의) ASCII 텍스트였다. 다음 표는 측정 결과를 총 소요 시간 순으로 나열한 것이다. C, C++, 자바처럼 별도 컴파일 단계가 있는 언어의 컴파일 시간은 실행 시간에 포함하지 않았다. 대부분의 프로그램은 특정 언어의 고수가 아니라 이 책을 쓴 우리가 작성한 것이므로 수치에 큰 의미를 부여하지 않길 바란다. 언어, 특히 컴파일러와 라이브러리는 대단히 유동적이므로 여기 수록된 수치는 어느 한 컴퓨터에서, 어느 한 시점에 기록된 실험 데이터일 뿐이다.

언어	사용자 시간	시스템 시간	총 소요 시간	소스 라인 수
C	1.66	0.13	1.79	31
Mawk	5.51	0.17	5.68	14
C++	5.37	1.60	6.97	34
Gawk	7.97	0.12	8.09	14
펄	9.88	0.17	10.05	22
코틀린	6.48	4.02	10.50	43
자바	6.56	4.05	10.61	43
자바스크립트	8.53	2.34	10.87	28
Go	7.92	3.90	11.82	36
파이썬	12.47	0.15	12.62	25
스칼라	9.93	3.52	13.45	36
Awk	15.84	0.15	15.99	14
루비	21.53	0.23	21.76	21
루아	23.50	0.17	23.67	27
PHP	22.02	2.18	24.20	31
OCaml	22.39	2.49	24.88	23
러스트	27.47	1.64	29.11	34
하스켈	49.03	3.63	52.66	31
Tcl	59.88	2.06	61.94	29
포트란	73.52	0.10	73.62	57
BBawk	96.31	2.24	98.55	14

표 9-1 프로그램 언어별 실행 시간 및 프로그램 크기

어쨌거나 Awk가 경쟁력이 있는 것은 분명하며, 일부 언어는 해당 언어를 지지하는 사람들이 예상한 것보다 놀라울 정도로 느렸다. 소스의 라인 수도 흥미로운데, 스크립트 언어, 특히 Awk가 훨씬 간결하게 표현할 수 있다는 점이 드러난다. 예를 들어 우리가 작성한 파이썬 버전은 주석과 빈 줄을 제외하고 25라인이다.

```
# fmt.py
import sys, string

line = space = ""

def main():
    buf = sys.stdin.readline()
    while buf != "":
        if len(buf) == 1:
            printline()
            print("")
        else:
            for word in buf.split():
                addword(word)
        buf = sys.stdin.readline()
    printline()

def addword(word):
    global line, space
    if len(line) + len(word) > 60:
        printline()
    line = line + space + word
    space = " "

def printline():
    global line, space
    if len(line) > 0:
        print(line)
    line = space = ""

main()
```

9.3 결론

Awk가 모든 프로그래밍 문제의 해결책은 아니지만, 특히 도구를 쉽게 연결하는 것이 하나의 생활 방식인 유닉스 환경에서 Awk는 유닉스 프로그래머의 도구 상자에 없어서는 안 될 도구이다. 비록 이 책에서 소개한 큰 예제가 다른 인상을 줄 수도 있지만, 대부분의 Awk 프로그램은 짧고 간단하며, 원래 이 언어가 의도했던 데이터를 선택하고, 개수를 세고, 합계를 내고, 포맷을 변환하는 작업을 충실히 잘 해낸다.

이런 종류의 작업, 즉 프로그램 개발 시간이 실행 시간보다 더 중요할 때 Awk를 능가하기는 어렵다. 암묵적 입력 루프와 패턴-액션 패러다임은 제어 흐름을 단순화하거나 때로는 완전히 제거할 수 있다. 필드 분할은 가장 일반적인 입력을 파싱하며, 숫자와 문자열, 그리고 이들 간의 강제 변환은 가장 일반적인 데이터 타입을 처리한다. 연관 배열은 기존 배열 저장뿐만 아니라 임의의 첨자를 허용해 더 풍부한 가능성을 제공한다. 정규 표현식은 텍스트의 패턴을 기술하는 통일된 표기법이다. 기본값 초기화와 선언이 없어서 프로그램이 더 짧아졌다.

우리가 미처 예상하지 못한 부분은 덜 전통적인 활용 사례였다. 예를 들어 '프로그래밍 경험이 없는 상태'에서 '프로그래밍을 하는 상태'로의 전환은 서서히 일어난다. 즉, C나 자바 같은 전통적인 언어의 복잡한 문법 보따리가 없기 때문에 Awk는 배우기 쉬운 언어가 되었고 놀랍게도 많은 사람이 첫 번째로 배우는 프로그래밍 언어가 되었다.

많은 경우 Awk는 프로토타입을 작성하고, 실현 가능성을 입증하고, 구현된 기능 및 UI를 살펴보는 실험에 쓰이지만, 이따금 Awk 프로그램이 프로덕션 버전에 그대로 남는 경우도 있다. 더 큰 언어보다 훨씬 더 쉽게 설계를 시험해 볼 수 있으므로 소프트웨어 엔지니어링 강좌에서도 Awk를 사용해 왔다.

물론, 어떤 도구든 그 한계를 넘어서 사용하는 것은 금물이지만, 많은 이들이 폭넓은 문제를 해결하는 데 Awk가 얼마나 유용한지 깨닫게 되었다. 여러분도 이 책을 읽으며 Awk가 얼마나 많은 분야에 유용하게 활용될 수 있는지 깨달았길 바란다.

Awk와 비슷한 언어를 한번 비교해 보는 것도 재밌다. 1970년대 Awk와 비슷한 시기에 등장한 언어 중에서 가장 대표적인 언어는 랄프 그리스월드(Ralph Griswold), 제임스 포에지(James Poage), 이반 폴론스키(Ivan Polonsky)가 개발한 스노볼4(SNOBOL4)이다. 스노볼4는 비구조적 입력 언어라서 여러모로 어려움이 많았지만 강력하고 뛰어난 표현력은 정말 인상적이었다. M. F. 카울리쇼(Cowlishaw)가 IBM 시스템용으로 개발한 명령어 인터프리터 언어인 렉스(REXX, REstructured eXtended eXecutor)도 맥락은 비슷하지만, 셸이나 명령어 인터프리터로서의 역할에 더 중점을 두었다.

오늘날에는 수많은 스크립트 언어가 있다. 앞서 펄, 파이썬, 자바스크립트를 언급했지만, 그 밖에도 PHP, 루비, 루아(Lua), Tcl, 그리고 OCaml이나 하스켈(Haskell) 같은 함수형 언어도 있다. 지금의 셸은 그 자체만으로도 스크립트 언어로서 아주 우수하다. 선택의 폭이 넓어졌고 앞으로도 더 많은 선택지가 계속 생길 것으로 믿는다.

부록 A

Awk 사용자 매뉴얼

부록 A는 Awk 프로그램의 구성 요소를 풍성한 예제와 함께 자세히 안내한다. 언어를 전부 설명하기 때문에 내용이 상세하므로 일단 가볍게 훑어본 다음, 필요할 때마다 다시 돌아와 여러분의 이해도를 점검하기 바란다.

A.1절은 패턴을, A.2절은 표현식, 할당, 제어문 등의 액션을 설명한다. 나머지 절은 함수 정의, 입출력, 그리고 Awk 프로그램이 다른 프로그램을 호출하는 방법을 다룬다.

Awk 프로그램: 가장 간단한 Awk 프로그램은 패턴-액션 문장(pattern-action statement)을 나열한 모습이다.

```
pattern { action }
pattern { action }
...
```

일부 문장에서는 패턴이 없을 수 있고, 다른 문장에서는 액션과 액션을 감싼 중괄호가 생략될 수 있다. Awk는 문법 에러가 없는지 프로그램을 검사한 뒤, 입력을 한번에 한 라인씩 읽어 패턴을 순서대로 평가한다. 그런 다음 현재 입력 라인과 매치되는 패턴이 나올 때마다 연관된 액션을 실행한다. 패턴이 생략되면 모든 입력 라인과 매치되며 패턴이 없는 액션은 각 입력 라인에 대해 실행된다. 패턴만 있는 패턴-액션 문은 각 입력 라인이 그대로 출력된다. 여기서 '입력 라인(input line)'과

'레코드(record)'는 동의어처럼 쓰이지만, Awk는 한 레코드에 여러 라인이 포함된 '멀티라인 레코드(multiline record)'도 지원한다.

Awk 프로그램은 패턴-액션 문장과 함수 정의의 나열이다. 함수 정의(function definition)의 형식은 다음과 같다.

```
function name(parameter-list) { statements }
```

패턴-액션 문장과 함수 정의는 새줄 문자(newline) 또는 세미콜론(semicolon)으로 구분하고 서로 섞을 수도 있다.

문장은 새줄 문자나 세미콜론, 아니면 둘 다 사용하여 구분한다.

액션의 {(여는 중괄호)는 해당 패턴과 동일한 라인에 있어야 한다. }(닫는 중괄호)를 포함한 나머지 액션 부분은 다음 라인에 작성해도 된다.

빈 라인은 무시되며, 프로그램의 가독성을 위해 어떤 문장 앞뒤에도 삽입할 수 있다. 연산자/피연산자 사이에 공백과 탭을 삽입해서 가독성을 높일 수도 있다.

세미콜론은 그 자체로 빈 문장을 나타내며, {}도 마찬가지다.

주석은 # 문자로 시작하여 라인 끝에서 종료된다.

```
{ print $1, $3 }    # 이름과 인구
```

주석은 라인 끝에 작성할 수 있다.

두 라인 이상 이어지는 문장은 \로 분리하면 된다.

또한 , , {, &&, || , do, else, 그리고 if, for, while 문의) 뒤에 \ 없이 문장을 나눌 수 있다.

긴 문장은 문장 끝에 \와 새줄 문자를 삽입해서 여러 라인으로 나눌 수 있다.

```
{ print \
    $1,    # 국가명
    $2,    # 면적(단위: 1,000 km^2)
    $3 }   # 인구(단위: 백만 명)
```

이 예제처럼 문장은 쉼표 뒤에서 나눌 수 있고, 나눈 라인의 끝에 주석을 삽입할 수도 있다.

우리는 이 책에서 몇몇 포매팅 스타일을 적용했는데, 시각적으로 구분을 하거나 프로그램을 짧게 유지하려고 사용한 것이다. 짧은 프로그램에서 포맷은 별로 중요하지 않지만, 긴 프로그램을 잘 관리하려면 일관성과 가독성을 지키는 게 좋다.

명령줄(commandline): Awk 프로그램은 명령줄의 단일 인수로 전달하거나 -f 옵션 뒤에 프로그램 파일명을 지정한다.

```
awk [-Fs] [-v var=value] 'program' optional list of filenames
awk [-Fs] [-v var=value] -f progfile optional list of filenames
```

-f 옵션은 여러 개 사용할 수 있다. 즉, 여러 파일을 지정하면 지정한 순서대로 결합된 Awk 프로그램이 생성된다. 파일명을 -로 지정하면 표준 입력에서 프로그램을 읽는다.

-Fs 옵션은 필드 구분자 변수 FS를 s로 설정한다.

--csv 옵션을 넣으면 입력이 쉼표로 구분된 값(CSV)으로 처리된다.

-v var=value 형식의 옵션은 Awk 프로그램이 실행되기 전에 var 변숫값을 value로 설정한다. 이 옵션도 여러 개 써서 여러 변숫값을 지정할 수 있다.

--version 옵션은 해당 Awk 프로그램의 버전 정보를 출력하고 종료한다.

모든 옵션은 반드시 program 리터럴 앞에 와야 한다. 인수 --는 옵션 인수 목록의 끝을 표시하는 특별한 옵션이다.

명령줄 인수는 A.5.5절에서 더 자세히 다룬다.

입력 파일 countries: 이 매뉴얼에 실린 Awk 프로그램은 대부분 5.1절의 countries 파일을 입력으로 사용한다. 이 파일에는 각 라인마다 국가명, 인구(백만 명), 면적(천 km^2), 해당 국가가 위치한 대륙 정보가 있다. 이는 2020년 기준 데이터로, 러시아는 편의상 유럽으로 분류했다. countries 파일에서 네 개의 컬럼은 탭으로 구분했으며, 북미(North America)와 남미(South America)에는 중간에 공백이 하나 있다.

countries 파일의 데이터는 다음과 같다.

				countries
Russia	16376	145	Europe	
China	9388	1411	Asia	
USA	9147	331	North America	
Brazil	8358	212	South America	
India	2973	1380	Asia	
Mexico	1943	128	North America	
Indonesia	1811	273	Asia	
Ethiopia	1100	114	Africa	
Nigeria	910	206	Africa	
Pakistan	770	220	Asia	
Japan	364	126	Asia	
Bangladesh	130	164	Asia	

지금부터 이 매뉴얼에서 입력 파일을 따로 명시하지 않은 경우는 countries를 입력으로 사용한 것이다.

A.1 패턴

패턴은 액션의 실행을 제어한다. 패턴이 입력 라인과 매치되면 이와 연관된 액션이 실행된다. 이 절에서는 패턴의 유형과 매치되는 조건에 대해 알아보자.

> **📋 패턴 요약**
>
> - BEGIN { *statements* }
>   이 문장들(*statements*)은 입력을 읽기 전에 한 번만 실행된다.
>
> - END { *statements* }
>   이 문장들은 모든 입력을 읽은 후 한 번만 실행된다.
>
> - *expression* { *statements* }
>   이 문장들은 표현식(*expression*)이 참인 경우, 즉 0이 아니거나 null이 아닌 각 입력 라인에서 실행된다.
>
> - /*regular expression*/ { *statements* }
>   이 문장들은 정규 표현식(*regular expression*)과 일치하는 문자열이 포함된 각 입력 라인에서 실행된다.

- *pattern₁*, *pattern₂* { *statements* }

  범위 패턴은 *pattern₁*과 매치되는 라인부터 *pattern₂*와 매치되는 다음 라인까지(해당 라인도 포함) 매치되는 각 입력 라인에서 문장들이 실행된다. 두 패턴이 모두 동일한 라인에서 매치될 수도 있다.

  BEGIN과 END는 다른 패턴과 결합할 수 없지만, 여러 인스턴스가 존재할 수 있다. BEGIN과 END는 반드시 액션이 필요하며, 문장과 닫는 중괄호는 다른 모든 패턴에서 생략할 수 있다.

  범위 패턴은 다른 패턴의 일부가 될 수 없다.

A.1.1 BEGIN과 END

BEGIN과 END 패턴은 어떤 입력 라인과도 매치되지 않는다. 대신, BEGIN 액션에 있는 문장은 Awk가 명령줄을 처리한 후 입력을 읽기 전에 실행되며, END 액션의 문장은 입력을 전부 다 읽은 후에 실행된다. BEGIN과 END는 보통 초기화와 마무리를 제어하는 용도로 쓰인다. BEGIN과 END는 다른 패턴과 결합되지 않는다. BEGIN이 둘 이상 있으면 해당 액션들은 프로그램에 나타난 순서대로 실행된다. END도 마찬가지다. 필수는 아니지만, 우리는 BEGIN을 먼저 쓰고 그 다음에 END를 쓴다.

BEGIN 액션의 가장 흔한 쓰임새는 입력 라인을 필드들로 분할하는 기본 동작을 바꾸는 것이다. 필드 구분자는 내장 변수 FS로 바꿀 수 있다. Awk는 기본적으로 필드를 공백 또는 탭으로 나눈다.

명령줄 인수 --csv를 추가하면 입력을 CSV 포맷으로 처리한다. 이때 입력 필드는 FS 변숫값과 무관하게 쉼표로 구분하고 필드는 큰따옴표 "로 감싼다. 이렇게 감싼 필드 안에는 쉼표를 넣을 수 있고, 그 안에 큰따옴표가 포함된 경우는 ""처럼 큰따옴표 2개를 연달아 붙여 쓴다. 자세한 내용은 A.5.2절을 참조하자.

FS를 공백 아닌 다른 문자로 설정하면 해당 문자를 필드 구분자로 이용한다. 여러 문자로 이루어진 필드 구분자는 바로 다음에 설명하겠지만 정규 표현식으로 해석된다.

다음 프로그램은 BEGIN 액션을 사용하여 필드 구분자를 탭 문자(\t)로 설정하고 출력에 컬럼 헤더를 넣는다. 각 입력 라인마다 실행되는 두 번째 printf 문은 컬럼 헤더 아래 정렬된 테이블에 들어갈 데이터의 포맷을 지정한다. END 함수는 합계를 출력한다. (변수와 표현식은 A.2.1절 참조)

```
# beginend.awk - 컬럼 헤더와 합계가 포함된 국가 목록 출력

BEGIN { FS = "\t"    # 탭 문자를 필드 구분자로 설정한다.
        printf("%12s %6s %5s    %s\n\n",
              "COUNTRY", "AREA", "POP", "CONTINENT")
      }
      { printf("%12s %6d %5d    %s\n", $1, $2, $3, $4)
        area += $2
        pop += $3
      }
END   { printf("\n%12s %6d %5d\n", "TOTAL", area, pop) }
```

countries 파일을 입력하여 프로그램을 실행하면 다음과 같이 출력된다.

```
   COUNTRY   AREA   POP   CONTINENT

    Russia  16376   145   Europe
     China   9388  1411   Asia
       USA   9147   331   North America
    Brazil   8358   212   South America
     India   2973  1380   Asia
    Mexico   1943   128   North America
 Indonesia   1811   273   Asia
  Ethiopia   1100   114   Africa
   Nigeria    910   206   Africa
  Pakistan    770   220   Asia
     Japan    364   126   Asia
Bangladesh    130   164   Asia

     TOTAL  53270  4710
```

A.1.2 표현식 패턴

다른 프로그래밍 언어와 마찬가지로 Awk는 수치 계산에 관한 표현식이 풍부하지만, 문자열 연산에 대한 표현식도 가지고 있다. 문자열(string)이라는 용어는 UTF-8로 표현한 0개 이상의 문자로 구성된 시퀀스를 의미한다. 문자열은 변수에 저장되거나, "", "Asia", "にほんで", "☹☺" 같은 문자열 상수처럼 문자 그대로 표시할 수 있다.

부분 문자열은 문자열 내에서 0개 이상의 문자로 이루어진 연속된 시퀀스다. 문자가 없는 문자열, 즉 ""는 널 문자열(null string) 또는 빈 문자열(empty string)이라고 한다. 모든 문자열에서 널 문자열은 첫 번째 문자 앞, 모든 인접한 문자 쌍 사이,

마지막 문자 뒤에 길이가 0인 부분 문자열로 나타난다.

표현식은 어느 연산자의 피연산자로 사용될 수 있다. 만약 표현식이 수치 값인데 연산자가 문자열 값을 요구하면 수치 값은 자동으로 문자열로 변환된다. 이와 마찬가지로 연산자가 수치 값을 요구하면 문자열은 숫자로 변환된다. 타입 변환 및 강제 변환은 A.2.2절에서 자세히 설명한다.

모든 표현식은 패턴으로 사용할 수 있다. 만약 패턴으로 사용된 표현식이 현재 입력 라인에서 0이 아닌 값이나 널이 아닌 값을 가진다면 그 패턴은 해당 라인과 매치된다. 일반적으로 사용되는 표현식 패턴은 숫자나 문자열 간의 비교가 포함된 것들이다. 비교 표현식에는 여섯 가지 관계 연산자 중에 하나 또는 문자열 매치 연산자인 ~(물결표)와 !~가 포함된다. 전체 목록은 표 A-1을 참조하라.

연산자	의미
<	~ 보다 작은
<=	~ 보다 작거나 같은
==	~와 같은
!=	~와 같지 않은
>=	~ 보다 크거나 같은
>	~ 보다 큰
~	~와 매치되는
!~	~와 매치되지 않는

표 A-1 비교 연산자

패턴이 NF > 10과 같은 비교 표현식이라면, 이 조건이 충족될 때 패턴은 현재 입력 라인과 매치된다. 즉, 해당 라인의 필드 수가 10보다 크다는 뜻이다. 패턴이 NF 같은 산술 표현식이라면, 그 수치 값이 0이 아닐 때 현재 입력 라인과 매치된다. 패턴이 문자열 표현식이라면, 표현식의 문자열 값이 널이 아닐 때 입력 라인과 매치된다.

관계형 비교에서 두 피연산자가 모두 수치이면 수치 비교를 수행한다. 그렇지 않으면 수치 피연산자를 문자열로 변환한 뒤, 피연산자를 문자열로 비교한다. 문자열은 UTF-8 순서에 따라 문자 단위로 비교된다. 이 순서에 따라 문자열 A가 문자열 B보다 앞에 올 경우, 문자열 A가 문자열 B보다 '작은(less than)' 것이다. 예를 들면 "India" < "Indonesia"이고, "Asia" < "Asian"이다. 문자열 비교는 대소문자를 구분한다. 예를 들어 "A", "Z"는 모두 "a"보다 앞선다.

다음 패턴은 세 번째 필드를 두 번째 필드로 나눈 값이 0.5보다 큰 라인을 선택한다. 즉, 인구 밀도가 500명/km^2 이상인 국가가 해당된다.

```
$3/$2 > 0.5
```

다음 패턴은 국가명이 M, N, O 등으로 시작되는 라인을 선택한다.

```
$0 >= "M"
```

즉, 다음과 같은 국가들이 선택된다.

```
Russia      16376    145      Europe
USA          9147    331      North America
Mexico       1943    128      North America
Nigeria       910    206      Africa
Pakistan      770    220      Asia
```

이 패턴은 소문자를 포함해서 M 이후의 모든 문자로 시작되는 라인과도 매치된다.

연산자가 위치한 표현식의 구문만 봐서는 비교 연산자의 타입을 알 수 없는 경우도 있다. 다음 프로그램은 첫 번째, 네 번째 필드를 어떤 경우에는 숫자로, 어떤 경우에는 문자열로 비교한다.

```
$1 < $4
```

비교 타입은 필드 값에 따라 달라지고 라인별로도 달라질 수 있다. countries 파일의 첫 번째, 네 번째 필드는 항상 문자열이므로 항상 문자열 비교만 수행하며 다음과 같이 출력된다.

```
Brazil      8358    212      South America
Mexico      1943    128      North America
```

모든 비교가 그렇듯, 숫자 비교는 두 필드가 모두 숫자인 경우에만 이루어진다. 즉, 다음 프로그램은 숫자 비교만 한다.

```
$2 < $3
```

문자열, 숫자, 표현식, 강제 변환에 관한 전체 내용은 A.2.2절에서 설명한다.

복합 패턴(compound pattern)은 괄호 ()와 논리 연산자 ||(OR), &&(AND), !(NOT)을 이용하여 다른 패턴을 조합한 표현식으로, 표현식 평가 결과가 참인 입력 라인과 매치된다. 다음 프로그램은 AND 연산자로 네 번째 필드가 Asia이고 세 번째 필드가 500을 초과하는 모든 라인을 선택한다.

```
$4 == "Asia" && $3 > 500
```

다음 프로그램은 OR 연산자로 네 번째 필드가 Asia 또는 Europe인 모든 라인을 선택한다.

```
$4 == "Asia" || $4 == "Europe"
```

잠시 후 살펴보겠지만, 이 두 쿼리 중 후자는 문자열 값을 테스트하는 것이므로 다음과 같이 대안 연산자(alternation operator) |가 포함된 정규 표현식으로도 표현할 수 있다.

```
$4 ~ /^(Asia|Europe)$/
```

두 정규 표현식이 같은 문자열을 매칭하면 두 표현식은 **동등하다**고 할 수 있다. 정규 표현식의 우선순위 규칙에 대해 여러분이 얼마나 이해하고 있는지 테스트해 보자. ^Asia|Europe$와 ^(Asia|Europe)$은 동등한 정규 표현식인가?

만약 Asia와 Europe이 다른 필드에 나타날 일이 없다면 패턴을 다음과 같이 작성하거나

```
/Asia/ || /Europe/
```

더 줄여서 이렇게 쓸 수 있다.

```
/Asia|Europe/
```

|| 연산자의 우선순위가 가장 낮고, 그 다음이 &&, 마지막이 ! 연산자다. &&, || 연산자는 피연산자를 왼쪽에서 오른쪽 방향으로 평가하며, 참/거짓이 결정되면 즉시 평가를 중지한다.

A.1.3 정규 표현식 패턴

Awk는 문자열, 즉 문자가 연속적으로 나열된 시퀀스를 지정하고 매칭하기 위해 **정규 표현식**을 제공한다. 정규 표현식은 유닉스에서 널리 사용되며, 제한된 형태의 정규 표현식으로는 파일 목록을 지정할 때 사용하는 '와일드카드 문자(wild-card character)'가 있다. 또한 정규 표현식은 텍스트 에디터에서도 지원되며 오늘날 대부분의 프로그래밍 언어에서 문법에 직접 포함되거나(Awk처럼) 라이브러리로(파이썬처럼) 제공된다.

정규 표현식 패턴은 문자열에 정규 표현식과 일치하는 부분 문자열이 있는지 테스트한다. 이 절에서는 정규 표현식의 가장 기본적인 유형을 설명하고 패턴에서 어떻게 쓰이는지 훑어보겠다. 더 자세한 설명은 다음 절에서 이어 가겠다.

📋 **정규 표현식 패턴 요약**

- */regexpr/*

  현재 입력 라인에 *regexpr*과 매치되는 부분 문자열이 포함되어 있으면 매치된다.

- *expression* ~ */regexpr/*

  표현식의 문자열 값에 *regexpr*과 매치되는 부분 문자열이 포함되어 있으면 매치된다.

- *expression* !~ */regexpr/*

  표현식의 문자열 값에 *regexpr*과 매치되는 부분 문자열이 포함되어 있지 않으면 매치된다.

~와 !~ 다음의 */regexpr/* 대신 어떤 표현식이라도 사용 가능하다. 이 표현식은 평가된 이후 정규 표현식으로 해석된다.

가장 간단한 정규 표현식은 Asia처럼 자기 자신과 매치되는 문자, 숫자로 이루어진 문자열이다. 정규 표현식을 문자열 매치 패턴으로 바꾸려면 다음과 같이 슬래시(/)로 감싼다.

```
/Asia/
```

이 패턴은 입력 라인에 Asia라는 부분 문자열이 Asia 문자열 자신 또는 Asian, Pan-Asiatic처럼 더 긴 단어의 일부로 포함되어 있을 때 매치된다. 정규 표현식 안에서는 공백이 중요하다. 예를 들어 다음 문자열 매치 패턴은 Asia 앞뒤에 공백이 있으므로 countries 파일에서는 아무 라인도 매치되지 않는다.

```
/ Asia /
```

위 패턴은 세 가지 문자열 매치 패턴 중 하나로, 정규 표현식 *r*을 슬래시로 감싼 모습이다.

```
/r/
```

입력 라인에 r과 매치되는 부분 문자열이 포함되면 전체 입력 라인이 매치된다.

나머지 두 문자열 매치 패턴은 명시적인 매치 연산자(match operator)를 사용한다.

```
expression ~ /r/
expression !~ /r/
```

매치 연산자 ~는 '~와 매치된다', !~는 '~와 매치되지 않는다'는 뜻이다. 첫 번째 패턴은 *expression*의 문자열 값에 정규 표현식 *r*과 매치되는 부분 문자열이 포함되어 있으면 매치되고, 두 번째 패턴은 반대로 그런 부분 문자열이 없을 때 매치된다.

매치 연산자 왼쪽의 피연산자는 대부분 필드다. 다음 패턴은 네 번째 필드에 Asia라는 부분 문자열이 포함된 모든 입력 라인과 매치된다.

```
$4 ~ /Asia/
```

반대로 다음 패턴은 네 번째 필드에 Asia라는 부분 문자열이 포함되어 있지 않은 모든 입력 라인과 매치된다.

```
$4 !~ /Asia/
```

참고로 /Asia/는 $0 ~ /Asia/를 줄인 문자열 매치 패턴이다.

A.1.4 정규 표현식 상세

정규 표현식은 문자열을 지정하고 매칭하기 위한 표기법이다. 산술 표현식처럼 정규 표현식도 기본 표현식 또는 전체를 구성하는 표현식에 연산자를 적용하여 만든 표현식이다. 정규 표현식에 매치되는 문자열을 이해하려면 그 컴포넌트에 의해 매치되는 문자열을 이해해야 한다.

📋 정규 표현식 요약

다음은 정규 표현식의 메타문자(metacharacter)들이다.

```
\ ^ $ . [ ] | ( ) * + ? { }
```

기본 정규 표현식은 다음 중 하나다.

- A처럼 자기 자신과 매치되는, 메타문자가 아닌 문자(nonmetacharacter)
- 특수 심볼과 매치되는 이스케이프 시퀀스. 예를 들어 \t는 탭과 매치된다. (표 A-2 참조)
- *처럼 글자 자체가 메타문자와 매치되는, \로 시작하는 메타문자
- ^은 문자열의 시작 부분과 매치된다.
- $는 문자열의 끝부분과 매치된다.
- .는 하나의 문자와 매치된다.
- 문자 클래스(character class) [ABC]는 A, B, C 중 하나의 문자와 매치된다.

문자 클래스에는 약어(abbreviation)를 쓸 수 있다. [0-9]는 단일 숫자, [A-Za-z]는 단일 문자와 매치된다. [[:class:]]는 **클래스**에 있는 모든 문자, 예를 들어 alnum, alpha, blank, cntrl, digit, graph, lower, print, punct, space, upper, xdigit(16진수)과 매치된다.

문자 클래스를 약간 변형해서 해당 클래스에 없는 모든 문자와 매치시킬 수도 있다. [^0-9]는 숫자를 제외한 모든 문자, [^[:cntrl:]]는 제어 문자가 아닌 모든 문자와 매치된다.

다음은 정규 표현식을 더 큰 정규 표현식으로 조합하는 연산자들이다.

- $r_1|r_2$ 대안: r_1 또는 r_2와 매치되는 모든 문자열과 매치된다.
- r_1r_2 연결: r_1 이 x에 매치되고 r_2가 y에 매치되면 xy와 매치된다.
- r*   r과 매치되는 0개 이상의 연속된 문자열과 매치된다.
- r+   r과 매치되는 1개 이상의 연속된 문자열과 매치된다.
- r?   널 문자열 또는 r과 매치되는 하나의 문자열과 매치된다.
- r{m,n}   r이 m에서 n번 반복되면 매치된다. 여기서 n은 옵션이다.
- (r)   그루핑: r과 동일한 문자열과 매치된다.

연산자는 우선순위가 높은 순서대로 처리된다. 연산자 우선순위가 잘 지켜진다면 정규 표현식에서 중복된 괄호는 생략해도 된다.

메타문자(metacharacter): 정규 표현식에서 대부분의 문자는 텍스트 자체의 글자와 매치되므로 문자나 숫자 같은 단일 문자로 구성된 정규 표현식은 그 자신과 매치되는 기본 정규 표현식이다.

그러나 정규 표현식 메커니즘은 자신의 리터럴 값 이외의 의미를 나타내기 위해 다음과 같은 문자를 사용한다.

```
\ ^ $ . [ ] | ( ) * + ? { }
```

이들은 아래 단락에서 설명하겠지만, 특별한 의미를 가지므로 **메타문자**라고 한다.

정규 표현식에서 메타문자의 글자 자체를 나타내려면 \를 앞에 붙인다. 즉, 정규 표현식 \\\$는 문자 \$와 매치된다. 문자 앞에 \가 있으면 그 문자가 **인용되었다**(quoted)고 말한다.

정규 표현식에서 인용되지 않은(unquoted) 캐럿(caret) 문자 ^는 문자열의 시작 부분과 매치되며, 인용되지 않은 달러 문자 \$는 문자열의 끝부분과 매치된다. 인용되지 않은 마침표 .는 모든 단일 문자와 매치된다.

- `^C` 문자열이 C로 시작하면 매치된다. 이외에 다른 특별한 의미는 없다.
- `C$` 문자열이 C로 끝나면 매치된다. 이외에 다른 특별한 의미는 없다.
- `^C$` 문자열에 단일 문자 C가 포함되어 있으면 매치된다.
- `^.$` 문자열에 정확히 하나의 문자만 포함되어 있으면 매치된다.
- `^...$` 문자열에 정확히 3개의 문자가 포함되어 있으면 매치된다.
- `...` 모든 연속된 3개의 문자와 매치된다.
- `\.$` 문자열 끝의 마침표와 매치된다.

문자 클래스(character class): 대괄호로 감싼 문자로 구성된 정규 표현식을 말한다. 문자 클래스는 대괄호 안에 있는 문자들 중 하나와 매치된다. 예를 들어 [AEIOU]는 A, E, I, O, U 중 하나와 매치된다.

문자 범위는 문자 클래스에 하이픈(-)을 사용해 축약할 수 있다. 하이픈 바로 왼쪽에 있는 문자는 범위의 시작, 바로 오른쪽에 있는 문자는 끝을 나타낸다. 예를 들어 [0-9]는 모든 숫자와 매치되며, [a-zA-Z][0-9]는 알파벳 글자 뒤에 숫자가 나오는 문자열과 매치된다. 좌우 피연산자가 모두 없는 문자 클래스의 하이픈은 자기 자신을 나타낸다. 즉, 문자 클래스 [+-]와 [-+]는 + 아니면 -와 매치된다. 문자 클래스 [A-Za-z-]+는 하이픈이 포함된 모든 단어와 매치된다.

유니코드 문자의 범위는 관리 가능한 사이즈(약 256자)이면 별 문제가 없다. 주어진 문자 집합이 unicode.org의 유니코드 설명에서 한 페이지에 들어갈 정도면 된다. 예를 들어 문자 클래스 [ｱ-ﾁ]는 일본어 가타카나 문자와 매치된다.

[:alpha:]처럼 특수한 문자 클래스는 LOCALE 셸 변수에 설정한 대로 로컬 환경에서 정의된 문자 범위 중 하나와 매치된다. 덕분에 언어 독립적인 문자 클래스를 매칭할 수 있다. 예를 들어 로케일이 LC_ALL=fr_FR.UTF-8로 설정된 경우 [[:alpha:]]는 é 및 à 같은 액센트 문자와 매치되지만, en_EN 로케일에서는 매치되지 않는다.

반대 문자 클래스(complemented character class): [뒤에 오는 첫 번째 문자가 ^인 문자 클래스로, ^ 뒤에 오는 그룹에 속하지 않은 모든 문자와 매치된다. 즉, [^0-9]는 숫자를 제외한 모든 문자와 매치되며, [^a-zA-Z]는 대문자 및 소문자를 제외한 모든 문자와 매치된다.

- ^[ABC]   문자열이 A, B, C 중 하나로 시작되면 매치된다.
- ^[^ABC]   문자열이 A, B, C가 아닌 다른 문자로 시작되면 매치된다.
- [^ABC]   A, B, C가 아닌 다른 문자와 매치된다.
- ^[^a-z]$ 소문자를 제외한 단일 문자로 구성된 문자열과 매치된다.
- ^[^[:lower:]]$ 소문자를 제외한 단일 문자로 구성된 문자열과도 매치된다.

문자 클래스 내부에서 \(인용 문자), ^(시작 부분), -(두 문자 사이)를 제외한 모든 문자는 글자 그대로를 나타낸다. 즉, [.]는 마침표와 매치되며, ^[^^]는 문자열의 시작 부분에서 ^이 아닌 모든 문자와 매치된다.

그루핑(grouping): 괄호(())는 정규 표현식에서 컴포넌트를 그루핑하는 용도로 쓰인다. 이진 정규 표현식 연산자는 대안(alternation)과 연결(concatenation) 두 가지가 있다. 대안 연산자 |는 말 그대로 대안을 지정한다. 예를 들어 r_1과 r_2가 정규 표현식이면, $r_1|r_2$는 r_1 또는 r_2에 매치된 모든 문자열과 매치된다.

Awk는 연결 연산자가 따로 없다. r_1과 r_2가 정규 표현식이면 $(r_1)(r_2)$((r_1)과 (r_2) 사이에 공백이 없다.)는 r_1이 x와 매치되고 r_2가 y와 매치되는 xy 형식의 모든 문자열과 매치된다. 포함된 정규 표현식에 대안 연산자가 없다면 r_1 또는 r_2를 감싼 괄호를 생략할 수 있다.

```
(Asian|European|North American) (male|female) (black|blue)bird
```

위 정규 표현식은 다음 문자열부터

```
Asian male blackbird
```

다음 문자열까지의 총 12개 문자열과 매치된다.

```
North American female bluebird
```

반복(repetition): *, +, ?는 정규 표현식에서 반복을 나타내는 단항 연산자다. *r*이 정규 표현식이면 (*r*)*는 *r*과 매치되는 0개 이상의 연속된 부분 문자열로 이루어진 모든 문자열과 매치된다. (*r*)+는 *r*과 매치되는 1개 이상의 연속된 부분 문자열로 구성된 모든 문자열과 매치된다. (*r*)?는 *r*이 0개(널 문자열) 또는 1개 나오는 모든 문자열과 매치된다.

(*r*){*m,n*}은 정규 표현식 *r*이 *m*에서 *n*번(경계도 포함) 반복되면 매치된다. *n*을 생략하면 정확히 *m*번 반복을 의미한다.

*r*이 기본 정규 표현식이면 괄호는 생략할 수 있다.

- B*   널 문자열, B, BB 등과 매치된다.
- AB*C   AC, ABC, ABBC 등과 매치된다.
- AB+C   ABC, ABBC, ABBBC 등과 매치된다.
- ABB*C   AB+C와 같다.
- AB?C   AC, ABC와 매치된다.
- [A–Z]+   1개 이상의 대문자와 매치된다.
- (AB)+C   ABC, ABABC, ABABABC 등과 매치된다.
- X(AB){1,2}Y   XABABABY가 아닌 XABY, XABABY 등과 매치된다.

정규 표현식에서 대안 연산자 |는 우선순위가 가장 낮다. 그 다음으로 연결 연산자, 반복 연산자 *, +, ?, 그리고 {} 순서다. 산술 표현식과 마찬가지로 정규 표현식도 우선순위가 높은 연산자가 낮은 연산자보다 먼저 평가된다. 경우에 따라 괄호는 생략 가능하다. 예를 들어 ab|cd는 (ab)|(cd)와 같고, ^ab|cd*e$는 (^ab)|(c(d*)e$)와 같다.

정규 표현식 및 문자열의 이스케이프: Awk에서는 정규 표현식과 문자열 내에서 다른 표기법으로 표현하기 어려운 문자를 지정하기 위해 **이스케이프 시퀀스**(escape sequence)라는 특별한 문자 시퀀스를 사용한다. 예를 들어 \n은 문자열 또는 정규 표현식에 올 수 없는 새줄 문자를 나타낸다. 마찬가지로 각각 \b는 백스페이스, \t 는 탭, \/는 슬래시를 의미한다. 임의의 8진수 또는 16진수 값도 이스케이프로 나타낼 수 있다. \033과 \0x1b는 둘 다 ASCII 이스케이프 문자를 나타낸다. 임의의 유니코드 문자는 \u*h*...로 입력할 수 있는데, 여기서 *h*...는 유효한 유니코드 문자를 나타내는 최대 8자리의 16진수다. (예: ☺ 문자는 \u1F642이다.)

이스케이프 시퀀스는 Awk 프로그램 내에서만 특별한 의미를 가질 뿐, 데이터에서는 그저 또 다른 문자에 불과하다는 사실을 기억하자. 표 A-2는 전체 이스케이프 시퀀스 목록이다.

시퀀스	의미
\a	경고음(벨)
\b	백스페이스
\f	폼피드
\n	새줄 문자(라인 피드)
\r	캐리지 리턴
\t	탭
\v	수직 탭
ddd	8진수 값. *ddd*는 0과 7 사이의 숫자로 이루어진 1 ~ 3자리 숫자를 의미한다.
\x*hh*	16진수 값. *hh*는 대문자 또는 소문자로 표현할 수 있는 1 ~ 2자리 16진수 숫자를 의미한다.
\u*h*...	유니코드 값. *h*...는 대문자 또는 소문자로 표현할 수 있는 최대 8자리 16진수 숫자를 의미한다.
c	나머지 글자는 문자 그대로 사용된다. 예를 들어, \"는 "를 나타내고, \\는 \를 나타낸다.

표 A-2 이스케이프 시퀀스

예제: 정규 표현식 이야기는 단항 연산자, 이진 연산자를 사용한 정규 표현식이 포함된 유용한 문자열 매치 패턴의 예를 몇 가지 살펴보는 것으로 마무리하겠다.

- /^[0-9]+$/   하나 이상의 10진수
- /^[0-9][0-9][0-9]$/   정확히 3자리 숫자
- /^[0-9]{3}$/   이것도 정확히 3자리 숫자
- /^(\+|-)?[0-9]+\.?[0-9]*$/   부호(옵션)와 소수점(옵션)으로 표기된 10진수
- /^[+-]?[0-9]+[.]?[0-9]*$/   이것도 부호(옵션)와 소수점(옵션)으로 표기된 10진수

- /^[+-]?([0-9]+[.]?[0-9]*|[.][0-9]+)([eE][+-]?[0-9]+)?$/   부호(옵션)와 지수 (옵션)로 표기된 부동소수점 소수
- /^[A-Za-z_][A-Za-z_0-9]*$/   문자 또는 언더스코어로 시작하고 그 뒤에 문자, 언더스코어, 숫자가 나오는 문자열과 매치된다. (예: 변수명)
- /^[A-Za-z]$|^[A-Za-z][0-9]$/   문자, 또는 문자 뒤에 숫자가 오는 경우
- /^[A-Za-z][0-9]?$/   이것도 문자, 또는 문자 뒤에 숫자가 오는 경우

네 번째 예제에서 +와 .는 메타문자라서 앞에 \를 붙여야 리터럴과 매치된다. 문자 클래스 안에서는 이런 \가 필요 없으므로 다섯 번째 예제처럼 표기할 수 있다.

/로 감싼 정규 표현식은 매치 연산자의 오른쪽 피연산자로 사용할 수 있다.

```
$2 !~ /^[0-9]+$/
```

위 프로그램은 두 번째 필드가 숫자로 구성된 문자열이 아닌 모든 라인을 출력한다.

표 A-3은 정규 표현식과 매치되는 문자열을 정리한 것이다. 연산자는 우선순위가 높아지는 순서로 나열했다. 문자는 유니코드 코드 포인트다.

정규 표현식	매치 대상
c	메타문자가 아닌 문자 c
\c	이스케이프 시퀀스 또는 리터럴 문자 c
^	문자열 시작 부분
$	문자열 끝부분
.	모든 문자
[c_1c_2...]	c_1c_2... 안에 포함된 문자
[^c_1c_2...]	c_1c_2... 안에 문자를 제외한 나머지 문자
[c_1–c_2]	c_1로 시작해 c_2로 끝나는 범위에 속한 문자
[^c_1–c_2]	c_1로 시작해 c_2로 끝나는 범위에 속하지 않은 문자
$r_1|r_2$	r_1 또는 r_2로 매치되는 문자열
(r_1)(r_2)	r_1과 매치되는 x, r_2와 매치되는 y에 대한 문자열 xy (대안이 없는 부분식은 괄호로 감쌀 필요 없음)
(r)*	r과 매치되는 0개 이상의 연속된 문자열
(r)+	r과 매치되는 1개 이상의 연속된 문자열
(r)?	r과 매치되는 0개 또는 1개 문자열
(r){m,n}	r과 매치되는 m부터 n까지 연속된 문자열 (n은 생략 가능하며, 기본 정규 표현식은 괄호로 감쌀 필요 없음)
(r)	r과 매치되는 문자열

표 A-3 정규 표현식

A.1.5 범위 패턴

범위 패턴(range pattern)은 쉼표로 구분된 두 패턴으로 구성된다.

> *pattern₁*, *pattern₂*

범위 패턴은 *pattern₁*이 나타나는 라인부터 *pattern₂*가 나오는 다음 라인 사이의 각 라인과 매치된다. 범위를 한 라인으로 만들면 *pattern₂*는 *pattern₁*과 동일한 라인에 매치된다.

범위의 첫 번째 패턴이 매치될 때마다 매칭이 시작된다. 따라서 이후 두 번째 패턴이 나오지 않으면 입력 끝까지 모든 라인이 매치된다.

```
/Europe/, /Africa/
```

위 프로그램을 실행하면 다음과 같이 출력된다.

```
Russia      16376    145     Europe
China       9388     1411    Asia
USA         9147     331     North America
Brazil      8358     212     South America
India       2973     1380    Asia
Mexico      1943     128     North America
Indonesia   1811     273     Asia
Ethiopia    1100     114     Africa
```

FNR은 현재 입력 파일에서 막 읽어 들인 라인 번호, FILENAME은 파일명 자체를 가리키는 내장 변수다.

```
FNR == 1, FNR == 5 { print FILENAME ": " $0 }
```

위 프로그램은 입력 파일의 처음 다섯 라인을, 각각 앞에 파일명을 붙여 출력한다. 다음과 같이 작성해도 결과는 같다.

```
FNR <= 5 { print FILENAME ": " $0 }
```

범위 패턴은 다른 패턴의 일부로 사용할 수 없다.

A.2 액션

패턴-액션 문장에서 패턴은 액션의 실행 시점을 결정한다. 액션은 단일 출력 또는 할당처럼 단순할 때도 있고, 새줄 문자나 세미콜론으로 구분된 여러 문장으로 이루어지기도 한다. 이 절에서는 일단 표현식과 제어문을 살펴보면서 액션에 대해 설명하고, 다음 절에서 사용자 정의 함수, 입출력 문장을 이야기하자.

📋 **액션 요약**

액션에 포함되는 문장은 다음과 같다.

- 상수, 변수, 할당, 함수 호출 등을 포함한 *expressions*
- print *expression-list*
- printf(*format*, *expression-list*)
- if (*expression*) *statement*
- if (*expression*) *statement* else *statement*
- while (*expression*) *statement*
- for (*expression*; *expression*; *expression*) *statement*
- for (*variable* in *array*) *statement*
- do *statement* while (*expression*)
- break
- continue
- next
- nextfile
- exit
- exit *expression*
- { *statement* }

A.2.1 표현식

표현식은 가장 간단한 문장이다. 문장은 보통 다양한 종류의 표현식으로 구성된다. 표현식은 기본 표현식과 기타 표현식을 연산자와 결합해서 만든다. 기본 표현식은 상수, 변수, 배열 참조, 함수 호출, 기타 필드명 같은 다양한 기본 요소를 가리킨다.

표현식에 대한 이야기는 상수와 변수로부터 시작된다. 그 다음에 표현식을 결합하는 연산자를 차례로 이야기하자. 연산자는 산술, 비교, 논리, 조건, 할당의 다섯 범주로 분류된다. 이어서 내장 산술 및 문자열 함수를 알아보고, 배열에 대한 설명으로 이 절을 마무리하겠다.

상수(constant): 상수는 문자열과 수치, 두 종류가 있다. 문자열 상수는 "hello, world", "Asia", ""처럼 문자 시퀀스를 따옴표로 감싸 만든다. 표 A-2에 열거한 이스케이프 시퀀스도 문자열 상수에 속한다. 긴 문자열은 다음과 같이 역슬래시를 사용해서 여러 라인으로 나눌 수 있다.

```
s = "a really very long \
string split over two lines"
```

역슬래시 다음에 나오는 새줄 문자는 삭제된다. 역슬래시는 문자열의 일부가 아니므로 결국 다음 코드와 같다.

```
s = "a really very long string split over two lines"
```

연속된 문자열이 시작되는 부분의 공백은 그대로 포함된다.

수치 상수는 정수(예: 1127), 유리수(예: 3.14), 과학적(지수) 표기법(예: 6.022E+23) 중 하나로 나타낸다. 동일한 숫자라도 표현 방법에 따라 모양새가 달라진다. 예를 들어 1e6, 1.00E6, 10e5, 0.1e7, 1000000는 형태만 다를 뿐 모두 같은 수치다.

Awk에서 모든 숫자는 배정밀도 부동소수점(double-precision floating point)으로 저장된다. 정밀도는 머신마다 다르지만 대략 소수점 이하 15자리 정도다.

'숫자가 아닌(not a number)' 값, 즉 NaN을 나타내는 +nan과 무한대를 나타내는 +inf처럼 특수한 수치 값도 있다. 두 값은 프로그램의 리터럴과 데이터 입력 모두 반드시 +, −를 앞에 붙여야 한다.

이름은 대소문자를 구분하지 않으므로 NaN과 Inf로 써도 된다.

nan과 inf 값은 산술 표현식으로 생성할 수 있다. 다음 코드를 보자.

```
$ awk '{print " " $1/$2}'
1 2
   0.5
1 +nan
```

```
    +nan
+nan 1
    +nan
+nan +nan
    +nan
+nan -inf
    +nan
+inf +inf
    -nan
0 +inf
    0
+inf 0
awk: division by zero
 input record number 7, file
 source line number 1
```

변수(variable): 표현식에는 사용자 정의 변수, 내장 변수, 필드 등 다양한 종류의 변수를 쓸 수 있다. 변수명은 숫자로 시작하지 않는 문자, 숫자, 언더스코어로 구성된다. 내장 변수명은 모두 대문자로 표기한다.

변수는 문자열, 숫자, 또는 둘 다를 값으로 가질 수 있다. 변수 타입은 선언하지 않는다. 문맥에 따라 Awk가 타입을 추론하는데, 알아서 문자열을 수치로, 또는 그 반대로 변환한다. 예를 들어 다음 코드에서 $2는 숫자가 아닌 경우 숫자로, $1과 $4는 숫자가 아닌 경우 문자열로 자동 변환된다.

```
$4 == "Asia" { print $1, 1000 * $2 }
```

초기화되지 않은 변수에는 문자열 값 ""(널 문자열)과 수치 값 0이 할당된다.

내장 변수(built-in variable): 표 A-4는 내장 변수 목록이다. 이들 변수는 모든 표현식에 사용할 수 있다. 사용자가 값을 초기화할 수도 있다. FILENAME은 새 파일을 읽을 때마다 설정되고, FNR, NF, NR은 새 레코드를 읽을 때마다 설정된다. NF는 $0이 변경되거나 새로운 필드가 생성되는 시점에 재설정된다. 반대로 NF가 변경되면 $0은 그 값이 필요한 시점에 재계산된다. match 함수를 호출하면 RLENGTH, RSTART 두 변숫값이 변경된다.

변수	의미	기본값
ARGC	명령줄 인수의 개수(명령어 자체도 포함)	-
ARGV	명령줄 인수의 배열(첨자는 0부터 ARGC − 1까지)	-
CONVFMT	숫자 변환 포맷	"%.6g"
ENVIRON	셸 환경 변수를 모아 둔 배열	-
FILENAME	현재 입력 파일명	-
FNR	현재 파일의 레코드 번호	-
FS	입력 필드 구분자	" "
NF	현재 레코드의 필드 수	-
NR	지금까지 읽은 레코드 수	-
OFMT	숫자 출력 포맷	"%.6g"
OFS	출력 필드 구분자	" "
ORS	출력 레코드 구분자	"\n"
RLENGTH	match 함수로 매치된 문자열의 길이	-
RS	입력 레코드 구분자	"\n"
RSTART	match 함수로 매치된 문자열이 시작되는 위치	-
SUBSEP	첨자 구분자	"\034"

표 A-4 내장 변수

필드 변수: 현재 입력 라인의 필드는 $1, $2, ..., $NF 식으로 나타낸다. $0은 전체 라인이다. 필드는 여타 변수와 같은 속성을 가지고 있으므로 산술이나 문자열 연산에 사용할 수 있고 할당도 가능하다. 다음 프로그램은 각 국가 라인의 두 번째 필드인 면적을 1,000으로 나누고 단위를 천 km^2에서 백만 km^2로 바꾸어 표시한다.

```
{ $2 = $2 / 1000; print }
```

필드에 문자열을 할당할 수도 있다.

```
BEGIN                 { FS = OFS = "\t" }
$4 == "North America" { $4 = "NA" }
$4 == "South America" { $4 = "SA" }
                      { print }
```

BEGIN 액션에서 입력 필드 구분자 FS 변수와 출력 필드 구분자 OFS를 모두 탭으로 설정한다. 네 번째 라인의 print 문은 두 번째, 세 번째 할당문에서 수정된 $0 값을 출력한다. 할당이나 치환이 일어나 $0이 바뀌면 $1, $2, ..., NF 모두 재계산된다. 마찬가지로 $1, $2 등이 변경되면 필드를 구분하는 OFS를 이용하여 $0을 재구성한다.

필드를 표현식으로 지정할 수도 있다. 예를 들어 $(NF-1)은 현재 라인의 바로 다음 필드를 가리킨다. 여기서 괄호는 필수다. $NF-1은 마지막 필드의 수치 값보다 1 작은 값이다.

존재하지 않는 필드를 참조하는 $(NF+1) 같은 필드 변수는 초깃값이 널 문자열이다. 값을 할당하면 새로운 필드가 만들어진다. 예를 들어 다음 프로그램은 인구 밀도 값이 포함된 5번째 필드를 생성한다.

```
BEGIN { FS = OFS = "\t" }
     { $5 = 1000 * $3 / $2; print }
```

필요시 중간 필드(intervening field)가 생성되고 널 값이 할당된다.

필드 수는 라인마다 다를 수 있다.

📋 표현식 요약

기본식

• 수치/문자열 상수, 변수, 필드, 함수 호출, 배열 요소

표현식을 조합하는 연산자

• 할당 연산자: = += -= *= /= %= ^=

• 조건 연산자: ?:

• 논리 연산자: || %% !

• 매치 연산자: ~ !~

• 관계 연산자: < <= == != > >=

• 연결(연산자 따로 없음)

• 산술 연산자: + - * / % ^

• 단항 연산자: + -

• 증가/감소 연산자(전위/후위): ++ --

• 그루핑 괄호

할당 연산자(assignment operator): 할당이라고 불리는 표현식에 쓰이는 연산자는 모두 7개다. 다음은 그중 제일 간단한 할당 표현식이다.

> *var = expr*

*var*는 변수명이나 필드명이고, *expr*은 임의의 표현식이다. 예를 들어 아시아의 총인구 및 국가 수를 알고 싶다면 다음과 같이 프로그래밍한다.

```
$4 == "Asia" { pop = pop + $3; n = n + 1 }
END          { print "Total population of the", n,
                      "Asian countries is", pop, "million."
             }
```

countries 파일을 입력하면 다음과 같이 출력된다.

```
Total population of the 6 Asian countries is 3574 million.
```

인구수를 누적하고 국가 수를 세는 두 가지 할당은 첫 번째 액션에서 이루어진다. 변수를 따로 초기화하지 않았지만 모든 변수는 문자열 값 "" 또는 수치 값 0으로 기본 초기화되기 때문에 별 문제가 없다.

다음은 인구가 가장 많은 국가를 찾는 프로그램인데, 여기서도 기본 초기화를 활용했다.

```
$3 > maxpop  { maxpop = $3; country = $1 }

END          { print "country with largest population:",
                      country, maxpop
             }
```

실행 결과는 다음과 같다.

```
country with largest population: China 1411
```

단, 이 프로그램은 $3 중 적어도 하나의 값이 양수인 경우에만 올바르게 작동된다.

　나머지 6개 할당 연산자는 +=, -=, *=, /=, %=, ^=다. 의미는 비슷하다. *v* op = *e*는 *v* = *v* op *e*와 같은 표기다.

```
pop = pop + $3
```

할당 연산자 +=를 사용하면 코드가 더 간결해진다.

```
pop += $3
```

이 문장은 왼쪽 변수를 오른쪽 표현식의 값만큼 늘리는 같은 기능을 하면서도 표현이 더 간결하고 명확하다. *v*는 단 한 번만 평가되므로 다음과 같은 복잡한 계산도 더 빠르게 할 수 있다.

```
v[substr($0,index($0,"!")+1)] += 2
```

다른 예제를 보자.

```
{ $2 /= 1000; print }
```

두 번째 필드를 1,000으로 나눈 결과 라인을 출력하는 프로그램이다.

　할당은 그 자체로 표현식이며, 그 값은 왼쪽의 새 값이다. 따라서 할당은 모든 표현식 안에서 사용할 수 있다. 다음 코드처럼 다중 할당(multiple assignment)도 가능하다.

```
FS = OFS = "\t"
```

필드 구분자와 출력 구분자를 모두 탭으로 설정하는 코드다. 할당 표현식은 다음과 같은 테스트 코드에서 가장 많이 쓴다.

```
if ((n = length($0)) > 0) ...
```

하지만 이렇게 쓰면 다소 헷갈린다. 괄호를 빼먹지 않도록!

조건 연산자(conditional expression operator): 이 연산자의 형식은 다음과 같다.

```
expr₁ ? expr₂ : expr₃
```

$expr_1$이 먼저 평가된다. 이 표현식이 참이면, 즉 0이 아니거나 널이 아니면 조건식의 값은 $expr_2$ 값이 되고, 그렇지 않으면 $expr_3$의 값이 된다. 즉, $expr_2$와 $expr_3$둘 중 하나만 평가된다.

다음 프로그램은 조건식을 사용해서 $1의 역수를 출력한다. 만약 $1이 0이면 경고 메시지를 출력한다.

```
{ print ($1 != 0 ? 1/$1 : "$1 is zero, line " NR) }
```

중첩된 할당과 마찬가지로 조건식도 남용하면 코드 가독성이 떨어질 수 있다.

논리 연산자(logical operator): &&, ||, !는 다른 표현식을 결합해서 논리식을 만든다. 논리식의 값은 참이면 1, 거짓이면 0이다. 논리 연산자를 평가할 때 0이 아니거나 널 아닌 값을 가진 피연산자는 참, 그 밖의 다른 값은 거짓으로 간주한다. && 또는 ||로 구분된 표현식의 피연산자는 왼쪽에서 오른쪽 방향으로 평가되며, 표현식의 값이 완전히 결정되면 평가는 즉시 중단된다. 예를 들어 다음 논리식에서 $expr_1$이 거짓이면 $expr_2$는 평가하지 않는다.

```
expr₁ && expr₂
```

다음 논리식은 $expr_3$이 참이면 $expr_4$를 평가하지 않는다.

```
expr₃ || expr₄
```

새줄 문자는 && 및 || 다음에 삽입할 수 있다.

&&는 ||보다 우선순위가 높다.

```
A && B || C && D
```

따라서 위 코드는 아래 코드와 같다.

```
(A && B) || (C && D)
```

가급적 읽는 사람이 명료하게 이해할 수 있도록 괄호를 사용하는 편이 좋다.

관계 연산자(relational operator): 관계 표현식 또는 비교 표현식은 관계 연산자 또는 정규 표현식 매치 연산자가 포함된 표현식이다. 관계 연산자는 <, <=, ==(같음), !=(같지 않음), >=, >이다. 정규 표현식 매치 연산자는 ~(매치됨), !~(매치되지 않음) 두 종류다.

   비교 표현식의 값은 참이면 1, 거짓이면 0이다. 매치 표현식의 값도 참이면 1, 거짓이면 0이다.

```
$4 ~ /Asia/
```

위 코드는 네 번째 필드에 Asia가 부분 문자열로 포함되어 있으면 1, 아니면 0이다.

산술 연산자(arithmetic operator): Awk는 일반적인 +, -, *, /, %, ^ 산술 연산자를 제공한다. %는 나머지를 계산하는 연산자다. 즉, x % y는 x를 y로 나눈 나머지다. 여기서 x 또는 y가 음수이면 사용하는 컴퓨터에 따라 처리 결과가 달라진다. ^은 지수 연산자로, x ^ y는 x^y다. C를 비롯한 다른 언어에서 ^은 의미가 다르다(비트 XOR)는 사실에 유의하자.

   산술 연산은 모두 배정밀도 부동소수점(보통 소수점 이하 15자리)으로 처리된다.

단항 연산자(unary operator): 이 연산자는 +와 - 둘뿐이며, 그 의미도 명확하다.

증가/감소 연산자: n = n + 1은 보통 변수에 1을 더하는 단항 증가 연산자 ++를 사용하여 ++n 또는 n++로 표기한다. 전위 형식 ++n은 값을 전달하기 전에 n을 증가시키고, 후위 형식 n++는 값을 전달한 후에 n을 증가시키는 차이점이 있다. 특히, 할당 시 ++를 사용하면 의미가 다르다. n의 값이 원래 1이면 i = ++n는 n을 증가시킨 후

새 값인 2를 i에 할당하지만, i = n++는 현재 값인 1을 i에 할당한 이후 n을 증가시킨다. 물론, n을 어떻게든 증가시키는 경우에는 어느 쪽을 사용하든 아무 차이가 없다. 변수에서 1을 빼는 전위/후위 감소 연산자 --도 마찬가지다.

내장 산술 함수(built-in arthmetic function): 표 A-5는 내장 산술 함수 목록이다. 이들 함수는 모든 표현식에서 기본식으로 쓸 수 있다. 표에서 x와 y는 임의의 표현식을 나타낸다.

함수	반환 값
atan2(y, x)	$-\pi \sim \pi$ 범위에서 y/x의 역탄젠트
cos(x)	x의 코사인 (x: 라디안)
exp(x)	x의 지수 함수, 즉 e^x
int(x)	x의 정수부(소수점 이하 버림)
log(x)	x의 (e를 밑으로 하는) 자연 로그
rand( )	난수 r ($0 \le r < 1$)
sin(x)	x의 사인 (x: 라디안)
sqrt(x)	x의 제곱근
srand(x)	x를 rand( )의 새로운 시드(seed)로 사용한다. (x를 생략하면 현재 시각을 사용한다. 이전 시드를 반환한다.)

표 A-5 내장 산술 함수

유용한 상숫값도 이런 함수로 계산할 수 있다. 예를 들어 atan2(0,-1)로 π, exp(1)로 자연 로그의 밑인 e 값을 구할 수 있다. 10을 밑으로 한 x의 상용 로그는 log(x)/log(10)으로 계산한다.

rand() 함수는 0보다 같거나 크고 1보다 작은 유사 부동소수점 난수(pseudo-random floating point number)를 반환한다. srand(x)를 호출하면 난수 생성기의 시작 시드를 x로 설정하고 이전 시드를 반환한다. srand()를 호출하면 시작점이 현재 시각으로 설정되는데, 이 함수를 호출하지 않으면 프로그램이 실행될 때마다 난수가 동일한 값으로 시작된다.

다음 코드는 randint 변수에 1 ~ n(경계도 포함) 구간의 난수를 할당한다. int 함수는 소수점 이하를 절사하여 정수로 만든다.

```
randint = int(n * rand()) + 1
```

다음은 x가 양수일 경우 x를 가장 가까운 정숫값으로 반올림하는 코드다.

```
x = int(x + 0.5)
```

문자열 연산자: 이 연산은 연결(concatenation) 하나뿐이다. 명시적인 연산자는 없다. 상수, 변수, 필드, 배열 요소, 함수 값 등 다양한 표현식들을 나란히 쓰면 문자열 표현식이 만들어진다.

```
{ print NR ":" $0 }
```

위 코드는 중간에 공백 없이, 각 라인 앞에 라인 번호와 콜론을 출력한다. 숫자 NR 은 문자열 값으로 변환된다. (필요시 $0도 문자열 값으로 변환된다.) 결국 세 문자 열이 차례로 연결되어 출력된다.

정규 표현식으로서의 문자열: 지금까지 모든 매치 표현식 예제에서 ~, !~의 오른쪽 피연산자는 슬래시로 감싼 정규 표현식이었지만, 어떤 표현식이든 이 연산자의 오른쪽 피연산자가 될 수 있다. Awk는 표현식을 평가하고 필요시 그 값을 문자열로 변환한 다음, 이 문자열을 정규 표현식으로 해석한다.

예를 들어 다음 프로그램은 두 번째 필드가 숫자로 이루어진 문자열 형태의 모든 라인을 출력한다.

```
BEGIN { digits = "^[0-9]+$" }
$2 ~ digits
```

표현식은 연결할 수 있으므로 구성 요소를 조합해서 정규 표현식을 만들 수 있다. 다음 프로그램은 올바른 부동소수점 숫자인 입력 라인을 그대로 출력한다.

```
BEGIN {
    sign = "[+-]?"
    decimal = "[0-9]+[.]?[0-9]*"
    fraction = "[.][0-9]+"
    exponent = "([eE]" sign "[0-9]+)?"
    number = "^" sign "(" decimal "|" fraction ")" exponent "$"
}
```

```
$0 ~ number
```

매치 표현식을 보면 "^[0-9]+$"처럼 큰따옴표로 감싼(인용된) 문자열이 있고 /^[0-9]+$/처럼 슬래시로 감싼 정규 표현식이 있는데 서로 혼용할 수 있다. 그러나 한 가지 예외가 있다. 큰따옴표 안의 문자열에서 정규 표현식의 메타문자를 문자로 매치해야 할 때는 역슬래시 자체를 보호하기 위한 역슬래시가 하나 더 필요하다.

```
$0 ~ /(\+|-)[0-9]+/
```

아래 코드는 위 코드와 같다.

```
$0 ~ "(\\+|-)[0-9]+"
```

이 부분이 약간 어렵게 느껴질 수 있는데, Awk 프로그램에서 큰따옴표로 감싼 문자열이 파싱될 때 보호 역슬래시가 한 겹 벗겨지기 때문이다. 정규 표현식에서 메타문자의 특별한 의미를 잠시 끄기 위해 역슬래시를 붙여야 할 경우 문자열에서 역슬래시를 보호해야 하므로 앞에 역슬래시를 하나 더 붙이는 것이다. 다음 코드처럼 매치 연산자의 오른쪽 피연산자가 변수 또는 필드이면 어떻게 해야 할까?

```
x ~ $1
```

이 경우에는 역슬래시가 데이터 안에서 특별한 의미를 가지지 않으므로 역슬래시를 한 겹 더 붙일 필요가 없다.

참고로 정규 표현식을 입력하고 바로 결과를 확인하면서 자신의 이해도를 점검하는 것이 쉽다. 예를 들어 이 프로그램은 문자열과 정규 표현식을 입력할 수 있게 해 주며, 문자열이 정규 표현식과 매치되면 그 라인을 그대로 출력한다.

```
$1 ~ $2
```

내장 문자열 함수(built-in string functions): 표 A-6은 Awk에서 사용 가능한 내장 문자열 함수 목록이다. 표에서 r은 정규 표현식(문자열 또는 슬래시로 감싼 부분), s와 t는 문자열 표현식, n과 p는 정수를 나타낸다. 문자열은 UTF-8 문자로 표현한다.

함수를 호출할 때 인수들은 함수가 호출되기 전에 평가되지만 평가 순서는 따로 없다.

함수	설명
gsub(r, s)	$0에서 r로 매치되는 부분 문자열을 모두 s로 치환한다. 치환된 개수를 반환한다.
gsub(r, s, t)	t에서 r로 매치되는 부분 문자열을 모두 s로 치환하고, 치환된 개수를 반환한다.
index(s, t)	s에서 t가 처음 나타난 위치를 반환한다. s에 t가 없으면 0을 반환한다.
length(s)	s에 있는 유니코드 문자 수를 반환한다. s가 배열이면 요소 개수를 반환한다.
match(s, r)	s에 r로 매치되는 부분 문자열이 있는지 찾아보고, 있으면 그 인덱스를, 없으면 0을 반환한다. 또한 RSTART과 RLENGTH를 설정한다.
split(s, a)	FS 구분자로 s를 배열 a로 분할한다. 만약 ---csv 옵션이 있으면 CSV로 처리한다. a의 요소 개수를 반환한다.
split(s, a, fs)	fs를 구분자로 s를 배열 a로 분할하고, a의 요소 개수를 반환한다.
sprintf(fmt, expr-list)	expr-list를 문자열 포맷(fmt)에 맞춰 포매팅하여 반환한다.
sub(r, s)	$0에서 r과 매치되는, 가장 왼쪽의 가장 긴 부분 문자열을 s로 치환하고, 치환된 개수를 반환한다.
sub(r, s, t)	t에서 r과 매치되는, 가장 왼쪽의 가장 긴 부분 문자열을 s로 치환하고, 치환된 개수를 반환한다.
substr(s, p)	문자열 s에서 p번째 위치부터 시작하는 문자열의 나머지를 반환한다.
substr(s, p, n)	문자열 s에서 p번째 위치부터 시작하여 최대 n개의 문자로 이루어진 부분 문자열을 반환한다.
tolower(s)	문자열 s에 있는 ASCII 대문자를 소문자로 바꾼 문자열을 반환한다.
toupper(s)	문자열 s에 있는 ASCII 소문자를 대문자로 바꾼 문자열을 반환한다.

표 A-6 내장 문자열 함수

index(s, t) 함수는 문자열 t가 s에서 시작되는 가장 왼쪽 위치를 반환하고, t가 s에 없으면 0을 반환한다. 문자열에서 첫 번째 문자의 위치는 1이므로

```
index("banana", "an")
```

이 코드는 2를 반환한다.

match(s,r) 함수는 정규 표현식 r과 매치되는 문자열 s에서 가장 왼쪽의 가장 긴 부분 문자열을 찾아 해당 부분 문자열이 시작되는 인덱스를 반환한다. 매치되는 부분 문자열이 없으면 0을 반환한다. 이 인덱스와 부분 문자열의 길이는 각각 내장

변수 RSTART와 RLENGTH에 설정한다.

split(*s*,*a*,*fs*) 함수는 구분자 *fs*에 따라 문자열 *s*를 배열 *a*로 분할한 뒤, 그 요소 개수를 반환한다. 이 함수에 관한 설명은 이 절 끝부분, 배열 다음에 나온다.

sprintf(*format, expr₁, expr₂, ..., exprₙ*) 함수는 *expr₁, expr₂, ..., exprₙ*을 *format* 문자열에 지정된 printf 명세에 따라 포매팅한 문자열을 (출력 없이) 반환한다. 다음 코드는 $1, $2 값을 각각 10자리 문자열과 최소 6자리 정수로 포매팅한 문자열을 x에 할당한다. printf 포맷 변환 문자에 관한 전체 내용은 A.4.3절을 참조하라.

```
x = sprintf("%10s %6d", $1, $2)
```

sub, gsub는 유닉스 텍스트 편집기 ed의 치환 명령어를 본떠 패턴화한 함수들이다. sub(*r*,*s*,*t*) 함수는 변수, 필드, 배열 요소 중 하나인 대상 문자열 *t*에서 정규 표현식 *r*과 매치되는 가장 왼쪽의 가장 긴 부분 문자열을 찾은 뒤, 이 부분 문자열을 치환 문자열 *s*로 바꾼다. 텍스트 편집기에서 '가장 왼쪽의 가장 긴'이라 함은, 가장 왼쪽에 있는 매치된 항목(즉, 가장 처음 매치된 항목)을 먼저 찾은 다음, 가능한 한 멀리까지 확장한다는 뜻이다.

예를 들어 대상 문자열 banana에서 anan은 정규 표현식 (an)+와 매치되는 가장 왼쪽의 가장 긴 부분 문자열이다. 반대로, (an)*의 가장 왼쪽의 가장 긴 항목은 b 앞에 있는 널 문자열인데, 처음에는 이 말이 잘 와닿지 않을 수도 있다.

sub 함수는 치환이 이루어진 횟수를 반환한다. 즉, 0 아니면 1이다. sub(*r*,*s*) 함수는 sub(*r*,*s*,$0)의 동의어(synonym)다.

gsub(*r*,*s*,*t*) 함수도 비슷하다. 단, *r*과 매치되는 가장 왼쪽의 가장 긴, 그리고 겹치지 않는(nonoverlapping) 부분 문자열에서 연속적으로 *t*를 *s*로 치환한 다음, 그 횟수를 반환하는 차이가 있다. (함수명의 g는 'global(전역)', 즉 모든 곳이라는 뜻이다.)

예를 들어 다음 프로그램은 입력에서 USA가 나올 때마다 United States로 치환한다. (이런 코드에서 $0이 변경되면 필드와 NF도 함께 변경된다.)

```
{ gsub(/USA/, "United States"); print }
```

다음 프로그램은 b에 할당된 banana를 bandana로 바꾼다. 매치는 겹치지 않게 이루어진다.

```
b = "banana"
gsub(/ana/, "anda", b)
```

sub(r,s,t)나 gsub(r,s,t) 함수로 치환할 때 s에 & 문자가 있으면 r과 매치되는 부분 문자열로 치환된다. 예를 들어 다음 코드를 실행하면 banana가 babanabanaba로 치환된다.

```
b = "banana"
gsub(/a/, "aba", b)
```

다음 코드도 마찬가지다.

```
gsub(/a/, "&b&", b)
```

이렇게 치환 문자열 안에서 특별한 의미가 있는 & 앞에 역슬래시를 붙이면(\&) 그 의미가 완전히 사라진다.

substr(s,p) 함수는 p 위치에서 시작되는 s의 접미어를 반환한다. substr(s,p,n) 함수를 사용하면 이 접미어 중 처음 n자만 반환된다. 접미어가 n보다 짧으면 접미어 전체가 반환된다.

예를 들어 다음 프로그램은 각 국가명을 처음 6자까지로 줄인다.

```
{ $1 = substr($1, 1, 6); print $0 }
```

실행 결과는 다음과 같다.

```
Russia 16376 145 Europe
China 9388 1411 Asia
USA 9147 331 North America
Brazil 8358 212 South America
India 2973 1380 Asia
Mexico 1943 128 North America
Indone 1811 273 Asia
Ethiop 1100 114 Africa
Nigeri 910 206 Africa
Pakist 770 220 Asia
Japan 364 126 Asia
Bangla 130 164 Asia
```

$1(또는 다른 필드)을 설정하면 Awk가 $0을 다시 계산하므로 필드는 더 이상 탭이 아닌, 공백(OFS의 기본값)으로 구분된다.

문자열은 표현식에 그냥 순서대로 나열하기만 해도 연결된다. 예를 들어 다음 프로그램에 countries 파일을 입력하면

```
/Asia/ { s = s $1 " " }
END    { print s }
```

이렇게 출력된다.

```
China India Indonesia Pakistan Japan Bangladesh
```

처음에는 빈 문자열로 시작해서 한 번에 한 조각씩 쌓아 올리는 것이다. 마지막에 남아 있는 추가 공백을 떼려면 print s 대신 END 액션에 다음 코드를 넣어 주면 된다.

```
print substr(s, 1, length(s)-1)
```

A.2.2 타입 변환

Awk 변수와 필드에는 문자열, 수치, 또는 두 값을 모두 담을 수 있다. 이 절에서는 할당, 비교, 표현식 평가, 입출력에서 문자열과 수치 값이 처리되는 규칙에 대해 알아보겠다.

할당: 다음 할당문으로 변수를 설정하면 변수의 타입은 오른쪽 표현식의 타입으로 지정된다.

```
var = expr
```

(할당 연산자 +=, -= 등도 '할당'에 포함된다.) 숫자 타입의 표현식이면 산술 표현식, 문자열 연결 표현식이면 문자열 타입이 되는 식이다. v1 = v2처럼 단순 복사 할당의 경우, v1의 타입은 v2의 타입으로 설정된다.

숫자냐 문자열이냐?: 표현식의 값은 그 표현식에 적용된 연산에 따라 숫자에서 문자열 또는 문자열에서 숫자로 자동 변환된다. 예를 들어 다음 산술 표현식에서 피연산자 pop과 $3은 당연히 수치여야 하므로 이 둘을 더한 값도 강제로 숫자가 될 것이다.

```
pop + $3
```

마찬가지로, 다음 할당에서도 pop과 $3은 반드시 숫자여야 하므로 표현식을 평가한후에 pop은 수치로 **강제 변환**된다. 설령 $3이 원래 문자열 값인 경우에도 먼저 수치로 변환된 후 할당이 이루어진다.

```
pop += $3
```

다음 문자열 표현식에서 피연산자 $1과 $2는 연결할 문자열이므로 필요시 문자열로 강제 변환된다. 수치 값이면 당연히 변환되지 않는다.

```
$1 $2
```

필드의 타입은 가급적 맥락에 맞는 방향으로 결정된다. 예를 들어 다음 코드에서 $1은 수치로 강제 변환된다.

```
$1++
```

마찬가지로, 다음 코드에서 $1과 $2는 필요시 문자열로 강제 변환된다.

```
$1 = $1 "," $2
```

비교와 강제 변환: 비교할 피연산자가 둘 다 수치이면 그 크기를 비교한다. 그 밖의 경우는 필요시 피연산자를 문자열로 강제 변환한 이후에 비교한다.

  초기화되지 않은 변수는 수치 값 0과 문자열 값 ""를 가진다. 즉, 다음 조건문에서 x가 초기화되지 않은 변수라면

```
if (x) ...
```

평가 결과는 거짓이고, 다음 조건문은

```
if (!x) ...
if (x == 0) ...
if (x == "") ...
```

모두 참이다. x의 값이 0이면서 ""이기 때문이다. 그러나 x가 초기화되지 않은 변수이면 다음 조건문은 거짓이다.

```
if (x == "0") ...
```

x가 ""이므로 문자열 값이지 수치 값은 아니기 때문이다.

한 유형의 표현식을 다른 유형으로 강제 변환하는 두 가지 방식이 있다.

- *number* ""   숫자에 널 문자열을 연결하여 문자열로 강제 변환한다.
- *string* + 0   문자열에 0을 붙여 숫자로 강제 변환한다.

두 필드를 무조건 문자열로 비교하려면 다음 코드처럼 한쪽 필드를 문자열로 강제 변환해야 한다.

```
$1 "" == $2
```

수치 비교를 위해 두 필드를 모두 수치로 강제 변환한다.

```
$1 + 0 == $2 + 0
```

이렇게 하면 필드 내용물에 상관없이 잘 작동한다.

타입 추론: 맥락을 보아도 타입을 확실하게 결정하기 어려울 때도 있다.

```
if ($1 == $2) ...
```

각 필드의 타입은 입력에 따라 경험적으로 결정된다. 즉, 모든 필드는 문자열이다. 그리고 숫자 하나만 포함된 필드는 수치로 간주한다.

명시적으로 널인 필드의 값은 문자열 ""이다. 이 필드는 수치가 아니다. 존재하지 않는 필드(즉, NF 다음의 필드)와 빈 라인의 $0도 이런 식으로 취급된다.

다음 필드 비교는 무슨 의미일까?

```
$1 == $2
```

필드에 숫자가 있는지 문자열이 있는지에 따라 비교 타입이 좌우된다. 이 타입은 일단 프로그램을 실행할 때 결정되며 입력 라인마다 다를 수 있다. Awk는 런타임에 필드를 생성할 때 필드 타입을 문자열로 자동 설정한다. 또한 필드에 유효한 숫자가 포함되어 있으면 필드를 수치로 취급한다.

예를 들어 만약 $1과 $2가 다음 중 하나라면 $1 == $2는 수치 비교가 된다. 사실이들은 수치 1을 다르게 표현한 것이다.

```
1   1.0   +1   1e0   0.1e+1   10E-1   001
```

하지만 같은 표현식이라도 다음과 같이 문자열 비교가 이루어져 평가 결과가 거짓이 될 수 있다.

```
0             (null)
0.0           (null)
0             0x
1e5000        1.0e5000
```

보다시피 처음 세 쌍은 두 번째 필드가 숫자가 아니다. 마지막 쌍은 값이 너무 커서 숫자로 나타내는 것이 불가능한 컴퓨터에서 실행하면 문자열로 비교한다.

필드도 그렇고, split에 의해 생성된 배열 요소 역시 마찬가지다.

표현식에서 배열 요소를 가리키면 앞서 설명했듯이 0과 "" 값을 사용하여 해당 요소가 존재하도록 만든다. 다시 말해, arr[i]가 지금 존재하지 않아도 다음 코드처럼 가리키는 즉시 "" 값을 가진 요소로 존재하게 되어 비교 결과는 참이 된다.

```
if (arr[i] == "") ...
```

이 속성을 이용하면 입력 스트림에서 중복 레코드를 제거하는 간결한 프로그램을 작성할 수 있다. 다음 코드는 특정 라인이 나타난 횟수를 세면서 그 라인이 처음 나타날 때만 출력한다. 특정 배열 요소의 개수가 0이 되는 유일한 시점이기 때문이다.

```
!a[$0]++   # a[$0]++ == 0과 마찬가지다.
```

배열 요소 arr[i]가 있는지 확인하려면 다음 코드처럼 작성하며

```
if (i in arr) ...
```

해당 요소를 생성하는 부수 효과(side effect)없이 검사할 수 있다.

숫자에서 문자열로 변환: 다음 print 문은 첫 필드의 문자열 값을 출력한다. 즉, 출력과 입력이 정확히 같다.

```
print $1
```

존재하지 않는 필드, 명시적으로 널로 만든 필드는 문자열 "" 값을 가진다. 이런 필드는 수치는 아니지만, 수치 값 0을 획득하는 순간 숫자로 강제 변환된다. 배열 첨자는 항상 문자열이므로 수치 첨자는 해당 문자열 값으로 변환된다.

문자열의 수치 값은 그 문자열의 가장 긴 수치 접두어의 값이다. 따라서 다음 코드를 실행하면

```
BEGIN { print "1E2"+0, "12E"+0, "E12"+0, "1X2Y3"+0 }
```

이렇게 출력된다.

```
100 12 0 1
```

출력할 때 숫자의 문자열 값은 숫자 포맷이 지정된 OFMT에 맞게 계산된다. OFMT의 기본값은 "%.6g"이다. 예를 들어 다음 코드를 실행하면

```
BEGIN { print 1E2, 12E-2, E12 "", 1.23456789 }
```

이렇게 출력된다. 세 번째 인수 E12 ""는 빈 필드로 출력됐다.

```
100 0.12   1.23457
```

그 밖에 숫자를 문자열로 바꿀 때도 변환 포맷 OFMT에 따라 숫자는 문자열로 알맞게 포매팅된다.

    CONVFMT는 연결, 비교, 배열 첨자 생성 시 수치를 문자열로 변환하는 기능을 제어하는 내장 변수다. 기본값은 "%.6g"이다. OFMT와 CONVFMT에 다른 값을 할당하면 기본값이 변경된다. 예를 들어 CONVFMT를 "%.2f"로 변경하면 무조건 소수점 이하 두 자리 숫자까지 비교하게 된다. CONVFMT와 OFMT에 상관없이 두 경우 모두 정수로 변환된다.

연산자 요약: 표 A-7은 표현식에 사용 가능한 연산자를 우선순위 순으로 나열한 것이다. 상수, 변수, 필드명, 배열 요소, 함수 결과 및 기타 표현식에 이들 연산자를 적용하여 또 다른 표현식을 만들 수 있다.

연산	연산자	예제	예제의 의미
할당	= += -= *= /= %= ^=	x *= 2	x = x * 2
조건	?:	x ? y : z	x가 참이면 y, 아니면 z
논리 OR	||	x || y	x 또는 y가 참이면 1 아니면 0
논리 AND	&&	x && y	x, y가 모두 참이면 1 아니면 0
배열 멤버	in	i in a	a[i]가 존재하면 1,아니면 0
매치	~ !~	$1 ~ /x/	첫 번째 필드에 x가 있으면 1 아니면 0
관계	< <= == != >= >	x == y	x와 y가 같으면 1 아니면 0
연결		"a" "bc"	"abc" (연산자는 따로 없다.)
덧셈, 뺄셈	+ -	x + y	x 더하기 y
곱셈, 나눗셈, 나머지	* / %	x % y	x를 y로 나눈 나머지
단항 플러스/마이너스	+ -	-x	x의 음수 값
논리 NOT	!	!$1	$1이 0 또는 널이면 1 아니면 0
지수	^	x^y	xy
증가/감소	++ --	++x, x++	x에 1을 더한다.
필드	$	$i+1	i 번째 필드 값
그루핑	( )	$(i++)	i 번째 필드를 반환하고 이 필드의 값을 1만큼 증가시킨다.

표 A-7 표현식 연산자

우선순위가 높은 연산자는 우선순위가 낮은 연산자보다 먼저 평가된다. 예를 들어 어떤 표현식이든 *가 +보다 먼저 평가된다. 오른쪽 결합되는 할당, 조건, 지수 연산자를 제외한 나머지 연산자는 모두 왼쪽 결합된다. 왼쪽 결합이란, 우선순위가 같은 연산자는 왼쪽에서 오른쪽 방향으로 평가된다는 규칙이다. 즉, 3-2-1은 3-(2-1)이 아닌 (3-2)-1로 계산된다.

연결 연산자는 따로 없으므로 다른 연산자가 포함된 표현식은 연결 시 괄호로 감싸는 것이 바람직하다. 다음 프로그램에서 print 다음의 표현식은 뭔가 연결하는 듯 보이지만 실제로는 뺄셈이다.

```
$1 < 0 { print "abs($1) = " -$1 }
```

다음 두 코드는 의미는 같지만 아래 코드가 조금 더 명료하다.

```
$1 < 0 { print "abs($1) = " (-$1) }
```

```
$1 < 0 { print "abs($1) =", -$1 }
```

A.2.3 제어문

Awk에서는 여러 문장을 중괄호를 사용하여 그루핑한다. 그 밖에 의사 결정하는 if-else 문, 루프를 만드는 while, for, do 문이 있다. 배열을 반복하는 특수한 형태의 for를 제외하면 모두 C에서 가져온 문장 구조다.

단일 문장은 항상 중괄호로 감싼 문장 리스트로 치환할 수 있다. 이때 리스트에 있는 각 문장은 새줄 문자나 세미콜론으로 구분한다. 새줄 문자는 왼쪽 중괄호 뒤와 오른쪽 중괄호 앞에 넣을 수 있다.

if-else 문의 형식은 다음과 같다.

```
if (expression)
     statement₁
else
     statement₂
```

else statement₂는 생략할 수 있다.), statement₁, else 뒤에 새줄 문자도 생략할 수

있다. 그러나 else가 *statement₁*과 같은 라인에 있고 *statement₁*이 단일 문장이라면 반드시 세미콜론으로 끝내야 한다.

　if-else 문에서는 테스트 표현식(*expression*)이 먼저 평가된다. 이 표현식이 참이면 즉 0이 아니거나 널이 아니면 *statement₁*이 실행된다. 반대로 거짓이면 즉 0이거나 널이고 else 문이 있으면 *statement₂*가 실행된다.

📋 제어문 요약

- { *statement* }

  문장 그루핑

- if (*expression*) *statement*

  *expression*이 참이면 *statement*를 실행한다.

- if (*expression*) *statement₁* else *statement₂*

  *expression*이 참이면 *statement₁*을 실행하고, 거짓이면 *statement₂*를 실행한다.

- while (*expression*) *statement*

  *expression*이 참이면 *statement*를 계속 반복해서 실행한다.

- for (*expression₁*; *expression₂*; *expression₃*) *statement*

  expression₁; while (*expression₂*) { *statement*; *expression₃* }과 같다.

- for (*variable* in *array*) *statement*

  *variable*를 *array*의 각 첨자로 설정하고 *statement*를 실행한다. 실행 순서는 따로 정해지지 않는다.

- do *statement* while (*expression*)

  *statement*를 실행하고 이후 *expression*이 참이면 계속 반복한다.

- break

  가장 안쪽의 while, for, do에서 즉시 빠져나온다.

- continue

  가장 안쪽의 while, for, do에서 다음 반복으로 넘어간다.

- return *expression*

  *expression*이 있으면 그 값을 평가하여 함수에서 반환한다.

- next

  메인 입력 루프의 다음 반복을 시작한다. 함수 정의 안에서는 사용할 수 없다.

- nextfile

  그 다음 입력 파일로 메인 입력 루프의 다음 반복을 시작한다. 함수 정의 안에서는 사용할 수 없다.

- exit

- exit *expression*

  END 액션으로 직행한다. 현재 END 액션 안에 있다면 프로그램을 완전히 빠져나간다. 프로그램 상태를 반환하거나 이 상태를 나타내는 표현식이 없으면 0을 반환한다.

모호함을 제거하기 위해 각 else는 가장 가까운, 아직 다른 else와 연결되지 않은 if와 연결된다. 예를 들어 다음 문장에서 else는 두 번째 if에 연결된다. (s=1 뒤의 세미콜론은 else가 같은 줄에 있으므로 꼭 필요하다.)

```
if (e1) if (e2) s=1; else s=2
```

while 문은 조건이 참인 동안 문장을 계속 반복 실행한다.

```
while (expression)
    statement
```

루프 안에서 표현식을 평가하고 그 결과가 참이면 문장을 실행하고 다시 표현식을 테스트하는 일이 반복된다. 표현식이 참인 동안, 반대로 말하면 표현식이 거짓이 되기 전까지는 이 과정이 되풀이된다.

다음 프로그램은 모든 입력 필드를 라인당 하나씩 출력한다. i가 NF+1이 되면 루프가 멈추는데, NF+1이 루프가 종료된 이후의 루프 값이다.

```
{   i= 1
    while (i <= NF) {
        print $i
        i++
    }
}
```

for 문은 while 문을 좀 더 일반화한 형태다.

> for (*expression₁*; *expression₂*; *expression₃*)
>   *statement*

같은 기능을 하는 while 문으로 바꾸면 다음과 같다.

> *expression₁*
> while (*expression₂*) {
>   *statement*
>   *expression₃*
> }

다음 코드는 방금 전 while 예제와 같은 for 루프다. for 문의 세 표현식은 모두 옵션이다. *expression₂*가 없으면 조건은 항상 참이 되므로 for(;;)는 무한 루프다.

```
{ for (i = 1; i <= NF; i++)
      print $i
}
```

배열 첨자를 반복하는 for 문은 잠시 후 A.2.5절에서 설명한다.

do 문장의 형식은 다음과 같다.

> do
>   *statement*
> while (*expression*)

do 키워드 뒤 *statement* 뒤에 나오는 새줄 문자는 옵션이다. 그러나 while이 문장과 같은 라인에 있고 단일 문장이면 반드시 세미콜론으로 끝내야 한다. do 루프는 일단 *statement*를 한 번 실행한 후, 표현식이 참이면 *statement*를 반복한다. 완료 여부를 위쪽이 아닌 아래쪽에서 확인하므로 무조건 루프를 1회 이상 실행한다. 이런 점에서 while, for 문과 작동 방식이 다르다.

break, continue는 루프에 변화를 일으키는 문장이다. break 문은 바로 직전에 자신을 감싼 while, for, do를 종료한다. continue 문은 다음 반복으로 바로 넘어가도록 지시하는데, while, do 문에서는 테스트 표현식으로, for 문에서는 *expression₃*으로 이동한다. 두 문장 모두 루프 외부에서는 사용 금지다.

return 문은 함수를 호출한 곳으로 되돌아간다. 이때 선택적으로 값을 반환할 수 있다.

next, nextfile, exit은 Awk 프로그램에서 입력 라인을 읽는 외부 루프를 제어하는 문장들이다. next는 Awk가 다음 입력 라인을 가져와 첫 번째 패턴-액션 문장부터 패턴 매칭을 시작하게 한다.

nextfile 문은 Awk가 현재 입력 파일을 닫고 다음 입력 파일(있는 경우)을 처리하도록 시킨다.

END 액션에서 exit 문은 프로그램을 즉시 종료시킨다. 다른 액션에서 이 문장을 사용하면 마치 프로그램이 입력 끝에 다다른 것처럼 동작한다. 즉, 더 이상 입력을 읽지 않고 END 액션(있는 경우)이 실행된다.

exit 문에 표현식이 있으면 그 이후에 에러가 나거나 exit으로 오버라이드되지 않는 한 *expression*의 평가 결과가 종료 상태 값으로 반환된다. 표현식이 없으면 종료 상태 값은 0이다. 이런 식으로 Awk를 호출한 프로그램에서 종료 상태를 테스트해 볼 수 있다.

```
exit expr
```

A.2.4 빈 문장

세미콜론은 그 자체로 빈 문장을 나타낸다. 다음 프로그램에서 for 루프의 본체는 빈 문장이다.

```
BEGIN { FS = "\t" }
    { for (i = 1; i <= NF && $i != ""; i++)
        ;
      if (i <= NF)
          print
    }
```

이 프로그램은 빈 필드가 있는 모든 라인을 출력한다.

A.2.5 배열

Awk는 문자열, 숫자를 보관할 수 있는 1차원 배열을 제공한다. 배열과 그 요소는 따로 선언할 필요가 없고, 몇 개의 요소를 배열에 담을 것인지도 지정할 필요가 없다. 배열 요소 역시 변수처럼 언급되는 순간 존재하게 된다. 생성 시점에는 수치 값 0과 문자열 값 ""을 가진다.

간단한 예제를 보자. 다음 문장은 현재 입력 라인을 배열 x의 NR 요소에 할당한다.

```
x[NR] = $0
```

사실, 가장 쉬운 방법은 대개 전체 입력을 배열로 읽어 들인 다음, 임의의 순서대로 처리하는 것이다. 이를테면, 다음 프로그램은 1.7절에서 소개한 프로그램을 약간 변형한 버전으로, 입력을 라인 역순으로 출력한다.

```
    { x[NR] = $0 }
END { for (i = NR; i > 0; i--) print x[i] }
```

첫 번째 액션은 각 입력 라인을 라인 번호를 첨자로 하여 배열 x에 저장한다. 실제로 출력하는 일은 END 문에서 이루어진다.

Awk의 배열이 다른 언어의 배열과 가장 뚜렷하게 구별되는 특징이라면, 첨자가 문자열이라는 점이다. 덕분에 파이썬의 딕셔너리나, 자바 또는 자바스크립트의 해시테이블 자료 구조, 그 밖의 다른 언어의 맵과 동일한 키-값 기능을 Awk에서도 활용할 수 있다. 이를 **연관 배열**이라고 하는데, 딕셔너리와 해시 테이블보다 앞서 등장한 용어다.

다음 프로그램은 배열 pop에 Asia와 Africa의 인구를 누적한다. 두 대륙의 총 인구수는 END 액션에서 출력한다.

```
/Asia/   { pop["Asia"] += $3 }
/Africa/ { pop["Africa"] += $3 }
END      { print "Asian population", pop["Asia"], "million"
           print "African population", pop["Africa"], "million"
         }
```

프로그램 실행 결과는 다음과 같다.

```
Asian population 3574 million
African population 320 million
```

배열의 첨자가 문자열 상수 "Asia", "Africa"다. 만약 pop["Asia"] 대신 pop[Asia]로 작성하면 Asia라는 변수의 값을 첨자로 사용한다. 하지만 Asia는 초기화되지 않은 변수이므로 만약 그랬다면 아시아 인구는 pop[""]에 누적됐을 것이다.

이 예제는 명시적으로 명명된 요소가 2개뿐이므로 실제로 연관 배열까지는 필요 없다. 그러나 만약 대륙별 총 인구를 구하는 문제라면 어떨까? 바로 이런 종류의 집계를 낼 때 연관 배열이 안성맞춤이다. 모든 표현식을 배열 참조의 첨자로 사용할 수 있기 때문이다.

```
pop[$4] += $3
```

이 코드는 현재 입력 라인의 네 번째 필드에 해당하는 문자열을 pop 배열의 첨자로 사용하여 세 번째 필드의 값을 누적한다.

```
BEGIN { FS = "\t" }
      { pop[$4] += $3 }
END   { for (name in pop)
            print name, pop[name]
}
```

즉, pop 배열의 첨자는 대륙명, 값은 누적 인구수다. 대륙이 아무리 많아도 이 코드는 잘 작동한다. countries 파일을 입력하여 실행하면 다음과 같이 출력된다.

```
Africa 320
South America 212
North America 459
Asia 3574
Europe 145
```

마지막 프로그램은 배열의 모든 첨자를 루프로 반복하는 for 문을 사용했다.

```
for (variable in array)
    statement
```

이 루프는 순서대로 *array*의 각 첨자에 해당하는 값을 *variable*에 할당한 다음 *statement*를 실행한다. 첨자를 찾는 순서는 구현체마다 다르다. 요소가 삭제되거나 문장에 의해 배열 요소가 새로 추가된다면 결과는 예측하기 어렵다.

다음은 배열에 특정 첨자(subscript)가 존재하는지 확인하는 표현식이다.

```
subscript in A
```

이 표현식의 평가 결과는 $A[subscript]$가 존재하면 1, 아니면 0이다. 즉, Africa가 pop 배열의 첨자인지 여부는 다음 코드로 알 수 있다.

```
if ("Africa" in pop) ...
```

이 조건문은 pop["Africa"]를 생성하는 부수 효과 없이 테스트할 수 있다. 아래 코드처럼 쓰면 pop["Africa"]가 생성됐을 것이다.

```
if (pop["Africa"] != "") ...
```

두 코드 모두 pop 배열에 값이 "Africa"인 요소가 포함되어 있는지 테스트하진 않는다.

delete 문: 배열 요소는 다음 문장으로 삭제한다.

```
delete array[subscript]
```

예를 들어 다음 루프는 pop 배열에 있는 모든 요소를 삭제한다.

```
for (i in pop)
    delete pop[i]
```

마찬가지로, 다음 코드 역시 전체 배열을 삭제한다.

```
delete array
```

split 함수: split(str,arr,fs) 함수는 문자열 값 str을 필드로 분할하여 arr 배열에 저장한다. str은 변경되지 않는다. 생성된 필드 수를 split의 값으로 반환한다. 세 번째 인수 fs의 문자열 값으로 필드 구분자를 지정한다. 세 번째 인수에 값이 없고,

--csv 인수가 있다면 CSV 포맷으로 분할되며, 그 밖의 경우는 *FS* 구분자를 사용한다. *fs*에 정규 표현식을 값으로 지정할 수도 있다. 입력 필드 분할 규칙은 A.5.1절에서 다룬다.

다음 split 함수를 호출하면 /를 구분자로 문자열 "7/4/76"을 삼등분한다. 그 결과, 각각 arr["1"]에는 7, arr["2"]에는 4, arr["3"]에는 76이 저장된다.

```
split("7/4/76", arr, "/")
```

*str*이 빈 문자열이면 배열은 당연히 설정되지 않고 요소 개수는 항상 0이 된다.

끝으로, *fs*가 빈 문자열 ""인 특수한 문자열 *str*이 개별 문자들로 분할되어 각 문자가 배열의 개별 요소로 저장된다.

문자열은 다용도로 활용 가능한 배열 첨자이지만, 숫자 첨자가 문자열로 사용되는 방식은 가끔 직관에 어긋나는 것처럼 보인다. 예를 들어 1과 "1"의 문자열 값은 같으므로 arr[1]과 arr["1"]이 같지만, "01"과 "1"은 같은 문자열이 아니며, 문자열 "10"은 문자열 "2"보다 순서가 앞선다.

다차원 배열(multi-dimensional array): Awk는 기본적으로 다차원 배열을 지원하지 않지만, 1차원 배열을 이용하여 흉내낼 수는 있다. [i,j]나 [s,p,q,r] 같은 다차원 첨자를 이용하면 Awk는 첨자의 컴포넌트를 (사이사이 구분자를 넣어) 연결함으로써 여러 첨자를 하나의 첨자로 합성한다.

```
for (i = 1; i <= 10; i++)
    for (j = 1; j <= 10; j++)
        arr[i,j] = 0
```

예를 들어 위 코드는 첨자가 1,1, 1,2, ...인 100개의 요소로 구성된 배열을 생성한다. 그러나 이들 첨자는 내부적으로 1 SUBSEP 1, 1 SUBSEP 2, ... 형태의 문자열로 저장된다. SUBSEP은 첨자 컴포넌트의 구분자 값을 가리키는 내장 변수로, 기본값은 쉼표가 아니라 일반 텍스트에서는 거의 볼 일이 없는 ASCII 파일 구분 문자 "\034" 또는 "\x1C"다.

다차원 첨자를 사용해서 배열 포함 여부를 테스트할 때는 다음과 같이 첨자를 괄호로 감싼다.

```
if ((i,j) in arr) ...
```

하지만 배열을 루프로 반복할 때는 다음과 같이 쓴다.

```
for (k in arr) ...
```

개별 첨자 컴포넌트에 접근할 경우에는 split(k,x,SUBSEP)을 사용한다.

배열 요소 자신은 배열이 될 수 없다.

A.3 사용자 정의 함수

내장 함수가 부족하다면 사용자 정의 함수를 만들어 쓸 수 있다. 형식은 다음과
같다.

```
function name(parameter-list) {
    statements
}
```

함수 정의는 패턴-액션 문이 오는 곳이면 어디든 나올 수 있다. 따라서 일반적인
Awk 프로그램의 모습은 패턴-액션 문과 함수 정의가 새줄 문자 또는 세미콜론으로
구분된 시퀀스다.

함수 정의에서 본체의 왼쪽 중괄호 뒤, 그리고 오른쪽 중괄호 앞에 새줄 문자를
옵션으로 넣을 수 있다. 매개변수 목록은 쉼표로 구분된 0개 이상의 변수명이다.
이들 변수는 각자 함수 본체 안에서 함수가 호출될 때 전달된 인수를 가리킨다.

함수 정의 본체 끝에는 호출부에 제어권과 값을 반환하는 return 문을 쓸 수
있다.

```
return expression
```

expression은 생략할 수 있고, return 문 자체도 생략할 수 있지만, 표현식이 없으면
반환 값은 ""과 0이 된다. 마지막에 실행된 문장이 return이 아니라면 (함수의 끝까
지 도달한 경우) 반환되는 값 역시 ""과 0이다.

다음 함수는 두 인수 중 최댓값을 구한다.

```
function max(m, n) {
    return m > n ? m : n
}
```

변수 m과 n은 max 함수의 지역 변수다. 즉, 프로그램의 다른 곳에 같은 이름의 변수가 있어도 상관없다.

사용자 정의 함수는 패턴-액션 문이나 함수 정의 본체의 표현식에서 사용할 수 있다. 여기서 사용이란 해당 함수를 **호출**하는 것이다.

예를 들면 max 함수를 호출하는 방법은 다음과 같다.

```
{ print max($1, max($2, $3)) }    # $1, $2, $3 중 가장 큰 값을 출력한다.

function max(m, n) {
    return m > n ? m : n
}
```

함수를 호출할 때 함수명과 인수 목록의 왼쪽 괄호 사이에 공백이 없도록 주의하자.

사용자 정의 함수가 자신의 본체에서 호출되면 그 함수는 **재귀적**(resursive)이라고 한다.

$1 같은 보통의 인수를 함수에 넣어 호출하면, 함수는 변수 자체가 아닌, 변숫값의 사본을 건네받는다. 따라서 함수는 원본 변수가 아닌 그 복사본을 조작하게 된다. 이는 함수가 함수의 외부에 있는 변숫값에 영향을 미칠 수 없다는 의미다. (이러한 변수를 '스칼라(scalar)'라고 부르며 '값에 의해(by value)' 전달된다.) 그러나 배열은 복사가 되지 않으므로 함수가 얼마든지 배열 요소를 변경하거나 아예 새로운 배열을 만들 수 있다. (이를 '참조에 의한(by reference)' 전달이라고 한다.) 함수명은 매개변수, 전역 배열, 스칼라로 사용할 수 없다.

정리하면 함수 정의 내에서 매개변수는 지역 변수로서 함수가 실행되는 동안에만 유지되며, 프로그램의 다른 곳에 있는 같은 이름의 변수와는 관련이 없다. **그 밖의 다른 변수는 모두 전역 변수다.** 매개변수 목록에 없는 변수는 프로그램 어디서든 볼 수 있고 접근할 수 있다.

이는 함수 내부에서만 사용할 지역 변수를 제공하는 유일한 방법은 함수 정의의 매개변수 목록 끝에 넣으라는 뜻이다. 함수를 호출할 때 실제 값이 전달되지 않은 매개변수 목록의 변수는 지역 변수가 되며 초깃값은 널이 된다. 이는 좋은 설계는 아니지만, 최소한 필요한 기능은 제공한다. 우리는 인수와 지역 변수를 더 쉽게 구분하려고 둘 사이에 공백을 몇 개 집어넣는다. 매개변수 목록에서 지역 변수를 빠뜨리는 것은 Awk에서 아주 흔한 버그의 원인이다.

A.4 출력

print, printf 문은 출력을 한다. 전자는 단순한 출력, 후자는 특정 포맷으로 출력할 때 쓰인다. 출력한 정보는 터미널은 물론, 파일과 파이프로 내보낼 수도 있다. 두 문장은 어떤 조합으로든 사용 가능하며, 생성한 순서대로 출력된다.

A.4.1 print 문

print 문은 두 종류의 포맷이 있다.

```
print expr₁, expr₂, … , exprₙ
print(expr₁, expr₂, … , exprₙ)
```

두 포맷 모두 각 표현식의 문자열 값을 출력 필드 구분자로 분리한 뒤 다시 출력 레코드 구분자로 분리한 결과를 출력한다.

```
print
```

위 코드는 아래 코드를 축약한 것이다.

```
print $0
```

> 📋 **출력문 요약**
>
> * print
>
> $0을 표준 출력으로 출력한다.
>
> * print *expression*, *expression*, ...
>
>   OFS로 구분되고 ORS로 종료된 *expression*을 출력한다.

- print *expression*, *expression*, ... > *filename*

  표준 출력 대신 *filename* 파일에 출력한다.

- print *expression*, *expression*, ... >> *filename*

  이전 콘텐츠를 덮어쓰지 않고 *filename* 파일 끝에 추가한다.

- print *expression*, *expression*, ... | *command*

  *command*의 표준 입력으로 출력한다.

- printf(*format*, *expression*, *expression*, ...)
- printf(*format*, *expression*, *expression*, ...) > *filename*
- printf(*format*, *expression*, *expression*, ...) >> *filename*
- printf(*format*, *expression*, *expression*, ...) | *command*

  이들 printf 문은 첫 번째 인수로 출력 포맷을 지정하는 점을 제외하면 print 문과 같다.

- close(*filename*), close(*command*)

  print와 *filename* 또는 *command* 사이의 연결을 끊는다.

- fflush(*filename*), fflush(*command*)

  filename 또는 *command*의 버퍼링된 출력을 강제로 내보낸다.

printf나 printf 문의 인수 목록에 있는 표현식에 관계 연산자가 들어가면 표현식 또는 인수 목록을 괄호로 감싸야 한다. 파이프는 유닉스가 아닌 시스템에서는 사용할 수 없을 수도 있다.

빈 라인, 즉 새줄 문자만 있는 라인은 다음과 같이 출력한다.

```
print ""
```

print 문은 인수 목록을 괄호로 감싼 형식으로도 표현할 수 있다.

```
print($1 ":", $2)
```

두 형식 모두 출력하는 내용은 같지만, 인수 목록에 관계 연산자가 있으면 괄호는 반드시 필요하다.

A.4.2 출력 구분자

출력 필드 구분자와 출력 레코드 구분자는 각각 내장 변수 OFS 및 ORS에 저장된다. OFS는 원래 단일 공백문자, ORS는 단일 새줄 문자로 설정되지만, 이 값은 언제든지 바꿀 수 있다. 예를 들어 다음 프로그램은 각 라인의 첫 번째와 두 번째 필드를 콜론으로 구분한 뒤, 두 번째 필드 다음에 새줄 문자 2개를 출력한다.

```
BEGIN   { OFS = ":"; ORS = "\n\n" }
        { print $1, $2 }
```

그러나 다음 코드에서 $1 $2는 두 필드를 연결한 문자열이므로 중간에 출력 필드 구분자 없이 첫 번째, 두 번째 필드를 그대로 출력한다.

```
{ print $1 $2 }
```

A.4.3 printf 문

printf 문은 주어진 포맷으로 출력한다. C와 비슷하지만, h, l 같은 너비 한정자(width qualifier)는 적용되지 않는다.

```
printf(format, expr₁, expr₂, … , exprₙ)
```

format 인수는 반드시 필요하다. 표 A-8에서 보다시피, 이 인수는 출력할 리터럴 텍스트와 인수 목록에 있는 표현식을 포맷으로 어떻게 출력할지에 대해 정의된 스펙을 포함한 문자열 값으로 된 표현식이다. 모든 스펙은 %로 시작해 어떻게 변환할지 정의한 문자로 끝나며, 다음과 같은 수정자(modifier)도 들어갈 수 있다.

- -   필드 내 왼쪽 맞춤 표현식
- +   항상 부호 출력
- 0   공백 문자 대신 0으로 채운다.
- width 필요시 결과를 이 너비만큼 채우고 앞에 0이 있으면 0으로 채운다.
- .prec 최대 문자열 너비, 또는 소수점 아래 자릿수

스펙에 *가 있으면 이는 다음 인수의 수치 값으로 치환된다. 덕분에 너비와 정밀도를 동적으로 지정할 수 있다.

문자	출력 포맷
c	단일 UTF-8 문자(코드 포인트)
d 또는 i	10진수 정수
e 또는 E	[−]d.dddddde[+−]dd 또는 [−]d.ddddddE[+−]dd
f	[−]ddd.dddddd
g 또는 G	e 또는 f로 변환(둘 중 짧은 포맷으로, 불필요한 0은 제거)
o	부호 없는 8진수
u	부호 없는 정수
s	문자열
x 또는 X	부호 없는 16진수
%	% 출력(사용하는 인수 없음)

표 A-8 printf 포맷 제어 문자

표 A-9에는 스펙과 데이터에 따른 데이터 출력의 몇 가지 출력을 예시로 정리했다. printf로 생성한 출력에는 명시적으로 새줄 문자를 입력하지 않으면 새줄 문자가 포함되지 않는다.

fmt	$1	printf(fmt, $1)
%c	97	a
%d	97.5	97
%5d	97.5	97
%e	97.5	9.750000e+01
%f	97.5	97.500000
%7.2f	97.5	97.50
%g	97.5	97.5
%.6g	97.5	97.5
%o	97	141
%06o	97	000141
%x	97	61
|%s|	January	|January|
|%10s|	January		January|
|%−10s|	January	|January	
|%.3s|	January	|Jan|
|%10.3s|	January		Jan|
|%−10.3s|	January	|Jan	
%%	January	%

표 A-9 printf 스펙 예제

A.4.4 출력을 파일로

>, >>는 표준 출력 대신 파일로 출력을 내보내는 리다이렉션 연산자(redirection operator)다. 다음 프로그램은 모든 입력 라인의 첫 번째, 세 번째 필드를 두 파일로 나누어 쌓는다. 세 번째 필드가 1,000보다 크면 bigpop, 아니면 smallpop 파일로 보낸다.

```
$3 > 1000 { print $1, $3 >"bigpop" }
$3 <= 1000 { print $1, $3 >"smallpop" }
```

파일명은 큰따옴표로 감싸야 한다. 큰따옴표로 감싸지 않은 bigpop과 smallpop은 초기화되지 않은 변수로 인식된다. 변수나 표현식 형태의 파일명도 가능하다. 다음과 같이 한 줄로 줄일 수도 있다.

```
{ print($1, $3) > ($3 > 1000 ? "bigpop" : "smallpop") }
```

다음 프로그램은 각 입력 라인을 첫 번째 필드에 해당하는 이름의 파일로 저장한다.

```
{ print > $1 }
```

print, printf 문에서 인수 목록의 표현식에 관계 연산자가 있으면 해당 표현식 또는 인수 목록은 괄호로 감싸야 한다. 이 규칙은 리다이렉션 연산자 > 때문에 발생할 수 있는 잠재적인 모호함을 없애기 위함이다.

```
{ print $1, $2 > $3 }
```

위 코드에서 >는 리다이렉션 연산자이지 두 번째 표현식의 일부가 아니며, 따라서 처음 두 필드의 값은 세 번째 필드에 해당하는 이름의 파일로 저장된다. 두 번째 표현식에 > 연산자를 포함하려면 아래 코드처럼 괄호로 감싼다.

```
{ print $1, ($2 > $3) }
```

리다이렉션 연산자가 파일을 한 번만 연다는 점에 주의해야 한다. 즉, 각 print 또는

printf 문장을 이어서 쓰면 열린 파일에 데이터를 추가한다는 사실을 꼭 기억하자. >를 사용하면 파일에 출력을 기록하기 전에 모든 내용이 지워진다. >>를 사용해야 파일을 열 때 원래 내용을 지우지 않고 맨 뒤부터 기록된다.

"/dev/stdin", "/dev/stdout", "/dev/stderr"는 입출력 스트림으로 미리 정의된 특수한 파일명으로, 각각 프로그램의 표준 입력, 표준 출력, 표준 에러 스트림을 나타낸다. 표준 입력은 "-"로도 나타낼 수 있다.

A.4.5 출력을 파이프로

파이프를 지원하는 시스템에서는 다음과 같이 파일 대신 파이프로 직접 출력할 수 있다. 다음은 print의 출력을 command의 입력으로 전달하는 문장이다.

```
print | command
```

대륙-인구 쌍의 목록을 만들고 인구 역순으로 정렬한다고 하자. 다음 프로그램은 네 번째 필드의 각 대륙에 해당하는 세 번째 필드의 인구수를 pop 배열에 누적한다. END 액션에서 대륙명과 인구수를 출력한 결과를 sort 명령어로 곧장 파이프한다.

```
# pipe.awk - 인구 순으로 정렬한 후 대륙명과 인구수를 출력한다.

BEGIN { FS = "\t" }
      { pop[$4] += $3 }
END   { for (c in pop)
            printf("%15s\t%6d\n", c, pop[c]) | "sort -t'\t' -k2 -rn"
      }
```

실행 결과는 다음과 같다.

```
          Asia      3574
 North America       459
        Africa       320
 South America       212
        Europe       145
```

파이프의 또 다른 용도는 유닉스 시스템의 표준 에러 파일에 쓰는 것이다. 여기에 쓴 출력은 표준 출력 대신 사용자 터미널에 표시된다. 표준 에러에 출력하는 오래된 방법 몇 가지는 다음과 같다.

```
print message | "cat 1>&2"            # cat 출력을 stderr로 리다이렉트

system("echo '" message "' 1>&2")     # echo 출력을 stderr로 리다이렉트

print message > "/dev/tty"            # 터미널에 직접 쓴다.
```

그러나 최신 Awk 버전에서는 /dev/stderr에 쓰는 것이 가장 간단한 관용적 표현이다.

이 책에 수록된 예제는 대부분 리터럴 문자열을 큰따옴표로 감쌌지만, 명령줄과 파일명은 표현식으로도 지정할 수 있다. 출력 리다이렉션이 포함된 print 문에서는 파일 또는 파이프가 이름으로 식별된다. 위 프로그램에서 파이프의 이름은 문자 그대로 다음 코드가 된다.

```
sort -t'\t' -k2 -rn
```

파일이나 파이프는 보통 프로그램을 실행하는 동안 한 번만 생성되고 열린다. 파일이나 파이프를 명시적으로 닫았다가 재사용하면 다시 열린다.

A.4.6 파일과 파이프 닫기

close(*expr*) 문은 *expr*에 해당하는 파일 또는 파이프를 닫는다. *expr*의 문자열 값은 제일 처음 파일 또는 파이프를 생성할 때 사용된 문자열과 정확히 같아야 한다. 즉, 다음 코드를 실행하면 앞에서 열었던 sort 파이프가 닫힌다.

```
close("sort -t'\t' -k2 -rn")
```

파일을 작성하고 나중에 같은 프로그램에서 읽으려면 close가 필요하다. 동시에 열 수 있는 파일 또는 파이프의 개수는 시스템에서 제한할 수 있다.

close는 함수다. 이 함수는 하부에 있는 fclose 함수가 반환한 값 또는 파이프라인의 종료 상태를 반환한다.

fflush 함수는 파일 또는 파이프에 모인 출력 버퍼를 전부 강제로 비운다. fflush()나 fflush("")를 실행하면 모든 출력 파일과 파이프가 사라진다.

A.5 입력

Awk 프로그램에서 데이터를 입력하는 방법을 소개한다. 키보드에서 직접 입력하는 것도 당연히 가능하지만, 가장 많이 쓰는 방법은 입력 데이터를 파일(예를 들어, data)에 담아 실행하는 것이다.

```
awk 'program' data
```

파일명을 생략하면 Awk는 표준 입력을 읽는다. 두 번째로 많이 쓰는 방법은 다른 프로그램이 자신의 출력을 Awk로 파이프하도록 만드는 것이다. grep은 지정된 정규 표현식이 포함된 입력 라인을 선택하는 프로그램이며, 많은 유닉스 프로그래머에게는 근육 기억(muscle memory)과도 같다. 그들은 본능적으로 다음과 같이 Asia가 포함된 라인을 찾아 Awk에 넘겨 이후 처리를 맡길 것이다.

```
grep Asia countries | awk 'program'
```

파일 목록 중간에서 표준 입력을 읽으려면 명령줄에서 "-"나 /dev/stdin을 사용한다.

\n, \007 등의 리터럴 이스케이프 문자는 입력 스트림에서 해석되지 않으며 특별하게 처리되지도 않는다. 즉, 리터럴 바이트 시퀀스일 뿐이다. 입력에서 유일하게 해석되는 것은 과학 표기법 또는 nan과 inf처럼 명시적으로 부호가 붙은, 숫자처럼 보이는 값들이 수치 값뿐만 아니라 문자열 값으로도 저장된다는 것이다.

A.5.1 입력 구분자

내장 변수 FS의 기본값은 " ", 즉 단일 공백이다. 즉, 기본적으로 입력 필드는 공백 또는 탭으로 구분되며, 그 앞에 있는 공백과 탭은 무시된다. 따라서 다음 각 라인의 첫 번째 필드는 모두 같다.

```
field1
  field1
    field1  field2
```

그러나 FS에 다른 값을 설정하면 앞에 있는 공백과 탭이 무시되지 않는다.

내장 변수 FS에 원하는 문자열을 할당하면 필드 구분자가 바뀐다. 이때 문자열이 한 글자 이상이면 정규 표현식으로 간주한다. 이 정규 표현식과 매치되는 가장 왼쪽의 가장 긴, 널이 아니면서 겹치지 않는 부분 문자열이 현재 입력 라인의 필드 구분자가 된다. 예를 들어 다음 코드처럼 지정하면 공백과 탭으로 구성된 모든 문자열이 필드 구분자가 된다.

```
BEGIN { FS = "[ \t]+" }
```

FS에 공백을 제외한 단일 문자를 할당하면 해당 문자가 필드 구분자로 사용된다. 이 규칙을 응용하면 정규 표현식 메타문자도 필드 구분자로 쓸 수 있다. 예를 들어 |를 필드 구분자로 사용하려면 다음과 같이 코딩한다.

```
FS = "|"
```

필드 구분자를 단일 공백으로 설정하려면 다음과 같은 간접적인 방법이 필요하다.

```
FS = "[ ]"
```

FS는 명령줄에서 -F 인수를 사용하여 설정할 수도 있다. 좀 전에 보았던 BEGIN { FS = "[\t]+" }를 명령줄로 바꿔 쓰면 다음과 같다.

```
awk -F'[ \t]+' 'program'
```

끝으로, 명령줄에서 --csv 인수를 사용하면 FS 값에 상관없이 필드를 쉼표로 구분된 값으로 취급한다.

A.5.2 CSV 입력

쉼표로 구분된 값(CSV)은 스프레드시트 데이터에서 널리 쓰이는 포맷이다. 앞서 말했듯이 CSV는 포맷이 엄격하게 정해진 건 아니지만, 일반적으로 쉼표나 큰따옴표가 포함된 필드는 무조건 큰따옴표로 감싸야 한다. 물론, 쉼표, 큰따옴표가 없는 필드도 큰따옴표로 감쌀 수 있다. 빈 필드는 그냥 ""다. 필드 내부의 큰따옴표는 이중 큰따옴표로 감싼다. 예를 들어 ","는 ""","""로 표시한다.

입력 레코드는 인용되지 않은(unquoted) 새줄 문자(\n)로 종료되며, 윈도에서 작성된 파일은 보통 그 앞에 캐리지 리턴(\r)이 있을 수 있다. CSV 파일의 입력 필드에는 새줄 문자가 포함될 수도 있다. 인용된(quoted) \r\n은 \n으로 변환된다. 인용된 \r 또는 \n은 그대로 남는다.

A.5.3 멀티라인 레코드

기본적으로 레코드는 새줄 문자로 구분되므로 '라인'과 '레코드'는 거의 동의어라 할 수 있다. 기본 레코드 구분자는 내장 레코드 구분 변수 RS에 새로운 값을 할당하여 변경할 수 있다.

다음과 같이 RS를 널 문자열로 설정하면 레코드가 하나 이상의 빈 라인으로 구분되므로 각 레코드가 여러 라인을 차지하게 될 수 있다.

```
BEGIN { RS = "" }
```

RS를 새줄 문자 "\n", 즉 기본값으로 되돌리면 원래 동작이 복원된다. 멀티라인 레코드에서는 FS 값과 상관없이 항상 새줄 문자가 필드 구분자 중 하나다. --csv 옵션을 사용하지 않는 한 입력 필드에 새줄 문자가 포함될 일은 없다.

멀티라인 레코드는 보통 다음과 같이 설정하여 레코드 구분자를 하나 이상의 빈 라인으로 설정하고 필드 구분자는 새줄 문자로만 설정한다. 이렇게 하면 각 라인이 별개의 필드가 된다. 멀티라인 레코드를 처리하는 방법에 관한 자세한 내용은 4.4절을 참조하자.

```
BEGIN { RS = ""; FS = "\n" }
```

RS 변수에 정규 표현식을 지정하여 단일 문자보다 더 복잡한 텍스트 문자열로 레코드를 구분할 수도 있다. 예를 들어 빈틈없이 잘 갖춰진 HTML 문서라면 개별 단락을 <p> 태그로 구분할 수 있는데, RS를 <[Pp]>로 설정하면 입력 파일을 하나의 HTML 단락인 여러 레코드로 분할할 수 있다.

A.5.4 getline 함수

getline 함수는 현재 입력 또는 파일이나 파이프에서 입력을 읽는다. 또 다음 입력 레코드를 가져와서 필드를 분할한 뒤, NF, NR, FNR 변수를 설정한다. 이 함수는 레코드가 존재하면 1, 파일 끝에 도달하면 0을 반환한다. 파일을 열지 못하는 등의 에러가 발생하면 –1을 반환한다.

getline x 표현식은 그 다음 레코드를 변수 x로 읽은 뒤 NR과 FNR을 증가시킨다. 분할은 하지 않는다. NF도 설정하지 않는다.

다음 코드는 현재 라인 대신 파일을 읽는다. NR이나 FNR에는 아무 영향도 끼치지 않는다. 그러나 필드는 분할하므로 NF는 설정된다.

```
getline <"file"
```

다음 코드는 파일에서 그 다음 레코드를 변수 x로 가져온다. 분할은 하지 않는다. NF, NR, FNR도 건드리지 않는다.

```
getline x <"file"
```

파일명이 "–"이면 표준 입력에서 읽는다. "/dev/stdin"을 지정한 것과 같다.

표 A-10에 getline 함수의 포맷을 정리했다. 각 표현식의 값이 곧 이 함수의 반환 값이다.

표현식	설정 대상
getline	$0, NF, NR, FNR
getline *var*	*var*, NR, FNR
getline <*file*	$0, NF
getline *var* <*file*	*var*
cmd | getline	$0, NF
cmd | getline *var*	*var*

표 A-10 getline 함수

예를 들어 다음 프로그램은 자신이 입력 받은 데이터를 자신의 출력으로 복사한다.

```
# include.awk - #include "f"를 파일 f의 콘텐츠로 치환한다.

/^#include/ {
    gsub(/"/, "", $2)
    while (getline x <$2 > 0)
        print x
    close(x)
```

```
    next
}
{ print }
```

단, 예외적으로 다음과 같은 라인이 나오면 filename에 해당하는 파일의 콘텐츠로 치환한다.

```
#include "filename"
```

다른 명령어의 출력을 getline으로 직접 파이프할 수도 있다. 예를 들어 다음 문장은 유닉스 프로그램 who를 (한 번만) 실행하고 그 출력(로그인한 사용자 리스트)을 getline으로 파이프한다. while 루프를 반복할 때마다 이 리스트에서 한 라인을 읽고 변수 n을 증가시킨다. 루프가 끝나면 n은 총 사용자 수를 가리킨다.

```
while ("who" | getline)
    n++
```

다음 표현식도 마찬가지다. date 명령어의 출력을 변수 d로 파이프해서 d를 현재 날짜로 설정한다. 재차 밝히지만, 유닉스 계열이 아닌 시스템에서는 이런 입력 파이프를 사용할 수 없다.

```
"date" | getline d
```

getline 함수를 사용할 때는, 파일에 접근할 수 없는 경우 에러가 반환될 수 있다는 점에 유의해야 한다. 다음 코드처럼 작성하면 편리하겠지만 파일이 존재하지 않으면 무한 루프가 될 가능성이 있다. getline 함수는 파일이 존재하지 않으면 -1을 반환하는데 이는 0이 아니므로 참으로 해석되기 때문이다.

```
while (getline <"file") ...          # 위험하다.
```

그러므로 다음 코드처럼 안전하게 작성하는 것이 좋다. 이러면 getline 함수가 1을 반환할 때에만 루프가 실행되어 각 입력 라인을 읽을 것이다.

```
while (getline <"file" > 0) ...      # 안전하다.
```

A.5.5 명령줄 인수와 변수 할당

지금까지 본 것처럼 Awk 프로그램을 실행시키는 명령줄은 형식이 다양하다.

```
awk 'program' f1 f2 ...
awk -f progfile f1 f2 ...
awk -Fsep 'program' f1 f2 ...
awk -Fsep -f progfile f1 f2 ...
awk --csv f1 f2 ...
awk -v var=value f1 f2 ...
awk --version
```

f1 f2 ...는 파일명을 나타내는 명령줄 인수다. "-"는 표준 입력을 나타낸다. --csv 를 지정하면 CSV 입력으로 처리된다.

--는 옵션 목록 끝을 가리키는 특별한 인수다.

그러나 파일명이 *var=value* 형식이면, Awk 변수 *var*에 *value*를 할당하는 것으로 취급한다. 이런 타입의 할당을 잘 이용하면 파일 읽기 전후에 변수 값을 변경할 수 있다.

Awk 프로그램에서 명령줄 인수는 ARGV라는 내장 배열을 통해 접근한다. 내장 변수 ARGC의 값은 인수 개수보다 하나 더 많다. 다음 명령줄에서

```
awk -f progfile a v=1 b
```

ARGC의 값은 4이다. ARGV[0]는 awk, ARGV[1]은 a, ARGV[2]는 v=1, ARGV[3]은 b다. 명령어 awk는 C 프로그램과 똑같이 0 번째 인수로 처리되므로 항상 ARGC는 전체 인수 개수보다 1이 더 큰 값이다. 하지만 명령줄에 Awk 프로그램이 나오면 이 프로그램은 인수로 취급되지 않는다. -f *filename*이나 -F 옵션도 마찬가지다. 예를 들어 다음 명령줄에서 ARGC는 2, ARGV[0]은 awk, ARGV[1]은 countries다.

```
awk -F'\t' '$3 > 100' countries
```

다음 프로그램은 명령줄 인수(와 불필요한 공백)를 있는 그대로 출력한다.

```
# echo.awk - 명령줄 인수 출력

BEGIN {
```

```
    for (i = 1; i < ARGC; i++)
        printf "%s ", ARGV[i]
    printf "\n"
}
```

모든 일은 BEGIN 액션에서 이루어진다. 다른 패턴-액션 문이 없으므로 인수는 파일 명으로 취급되지 않으며 어떤 입력도 읽어 들이지 않는다.

명령줄 인수를 사용하는 또 다른 프로그램은 정수 시퀀스를 만드는 seq다.

```
# seq.awk - 정수 시퀀스 출력
#   입력: q, p q, 또는 p q r (q >= p; r > 0)
#   출력: 1에서 q까지, p에서 q까지 또는 r 간격으로 p에서 q까지 정수 시퀀스

BEGIN {
    if (ARGC == 2)
        for (i = 1; i <= ARGV[1]; i++)
            print i
    else if (ARGC == 3)
        for (i = ARGV[1]; i <= ARGV[2]; i++)
            print i
    else if (ARGC == 4)
        for (i = ARGV[1]; i <= ARGV[2]; i += ARGV[3])
            print i
}
```

다음은 모두 1에서 10까지의 정수를 생성하는 명령어다.

```
awk -f seq 10
awk -f seq 1 10
awk -f seq 1 10 1
```

ARGV의 인수는 수정 또는 추가할 수 있으며, ARGC도 변경할 수 있다. 각 입력 파일 이 끝날 때마다 Awk는 ARGV의 널이 아닌 다음 요소(ARGC − 1의 현재 값까지)를 그 다음 입력 파일의 파일명으로 취급한다. 따라서 ARGV의 요소를 널로 설정하면 입력 파일로 취급되지 않는다.

ARGC를 증가시키고 ARGV에 요소를 추가하면 더 많은 파일명을 처리할 수 있다.

A.6 다른 프로그램과의 연동

마지막으로 Awk 프로그램이 다른 명령어와 협력하는 수단에 대해 알아보자. 주로 유닉스 운영 체제에 해당하는 이야기로, 유닉스가 아닌 시스템에서는 예제가 실행되지 않거나 전혀 다르게 동작할 것이다.

A.6.1 system 함수

내장 함수 system(*expression*)은 *expression*의 문자열 값에 해당하는 명령어를 실행한다. 이 함수는 close 함수처럼 실행된 명령어가 반환한 상태 값을 반환한다.

이 함수를 이용하면 A.5.4절의 include.awk 프로그램을 다음과 같이 작성할 수 있다.

```
$1 == "#include" {
    gsub(/"/, "", $2)
    system("cat " $2)
    next
}

{ print }
```

첫 번째 필드가 #include이면 큰따옴표를 제거하고 유닉스 명령어 cat으로 두 번째 필드가 가리키는 이름의 파일을 출력한다. 다른 라인은 그냥 복사된다.

A.6.2 Awk 프로그램으로 셸 명령어 제작

지금까지 살펴본 모든 예제에서 Awk 프로그램 파일을 -f 플래그로 가져오거나 다음 코드처럼 작은따옴표로 감싼 명령줄로 실행했다.

```
awk '{ print $1 }' ...
```

Awk는 $, "처럼 셸과 겹치는 문자를 많이 쓰므로 작은따옴표로 프로그램을 감싸면 셸이 전체 프로그램을 변경하지 않은 상태로 Awk에 전달할 수 있다.

Awk 프로그램을 호출하는 두 가지 방법 모두 약간의 입력이 필요하다. 키 입력 횟수를 줄이려면 명령어와 프로그램을 모두 실행 파일에 넣고 파일명만 입력하여 명령어를 호출하도록 할 수 있다.

예를 들어 각 입력 라인의 첫 번째 필드를 출력하는 field1이라는 명령어를 만든다고 하자. 간단하다. 다음 코드를 field1 파일에 작성하고

```
awk '{print $1}' $*
```

유닉스 명령어 chmod로 실행 권한을 부여한다.

```
$ chmod +x field1
```

이제 다음과 같이 간단히 입력해서 여러 파일의 라인별 첫 필드를 출력할 수 있다.

```
field1 filenames ...
```

이번에는 입력 파일의 각 라인에서 임의로 조합된 필드들을 출력하는, 더 일반적인 명령어 field를 작성해 보자. 이 명령어를 실행하면 지정한 필드들을 지정한 순서대로 출력한다.

```
field n₁ n₂ ... file₁ file₂ ...
```

Awk 프로그램이 실행될 때마다 n_i 값은 어떻게 가져오고, 파일명 인수에서 n_i는 어떻게 구분할 수 있을까?

셸 프로그래밍이 손에 익은 독자라면 다양한 방법으로 해결할 수 있겠지만, Awk만 사용하는 가장 간단한 방법은 내장 배열 ARGV를 탐색하여 n_i를 처리하고 각 인수가 파일명으로 취급되지 않도록 널 문자열로 다시 설정하는 것이다.

```
# field.awk - 입력 라인마다 이름 필드 출력
#   사용법: field n n n ... file file file ...

awk '
BEGIN {
    for (i = 1; ARGV[i] ~ /^[0-9]+$/; i++) {    # 숫자 수집
        fld[++nf] = ARGV[i]
        ARGV[i] = ""
    }
    if (i >= ARGC)  # 파일명이 없으면 stdin로 지정
        ARGV[ARGC++] = "-"
```

```
    }
{   for (i = 1; i <= nf; i++)
        printf("%s%s", $fld[i], i < nf ? " " : "\n")
}
' $*
```

이제 표준 입력 또는 파일명 인수 목록, 그리고 원하는 개수의 필드를 원하는 순서대로 처리할 수 있다.

A.7 정리하기

앞서 말했듯이, 이 매뉴얼은 매우 길고, 세부적인 내용이 많아서 여기까지 모든 단어를 읽었다면 정말 대단한 열정이다. 특정 기능이 어떻게 작동하는지 정확히 이해가 안 되거나, 예제 중에서 전에는 한 번도 시도해 보지 않았던 구성을 발견할 수 있으니 가끔씩 앞뒤를 뒤적이며 다시 읽어 보면 큰 도움이 되리라 믿는다.

Awk도 다른 언어와 마찬가지로 경험과 연습을 통해 배우는 것이 가장 좋다. 직접 프로그램을 작성해 보는 것을 권장한다. 큰 프로그램이 아니어도 되고, 복잡할 필요도 없다. 코드 몇 라인만 작성해도 특정 기능이 어떻게 작동하는지 배우거나 중요한 부분을 테스트할 수 있으며 데이터를 직접 입력하며 프로그램이 어떻게 작동하는지 확인할 수 있다.

찾아보기